北京教育学院体育学科创新一级平台成果

全国教育科学"十三五"规划2019年度教育部重点课题：

面向"教育现代化2035"中小学体育与健康课程开发研究（DLA190424）成果

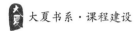

大夏书系·课程建设

北京市中小学体育与健康课程

开发与实施

陈雁飞　张庆新　主编

华东师范大学出版社

全国百佳图书出版单位

·上海·

编委会

序

　　学校体育是实施素质教育的重要阵地，是促进广大青少年全面健康成长的关键环节，在全面提高青少年素质、培养优秀创新人才等过程中发挥着特殊的育人功能。近年来中央多次发文重申加强学校体育工作。2019 年 6 月，中共中央国务院下发了《关于深化教育教学改革全面提高义务教育质量的意见》，文件中再次提出"坚持健康第一，实施学校体育固本行动"的要求。2020 年 10 月，由中央办公厅、国务院办公厅印发的《关于全面加强和改进新时代学校体育工作的意见》提出，要"以立德树人为根本，以社会主义核心价值观为引领，以服务学生全面发展、增强综合素质为目标，坚持健康第一的教育理念，推动青少年文化学习和体育锻炼协调发展，帮助学生在体育锻炼中享受乐趣、增强体质、健全人格、锤炼意志，培养德智体美劳全面发展的社会主义建设者和接班人"。这充分证明了体育教育作为学校教育的重要组成部分，在学校教育中的地位和作用日益重要。

　　青少年是国家的未来和民族的希望，促进青少年健康也是实施"健康中国"战略的重要内容。以习近平同志为核心的党中央站在党和国家事业发展薪火相传、后继有人的战略高度，非常重视青少年工作，亲切关怀青少年和儿童的健康成长。2020 年 4 月 21 日，习近平总书记在陕西省安康市平利县考察调研时强调："现在孩子普遍眼镜化，这是我的隐忧。还有身体的健康程度，由于体育锻炼少，有所下降。文明其精神，野蛮其体魄，我说的'野蛮其体魄'就是强身健体。"习近平总书记在与青少年的频频互动中，多次强调体育运动对于青少年健康成长的重要促进作用。

　　北京市作为全国政治中心、文化中心、国际交往中心、科技创新中心，正在大力建设和发展与首都地位及首善之区相匹配的高质量教育体系。市委市政府高度重视青少年的健康成长，高度重视青少年体育教育工作。自党的十八大以来，通过加强学校体育的政策保障，引领全市中小学体育工作走向全面改革和内涵发展，学校体育工作取得长足进步。但与此同时，一些制约学校体育发展的问题依然存在，学校体育发展不平衡、不充分的矛盾比较突出，学校体育改革成果向学生实际获得的转化不足，在学校体育课程改革的推进和深化方面还需要进一步的努力。

　　作为承担成人高等学历教育、学前教育和北京市中小学干部教师继续教育使命的成人高等院校，北京教育学院坚持以习近平新时代中国特色社会主义思想为指导，以立德树人为根本任务，以服务基础教育干部教师终身学习为使命，始终立足首都实际，坚持国内示范引领，全面贯彻党的教育方针，大力推进教师培训体系的系统化、专业化、规范化，逐步形成了服务基础教育干部教师成长的"专业引领、实践取向、开放创新、优质服务"的办学特色。学院在人才培养、科学研究、社会服务、文化传承创新、国际交流合作等领域取得了一系列突出成果，走上了内涵、特色、创新的发展快车道，为首都基础教育干部教师队伍建设和教育现代化建设做出了重要贡献，在全国具有重要的学术影响力和实践影响力。

体育与艺术教育学院是北京教育学院七个二级学院中极富特色和战斗力的团队，先后承担从"国培计划"到北京市各级各类体育教师研修和培训项目，在全国体育教师培训领域树立了品牌。陈雁飞教授也是国内学校体育领域首屈一指的专家学者，在学校体育和教师培训事业上做出了大文章。她牵头申报和主持了"中小学体育与健康课程研究"学科创新平台，正是找准了当前全国和北京市基础教育体育课程改革的脉搏，深刻分析问题，积极开创思路，依托平台建设，构建、完善和实施具有学科创新意义的"北京市中小学体育与健康课程实施方案"。通过完善课程体系结构、内容开发和实施细则，丰富学校体育教学模式，推进体育与健康课程改革的深入发展，助力学科核心素养的落实，为首都教育主管部门提供学科发展政策的智库支持，为一线体育教师提供教育教学引领和专业发展指导。

这本书是陈雁飞教授带领的体育学科团队群策群力、集思广益的研究成果，也是北京市300余位正高级、特级教师以及一线优秀教师的集体智慧凝练而成的心血之作。在本书即将付梓之际，特向作者们表示衷心的祝贺！同时希望陈雁飞教授带领的这支团队能够再接再厉，再创辉煌！

北京教育学院党委书记　肖韵竹

前　言

　　新时代新时期，国家和人民对首都基础教育"如何培养人？培养什么样的人？"提出了更高的要求。作为首都基础教育的研修高地，北京教育学院精准施策、科学研究，以学科创新平台建设为抓手，以提升北京市基础教育校长和教师素质为核心，以实践为导向，以理论紧靠实践为重点，围绕学科自身属性研究、问题解决方式研究、教师专业发展研究、课堂点拨技巧研究、学生能力发展研究等，建立研究平台，从多角度、多方面服务于北京教育学院顶层设计——"3+1+N"培训体系，凸显培训的实效，更好地落实国家对首都提出的新要求，更好地满足人民对首都基础教育的期望。

　　"北京市中小学体育与健康课程开发研究"是体育学科创新一级平台建设的重要成果，也是基于中共北京市委办公厅、北京市人民政府办公厅出台的《关于全面加强和改进新时代学校体育工作的行动方案》以及《北京市加强中小学体育增强学生体质健康二十条措施》等学校体育的指导性文件开展的研究。三年来，本成果重点落实《义务教育体育与健康课程标准（2011 年版）》（下文简称"义教课标"）和《普通高中体育与健康课程标准（2017年版）》（下文简称"高中课标"）的要求，围绕北京市中小学体育与健康课程和教学的现状，把握体育与健康学科核心素养、义教课标和高中课标的精髓，进一步厘清课程的基本性质与理念，理论与实践相结合，构建北京市中小学体育与健康课程体系，进一步增强中小学体育与健康课程的科学性、规范性和可操作性，从而提高整体的教育教学效果，对全国其他省（自治区、直辖市）提高中小学体育教育教学效果也有非常可观的借鉴价值。

　　整个研究成果分为四个阶段逐步深入推进。第一阶段，由北京市教育委员会牵头、北京教育学院具体执行，依托区县教委体卫艺科、体卫中心协同人事科的行政渠道开展，2018 年研制组深入 16 个区及燕山地区 225 所学校进行学校体育工作实地调研，掌握了目前北京市中小学学校体育的现状、特色、亮点及存在的问题。第二阶段，2018—2020 年研究义教课标和高中课标，以及浙江省、江苏省、江西省、福建省、河南省、上海市等地的体育与健康课程和教学指导方案，集结北京市各大高校学校体育研究者、各区中小学体育教研员、体育教师 300 余人组成研制组，历经工作设想、初期研讨、理论架构、初稿完成、多轮修改、专家论证等过程，基本完成"北京市中小学体育与健康课程开发研究"理论层面的研究，同时形成一个总方案及 16 个子方案共计 185 余万字的大规模研究文本成果，具体包括北京市中小学体育与健康课程实施总方案、体能锻炼课方案、运动专项课方案、综合拓展课方案。第三阶段，2020 年 9 月至 2021 年 7 月，通过市区级的综合性、区域性教研活动，实验校的单元式、课例式教学活动，研制组的点对点、校对校专家活动，围绕运动专项课、体能锻炼课、综合拓展课三类课型实施行动研究，验证必学、限学、选学三类课程内容及市区校三级管理和实施模式的可行性与三类课型结构及实操模式的可行性，以及不同课型内容要点与课时分配、不同课型学业质量评价标准、运动能力测评标准、不同课型单元教学方案等的科学性。第四阶段，2021 年 9 月起，在前期推广实践的基础上，进一步总结经验，形成更加成熟与完善的研制成果，形成北京市中小学一体化的体育与健康课程实施方案。

本研究主要从以下几个方面进行了改革与创新：一是本研究更关注学生十二年体育教育的长远发展，凸显中小学十二年课程内容的整体性设计，运动专项课、体能锻炼课、综合拓展课形成纵横联系且有完整的、衔接性的大单元教学方案。二是本研究提出的体能锻炼课与综合拓展课属于创新内容，一般的课程与教学中相关内容较少，甚至没有；进一步明确将促进学生体质健康作为核心任务之一，同时关注学生的健康成长与学习需求，以及充分发挥体育与健康课程的多元价值。三是本研究提出的运动专项课主要聚焦于实战能力进阶导向下的教学操作层面，诸如球类项目的技术组合内容、学练赛一体化的课时与单元教学方案、凸显表现性与运动能力等级评价的学业质量评价等。四是本研究中的运动专项课灵活性很强，不同年级的进阶式单元教学方案可根据学生实际情况进行上下级调整，也能较好地适应走班制、选项制等新型教学方式。

本书共分为六章。第一章"北京市中小学体育与健康课程开发的背景"的负责人为孙科，参与撰稿的主要有张锋周、胡峰光、王恒、付云超等；第二章"北京市中小学体育与健康课程的顶层设计"的负责人是陈雁飞、张庆新，参与撰稿的主要有韩兵、潘建芬、张锋周、张志华等；第三章"北京市中小学体育与健康课程的有效落实"的负责人是周志勇，参与撰稿的主要有张庆新、史红亮、刘文祥、朱春平、贾萌、蔡将、赵欣、韩国太、黄虹、杨帆、李健、潘建芬、韩金明、陈建勤、丁福芹、王玉中、王晓东、孙建国、韩月仓、张跃强、梁吉涛、韩兵、韩金妍、胡凌燕、袁立新、史渊萍等；第四章"北京市中小学体育与健康课程的学业评价"的负责人是张锋周，参与撰稿的主要有张庆新、潘建芬、韩金明、孙卫华、张跃强、谢娟、赵卫新等；第五章"北京市中小学体育与健康课程的实施保障"的负责人是韩兵，参与撰稿的主要有芦海棠、韩月仓、陈建勤、孙卫华、梁吉涛、尤军、郭金贵、李兵、秦治军、魏敬、任海江、刘娓楠、刘萌、侯雪萌、胡永恒、胡凌燕；第六章"北京市中小学体育与健康课程的学教研训"的负责人是潘建芬，参与撰稿的主要有胡峰光、张庆新、谢娟、孙卫华、韩月仓、陈建勤、韩金妍、黄春秀、史红亮、韩兵、韩金明、姜宇航、饶子龙、李健、胡凌燕、张跃强。全书由陈雁飞、张庆新统稿。参与本研究的人员范围很广，承担编写任务的老师也很多，尽管许多老师的材料并没有收入本书中，在此仍对他们表示感谢。

本研究得到了北京市教委领导、北京教育学院领导、北京市各大高校专家们的指导和帮助，特别是得到了北京师范大学裴娣娜、毛振明、殷恒婵、李佑发、唐东辉教授，华东师范大学汪晓赞教授，首都体育学院王子朴、刘海元教授，扬州大学潘绍伟教授，人民教育出版社耿培新、李红梅、李志刚等专家们的精心指点和逐项修改。同时，本研究也得到了北京市各区体育教研员及广大一线体育教师的大力支持与资源共享，在此特表谢忱！由于研究工作涉及的内容属于首创，很多问题有待通过长期的实践继续深入研究，亦限于能力和时间，本书定有不成熟之处，有些内容还需要经过实践的检验，恳请各位读者、专家能不吝赐教，批评指正，促使本书进一步完善和提高。我们也希望借本书的正式出版，与各区各校联合进行北京市中小学体育与健康课程的实证研究，共创首善之区学校体育工作的北京标准、北京精神、北京特点。

北京教育学院体育与艺术教育学院院长　陈雁飞

目 录
Contents

第一章 北京市中小学体育与健康课程开发的背景

教育改革是顺应时代发展、提升综合国力以及实现中华民族伟大复兴的必然要求。其中，课程改革又是教育改革的重要组成部分，是培养德、智、体、美、劳全面发展的建设者与接班人的关键环节。体育与健康课程改革是中小学教育改革的重要内容，关系到中小学生群体身心健康以及综合素质的提升。北京市中小学体育与健康课程开发贯彻落实了党和国家的教育方针，全面总结了数次课程改革的经验与教训，并通过全市范围的实地调研发现当前学校体育工作中存在的不足，深刻认识北京市中小学体育与健康课程改革所面临的挑战。同时，始终坚持"健康第一""立德树人""核心素养"与"学生中心"的目标指向，精准把握政策文件与课程标准的导向，致力开发出更具时代性、专业性、教育性的体育与健康课程，为推进首都教育现代化建设，培养出更多具有强健体魄、完善人格的社会主义建设者与接班人奠定了坚实的教育基础。

第一节 北京市中小学体育与健康课程改革取得的成绩

北京市教育委员会一直以来都高度重视学校体育工作，对北京市中小学基础教育工作的投入在不断加大，学生体质健康水平也有了明显改善，基本达到《北京市"十三五"时期教育改革和发展规划（2016—2020 年）》与《北京市"十三五"时期体育发展规划》对学校体育工作的相关要求，坚持教育优先发展、科学发展的道路，鼓励各学科开展了大量改革性工作，取得了丰硕的成果。北京市中小学体育与健康课程改革在"政策东风"的助力下，同样也取得了令人欣喜的成就。

一、打造一体化的中小学体育与健康课程体系，保障了体育与健康教学的质量

北京市教委依据《北京市中小学体育教师专业标准（试行）》和《北京市中小学体育与健康教学质量基本标准（试行）》的要求，严格执行国家课程设置计划，确保每个学段开齐上足体育课，结合健康教育和"风雨教材"以及学校自身的特色课程，开展了丰富多样的体育教学，同时鼓励有条件的地区和学校增加体育课时。北京市中小学生每学期至少要测试两个项目，除体能表现、体育项目成绩外，团队意识、意志力表现等也将纳入体育课成绩考评体系。北京市初中学段实施男女生分班教学，高中学段实施模块教学。学生的体育课成绩由三部分组成，其中，体能不低于30%，知识与技能不低于50%，情感态度与价值观不高于20%。根据全面性原则选择测试项目，合理搭配速度、耐力、力量、柔韧、灵敏等素质教学，每学期不少于两项。学生体育课出勤率、配合度、意志力、活跃度等行为表现将计为情感态度与价值观评判成绩。从课程设置到课程评价，打造了一个完善的课程体系，为体育教育的开展以及质量的提升提供了指引。

二、完善体育与健康课程理论研究，持续推进了体育学科建设

2018年10月30日，北京市教委、市教科院以"享受乐趣、增强体质、健全人格、锤炼意志——为每一位学生的终身健康奠基"为主题，召开了北京市中小学体育与健康教育大会。大会根据不同学段学生的身心特点和发展需求分设了三个论坛：游戏，让学生们爱上体育；比赛，促青少年人格完善；专项，助学生运动能力提高。大会鼓励广大一线教师通过课例呈现和话题探讨的方式，积极参与到北京市中小学体育与健康课程改革的理论研究中来，为进一步深化体育与健康课程改革的理论研究提供了广阔的舞台。

三、体育与健康课程日益丰富，学生身心健康得到了很好的发展

第一，体育与健康课程目标坚持以发展学生身心健康为核心。体育与健康课程目标始终受到社会、政治、经济、文化等因素的影响，始终追求服务于学生发展、学科建设和社会进步。课程目标的价值取向逐渐由社会本位、学科本位向注重学生个人本位的方向发展，从"劳卫制"过渡到"以人为本，健康第一"（体质论），再到全面注重学生身心健康（二元论）的协调发展。第二，体育与健康课程内容规范管理、百花齐放。从教材的国家统一编审，到地方制定国家审核，再到国家—地方—学校三级课程管理；从只有国家规定的必修课到符合地方和学校特色的选修课和校本课程；从教学内容的单一、僵化到多元、丰富；

从整体体育与健康课程的乏善可陈到可圈可点。北京市个别有条件的学校开设体育与健康选修课的种类多达 30 多种，为学生提供了充分的自由选择的机会，极大地满足了学生个性化发展的需求。第三，体育与健康课程形态从课堂逐步走向课内外一体化。体育与健康课堂教学从传统到学校统一课后一小时体育锻炼的延伸，再到学校、家庭、社会三位一体的补充，从传承运动文化的体育工具论到回归生活本质的体育本体论。

四、重视体育与健康课程数字化建设，推动了体育与健康课程现代化发展

当前，信息技术的快速发展给我们传统的课堂教学带来了许多便利，"教育＋互联网"也应运而生，体育与健康课程信息化建设的步调日益加快，网络化教学成为当下教学的新常态。我国研发的数字教材主要包括文字、图片、音频、视频、课件和虚拟学具，学生、教师、学校借助于互联网的应用得到了更好的服务。教育全球化的步伐不断加快，打破了不同国家、不同地区、不同学校间的沟通壁垒，突破了时空限制，使得大量优质教育资源得以即时共享，网络教学已然成为当今广受欢迎的一种教学形式。受此次新冠肺炎疫情的影响，北京市政府实施"停课不停教，停课不停学"的教学安排，通过北京市中小学空中云课堂等方式，帮助各中小学校指导学生进行居家体育锻炼。通过线上教学增加身体素质练习，可摆脱场地和器材的限制，有针对性地提升学生身体素质。同时，适当增加规则、礼仪、体育故事、技战术、健康知识和锻炼方法等理论知识的内容，让学生掌握更全面的健康知识。

五、完善了体育教师进修制度，为课程改革的落地提供了人才保障

体育教师是体育与健康课程改革的实施者，是理论应用于实践的践行者。因此，体育与健康课程改革能否顺利实施，体育教师的培训环节是关键。2011 年 1 月，教育部印发了《关于大力加强中小学教师培训工作的意见》，要求各省（直辖市、自治区）紧紧围绕新时期教育改革发展的中心任务，开展中小学教师全员培训。北京市教委认真贯彻了教育部的工作指导意见，加大了对各区县教师进修学校的投入与支持，为中小学教师队伍的整体素质和专业化水平提升提供了条件。与此同时，教师进修学校的职责范围扩展到了"课程指导、教学研究、质量评价、资源建设和教师发展"等领域，极大地满足了课程改革的需要，适应了社会发展的要求。各区县教师进修学校在进行教师培训工作时，能更好地结合本地区体育学科特点，有组织、有计划地开展相应的教研训活动，提高体育教师专业技能、教学能力和参与课程改革的能力，夯实了北京市体育与健康课程改革的人才基础。

第二节　北京市中小学体育与健康课程改革存在的问题

一、前期调研的基本情况

2018年7月26日至2019年1月24日，北京教育学院体育与艺术教育学院以体育系和学校体育研究中心为主力，组织北京市教研员、骨干教师近100人，对北京市16个区教委以及225所中小学进行了学校体育工作专项调研。调研对象主要有：16个区及燕山教委领导、学校体育管理相关职能部门领导，学校主管体育工作的领导、体育教师、中小学学生等。调研和评估工作的主要内容包括各区、各校体育工作的统筹管理、教育教学、条件保障、评价考试、体质健康等。调研组运用分层等距抽样法从1583所公办中小学中抽取了225所中小学进行调研（样本量具有统计学意义）。通过听取汇报、问卷调查、访谈座谈、校园观察、查阅资料等方式，参与调研主管学校体育工作的有区教委领导、体美科工作人员及相关科室人员100余人，学校领导350余人，体育教师1000余人，中小学生1100余人。

二、前期调研发现的主要问题

（一）学校体育发展不平衡、不充分

虽然当前北京市学校体育发展的基本格局已经形成，但也存在发展不平衡的现象。各区、各校学校体育发展的规模、条件、速度、质量等都存在一定程度的差距，学校体育发展不充分的问题也比较突出。随着社会的发展，学生对高质量的体育教育需求越来越强烈，他们追求个性化、时尚化、休闲化的运动，迫切希望掌握多样化、专业性的运动技能和科学化、前沿化的健身及健康知识，而学校体育现有的条件和水平，无法完全满足学生的这些需求。

（二）课程标准实施过程中思想观念与认识需要进一步深化与增强

1.学校领导对体育与健康课程认识不到位，支持力度不够

学校体育工作存在问题，表层原因是体育教师配备不足、场地器材数量不够等，但其根本原因还是学校领导层面对体育与健康课程的认知不足、支持力度不够。

2.体育教师对课程标准认识不足，难以将其贯彻到日常教学中

体育教师并没有真正从体育与健康课程的本源视角去理解体育教学工作，虽然绝大部

分体育教师已经学习了《义务教育体育与健康课程标准（2011 年版）》和《普通高中体育与健康课程标准（2017 年版）》，也参与了新课标培训，但仍有许多体育教师表示对课程标准的理解还不够深刻，主要的症结是其不能从系统课程论的角度来认识课程、教学、课堂等要素，从课标到省市级体育与健康课程实施方案再到各区（县、地级市）、各学校体育与健康课程实施计划，再到体育与健康学年计划、学期计划、模块（单元）计划、课时计划，这是一个系统工程，阅读新课标、培训新课标是这个系统的核心，理解这个核心也同样重要。此外，很多体育教师仅仅局限于了解本学科的课标、本学科的内容，对于更加上位的教育学、课程论等方面的理论知识不愿意去了解，也觉得这些理论晦涩难懂，这就导致体育与健康课程实施过程中会不断产生问题。

3. 体育教师对核心素养的认识还需要更多考虑运动项目特征

随着《普通高中体育与健康课程标准（2017 年版）》的实施，在整个义务教育阶段体育与健康核心素养、学业质量标准等新概念都已深入人心，学校领导、体育教师需要将这些新理念落实到自己的日常工作中。核心素养、学业质量标准属于大概念，大概念要落地，尤其是和体育与健康课程结合时，既需要了解这些大概念本身及其周边概念的含义，也需要认知这些概念和具体的运动项目特征的联系，只有将这两者紧密联系，相互贯通，新课标的一些核心概念才能真正落地。目前，新课标在体育与健康课堂教学操作过程中缺少具体教学方法和策略，同时体育教师侧重对学生运动能力的培养，健康行为和体育品德方面的考量较少，造成这种现象的主要原因是教师缺乏进行健康行为和体育品德培养的办法与手段，此方面的培训课程和可供参考的资料也比较匮乏。

（三）体育教师人才培养与师资队伍建设上存在不足

1. 体育教师"政策性"缺人和"结构性"缺人并存

一是在中小学校中，男教师普遍稀缺，而体育教师群体中以男性居多。同时，学校内的总务、学管主任等职务几乎都由体育教师兼任，但干部没有专门的编制，依旧占用体育教师的编制，但因为工作原因，其只能兼少量的课，这就造成了"政策性"缺人。二是中小学校以往教师的配备和招聘由人事部门负责，达不到按专项需求进人的标准，造成学校现有教师的专项配备不均衡，这就导致需要开展的运动专项课程出现"结构性"缺人。

2. 体育教师对最新的教育理论、体育教学中的新概念认知不足

在新教师的招聘过程中，我们注意到很多应聘者，虽然大学期间学的是体育教育、运动训练或社会体育专业，但他们的教育学、心理学知识仍旧停留在教师资格考试的背诵层面，根本谈不上灵活运用，许多新教师甚至不清楚体育与健康课程标准为何物。对于一些有经验的老教师而言，原来的知识和经验与现在需要掌握的知识存在"负迁移"，依然在用旧的知识和经验来指导教学，这就造成基于体育与健康学科核心素养的教学设计混乱、与

过去"三维目标"比较发生了哪些变化不清楚；基于学科核心素养的学习目标怎样制定不清楚；如何将学科核心素养细化为课堂学习目标不会操作；基于学科核心素养的教学活动设计与传统教学设计有何差异不清楚；课程内容的结构化教学怎样开展不明白；从教为主向学为主转变，教与学关系如何处理没有招法；对如何开展阶段性学习评价没有把握；体能与技能结合的关系处理不合理等问题。

3. 体育教师学历层次高，但"一专多能"型人才紧缺

近年来，北京市体育教师的进京指标日趋收紧，很多外地生源难以留京，也造成了许多优秀的体育教师苗子流失。虽然每年都会有300—400名新任体育教师入职，但由于高中体育教师资格证的取得相比小学体育教师资格难度要大，因此能进入高中体育教师队伍的人并不多。当前，高中体育教师队伍学历普遍较高，以硕士研究生为主，甚至也出现了博士研究生。这些新入职的教师文化和理论水平很高，但具体到实际的教学上，有的教师就显得有点力不从心。由于体育教师在本科和研究生阶段主修三大球、田径、体操等项目居多，对于现在选项教学中的一些小球类项目以及新兴体育运动项目，很多体育教师只能望而却步。尽管有部分体育教师能够主动花精力去学一些新技能，但技能从掌握到熟练教学需要一个过程。而且，学生们的兴趣点也会不断发生变化，这就要求体育教师不断去学习新的技能。

4. 体育教师日常工作负担重，学习反思不足，因待遇问题产生了较强的职业倦怠感

当前，中小学体育教师的工作负担普遍较重，大部分精力用于日常的教学管理工作，很少再有精力进行教学反思以及提升科研能力。此外，北京市仍然存在30万的教师缺口。为了弥补教师数量的不足，北京市拨给学校每位学生1000元的补贴，主要用于学校聘请兼职教师，开展大型活动等。很多学校在使用这部分资金方面灵活性较大，用于聘请兼职体育教师的较少，即使是用于聘请兼职体育教师，也出现了兼职体育教师和专职体育教师上同样的课而待遇有差异的现象，这就直接影响了兼职体育教师的工作积极性。

（四）教材内容多元性、科学性、规范性不足，教学方法单一、评价体系不健全

1. 体育的多元价值要求与单一的教学内容不匹配

课标中的一个重要概念"目标引领内容"，对学习目标分析得很多，却未对教学内容进行详细的规定，这就需要地方课程内容实施方案、学校体育与健康课程总体方案来引导，以及体育与健康教材来配合。但现有教材中可供教师选择的余地也不大。另外，有的一线教师较少参考教材和教师用书，从而出现了体育与健康课程教学全凭理解和经验的现象。还有部分体育教师对新教材的使用和驾驭能力不足，使用旧教材上课的现象仍然存在。个别学校的学生没有体育教材，教师也没有教师用书，体育与健康课堂也因此变得随意而松

散，完全跟不上新课标的改革步伐。

2.学校体育教学方式单一

教学中对教什么、怎样去教考虑得多，对学生学什么、怎样去学考虑得少。这就使体育教学陷入了"一讲解、二示范、三练习、四纠正错误、五巩固提高"的单一模式，并未关注学生在学习过程中的情绪状态与体验情况，把体育课堂狭隘地看成简单的技术动作传授，限制了体育多元价值的发挥。

3.评价体系随意性大，制度不健全

阶段性学业质量评价是每学年、每学期都要做的工作，但阶段性学业质量评价遇到的困难有：有的教研员和体育教师对课改评价的方向把握和内涵发展的理解还有所欠缺，造成在评价体系的可行性和合理性上存在问题。其中，体能模块的评价仅以量化的《国家学生体质健康标准》测试项目替代学业质量水平标准；健康教育评价方式单一，仅以纸笔测验方式进行操作；部分学校对评价的理念还停留在"心理测验时期"，仅以量化的操作方式为主；学分认定评价体系不够健全，尤其是过程信息收集和评价运用没有体现发展性。此外，阶段性学业质量评价过程中学生人数多，教师工作量大，学分认定的身心健康数据录入过于烦琐，系统操作不便捷，一些教师为了省事，在学生学分评定时随意降低标准、简化程序，同时还存在着"人情分"的现象。

4.区（县）对体育教师的培训力度和智力支持不足，新课标的落实指导力度还需加大

课程改革实施以后，只提供给了一线教师一本课程标准和一本教参，但要求教师根据课改调整自己的教学。各个学校要因地制宜地规划、设计并开展有"校本"特色的学科教育教学活动，这种理念和思维没有任何问题，但是我们忽略了一点，不向一线教师提供可操作的教学依据和标准，让其自行设计和实施教学，有几个教师具备这种能力？这就好比要求建筑工地上原先只负责砌墙的瓦工，一夜之间变身为规划师、设计师、材料员等"全能"型人才，在没有图纸和原材料的基础上把墙砌好，这必然无法实现。最终导致中小学体育与健康课程教学的随意性和碎片化现象严重，低效甚至无效的课堂教学大量存在。

（五）"怕出事""伤不起"导致学校体育教学畏首畏尾

近年来，在学校体育课和体质测试过程中，不断有猝死事件发生。青少年发生猝死的原因很复杂，但主要原因是心脏的器质性疾病和心血管结构异常。除去先天性因素，这往往与平时锻炼少、缺乏科学运动指导和急救常识等因素密切相关。每次事故都会引发民众的担忧以及对校方的谴责，学校领导和体育教师也都承受着巨大的压力。此外，学生出现安全事故后，常常会引发一些过度维权的行为，影响了学校体育教学的正常秩序。许多学校为了防止意外的发生，只能去降低体育课的运动强度，或者干脆取消一些中长跑项目。这种"一刀切"的方式虽然避免了体育课堂中的安全风险，但长远来看对学生群体的体育

与健康教育是不利的。

（六）场地器材的老化严重，维护制度不健全

学校体育的场地器材更新与改造速度不能满足北京市学校体育发展的需求。在调研区教委和学校过程中，区教委也反映场地年久失修，走入学校到处可见破损老化的器材，这对学生来说都是潜在的安全隐患。希望相关部门尽早出台相关的场地器材建设与维护办法，投入经费更新场地器材设施，并完善场地器材的更新机制，杜绝因场地器材问题而引发的安全事故，保障学生群体的运动安全。

（七）学校运动风险防控的体系化、制度化不足

目前，北京市教委非常重视学生体育课堂中的安全问题，把购买保险作为主要的保障措施。但整体上保障措施较为单一，缺少更为详尽的安全保障预案、医疗处置程序、法律处置程序等内容，缺少对学生、家长的安全预防教育，这就需要对学校运动风险防控进行体系化、制度化建设，为学校体育工作的开展提供安全保障。

第三节　北京市中小学体育与健康课程改革推进的指向

新时代的首都学校体育呈现出新的发展趋势，面临着新的挑战和机遇。北京市应该以"四个中心"定位来规划"新北京基础教育"的发展，加大推进学校体育与健康教育力度，构建具有实效性的北京市中小学体育与健康课程实施方案，探索具有北京特点、中国特色、世界水平的教育模式，这也是北京市中小学体育与健康课程改革工作的重要指向。在北京市中小学体育与健康课程体系构建和实施方案研讨中要始终坚持"健康第一""立德树人""核心素养"与"学生中心"的目标指向，让体育课程回归到育人的本体，成为培育和完善社会主义建设者的重要内容。

一、立德树人的根本任务

"育才造士，为国之本。"教育是中华民族振兴与中国经济腾飞、社会进步的重要基石，是功在当代、利在千秋的德政工程。习近平总书记在全国教育大会上就"培养什么人、怎样培养人、为谁培养人"提出了工作要求并做了战略部署。"立德树人"是习近平总书记对教育工作提出的根本任务，也是教育工作的立身之本。2014年《教育部关于全面深化课程

改革落实立德树人根本任务的意见（教基二〔2014〕4号）》强调：深化课程改革、落实立德树人根本任务具有重大意义。立德树人是发展中国特色社会主义教育事业的关键，是培养德智体美全面发展的社会主义建设者和接班人的本质要求。因此，体育作为教育版图中的重要组成部分，应坚持落实"立德树人"的根本方针，充分发挥体育与健康课程健身育人的本质属性，为培养体魄强健、德才兼备、自强不息的新时代人才做出更大的贡献。实现立德树人，离不开具体课程的开发与实施，要始终坚持把"立德树人"作为体育教育工作的主线，从顶层设计到一线教师，都应牢固树立"立德树人"这一内在标尺，以此作为体育与健康课程开发和实施的重要原则，为培养出德才兼备的社会主义建设者添砖加瓦。

"国无德不兴，人无德不立。育人之本，在于立德铸魂。"青少年阶段是形成人生观、价值观和世界观的重要时期，而学校教育又是促成青少年正确价值观形成的主要阵地，这就是国家从顶层设计高度反复强调"立德树人"崇高教育使命的原因所在。然而，当前的中小学体育教学依然面临着难以"开足、开齐和进行专项化教学"的尴尬局面，学校体育"立德树人"的初衷也随之被弱化甚至"悬置"，因此，需要强化学校体育内部治理与顶层设计，实现学校体育工作由"育体"向"育人"理念的内涵转变，加强体育与健康课程中德育实践部分的设置与筛选，发挥出体育在德行培养方面理应具有的独特学科优势。此次北京市中小学体育与健康课程改革将"立德树人"作为重要目标指向，以课程改革的形式推动教育思想、教育目标和教育内容的更新与升级，充分体现了新时代、新要求、新理念的全新人才观，为北京市中小学体育教育工作提供了科学、可实际应用的行动指南。这也是突破当前北京市中小学体育与健康课程现实困局、积极探索学校体育教育发展改革道路、全面提升体育教学质量与地位的关键之举。

二、"健康第一"的教育理念

苏联著名教育实践家、教育理论家苏霍姆林斯基经过多年的教育实践与思考，建立了一套具有前瞻性的健康教育观，把受教育者的身体健康和心理健康统合起来，并把受教育者的身心健康始终作为教育的第一要务。这是20世纪教育家们对"健康第一"的朴素认知。我国人民教育家、思想家陶行知先生是我国提出"健康第一"思想的第一人，他把"健康的体魄"作为"生活教育的五目标"中的首个目标，并认为身体与精神是统一的，身体健康是精神健康的基础，身心健康是教育活动与平常生活的出发点。陶先生还认为生活的意义在于拥有健康的生活，教育的意义在于培养健康的人。随着"健康第一"教育思想的发展与成熟，人们不断更新着对于"健康"内涵的认识，"健康"也从单一的生物学维度逐渐扩展为心理、适应能力、道德等方面。"健康"理念的更新代表着对社会人本质认知的深化，这也十分符合现代教育发展的趋势与使命。中华人民共和国成立以后，"健康第一"始终处在我国学校体育指导思想的核心位置，已经深入渗透进了学校体育的各个方面，成为指导我国学校体育工作的主导思想。

然而，我们对于"健康第一"的认识也应该更为理性，这个"第一"并非系统内体育各价值与功能的排序，而是当健康与那些影响、损害健康的因素发生冲突时以健康为重。从学校体育"健康第一"的文本溯源来看，很容易产生浅表化、放大化的认知取向，这在一定程度上转移并弱化了人们对体育多元价值内涵的关注，将体育的价值与意义狭隘化。学校体育在推行"健康第一"时不应拘泥于文本和政策的表述，而更多应该结合自身的教育实践，深入挖掘与彰显学校体育丰富的价值内涵。总而言之，"健康"本身具有非常宽泛的内在意蕴，这就与体育的多元价值十分吻合。面对当前青少年群体肥胖率和近视率高发、心理问题频出、社交障碍普遍的现代性病症，同样需要青少年群体认识到健康的重要性，树立"健康第一"的理念。于是，学校体育应该肩负起培养全面健康型人才的使命，在学校体育教学内容上注重体育多元价值的开发。体育教师在课堂中既要传授体育知识，也要培养学生的健康意识与保持健康的能力，帮助青少年群体成长为身心健康、价值观正确、社会适应力强的社会主义接班人。北京市中小学体育与健康课程改革牢固树立了"健康第一"的教育指导思想，重视体育促进健康的同时，通过课程改革的形式深入挖掘体育在完善人、发展人等维度上的独特价值，始终把学生的"全面健康"作为体育与健康课程的出发点与立足点。

三、核心素养的贯穿主线

教育部印发的《关于全面深化课程改革落实立德树人根本任务的意见》中明确指出："重点研制学生发展核心素养体系，主要是明确学生应具备的适应终身发展和社会发展需要的必备品格和关键能力。"这是教育部首次以文本的形式提出核心素养的概念，是适应世界教育改革发展趋势以及提升我国教育国际竞争力的迫切需要。2016 年 9 月 13 日，由教育部委托北京师范大学联合国内高校近百位专家所成立的课题组正式发布了《中国学生发展核心素养》研究成果。该成果强调："学生发展核心素养指学生应具备的，能够适应终身发展和社会发展需要的必备品格和关键能力，是关于学生知识、技能、情感、态度、价值观等多方面要求的综合表现。"中国学生发展核心素养是国家教育方针的具体体现，它围绕着"学生应具备的，能够适应终身发展和社会发展需要的必备品格和关键能力"这一根本要素，这也就意味着核心素养必然会超越学科界限统摄不同学科的课程目标。换言之，各学科应该主动聚合在核心素养的总框架内进行各自的课程体系的设计，建立核心素养与各学科课程教学的内在联系，充分挖掘各学科课程的独特育人价值。正如《普通高中体育与健康课程标准（2017 年版）》所指出的："学科核心素养是学科育人价值的集中体现，是通过学科学习而逐步形成的正确价值观念、必备品格与关键能力。体育与健康学科核心素养主要包括运动能力、健康行为和体育品德。"体育与健康学科核心素养不仅指获得的知识和技能，还包括受教育过程中形成的价值观念、品格和能力，这种核心素养一旦形成，会对一个人的终身体育锻炼与幸福生活产生深远的影响。

坦言之，无论是中国学生发展核心素养，还是体育与健康学科核心素养，都属于相对宏观、宽泛的教育目标与理念，并不能直接指导具体的教学实践活动，还需要一个"分层转化"的过程，将核心素养的内在要求融入到体育与健康学科教育目标以及课程教学目标中，指导体育教学工作的开展。近年来，基于学生核心素养的教育改革逐渐引起了世界各国的关注，成为许多国家或地区制定教育政策、开展教育实践的依据和基础。核心素养是教育方针具体化的一种表现，国家的教育方针正是以核心素养为桥梁，将宏观的教育理念、培养目标落实到具体的教学实践中，形成教育教学实践可用的、教育工作者易于理解的具体教育要求，引领课程改革和育人模式变革。在课程设计的起始阶段，应该针对学生年龄特点，进一步明确各学段、各学科的育人目标和任务，建立基于核心素养发展情况的评价标准与机制，把教学内容与人才培养目标统摄起来，以此推动中国学生核心素养的落实。北京市中小学体育与健康课程改革正是以学科教学促进学生核心素养发展为目标，将学科教育与学生核心素养提升相融合，为培养顺应时代潮流、满足社会发展需求的全面发展型人才奠定了基础。

四、学生中心的逻辑起点

"以学生发展为中心"是教育工作开展的初衷与愿景，也是指导课程开发与实施的根本宗旨。《普通高中体育与健康课程标准（2017 年版）》指出，"强调以学生发展为中心，帮助学生学会学习"，强调教学的每个方面在关注发挥教师主导作用的同时，也应突出学生的主体地位，重视学生的感受、体验和需求，培养学生的主动学习和创新精神，提高学生分析和解决体育与健康问题的能力。然而，在我们中小学的实际教学中，仍然存在许多对体育与健康课程标准新理念理解不充分、不全面、不准确的现象，在教学手段、教学内容、课堂组织、教学评价等方面缺乏创新性和针对性，忽视与学生的交流以及对学生体验的反馈，导致体育课堂成为单一技术动作的传授，课堂氛围枯燥、乏味，难以调动学生学习的积极性，不利于学生终身体育意识的形成，大大地弱化了体育教育的育人价值。

"学生是主体，教师是主导"，这是对教育工作与师生关系的深刻认知。优质的体育课堂一定建立在一种良性互动的师生关系之上，教师以发展学生的核心素养为宗旨，并重视学生的情感状态与需求，激发学生积极参与教学过程的主动性，让体育与健康课程成为学生主动建构关于运动技能、健康知识、意志品质、道德风尚、纪律规则的认知体系。北京市中小学体育与健康课程改革的目标指向之一就是"以学生为中心"，围绕学生的身心发展特点与未来发展需求，进行了大量的创新性改革，以期为北京市中小学体育与健康课程的开展提供一份技术性参考和支持。例如："小学基础化、初中多样化、高中专项化"的课程内容体系，体育教学目标达成、教学内容人本、教学方法多样、教学组织多变、教学评价多元、教具场地多创的六位一体教学质量标准，多达50类的体育与健康课程内容建构，这都是促进学生参与体育、喜爱体育、终身体育的创新性课程改革实践。

总之，北京市中小学体育与健康课程改革要基于推进首都教育现代化建设的时代背景，顺应新时代社会发展的趋势与要求，高度重视青少年群体体质健康水平、核心素养的提升，通过课程理念、内容、手段的创新，不断寻求新突破，激活学校的体育与健康教育资源，优化与丰富学校体育与健康课程内容，切实帮助学生掌握健康知识、培养健康生活方式，努力培养出更多具有国际视野、身心健康、德才兼备、爱国敬业的新时代北京公民。

第二章　北京市中小学体育与健康课程的顶层设计

本研究是北京市中小学体育与健康课程的具体化，是义教课标和高中课标的地方化，是介于课程标准与教学计划之间的指导性文本，能为北京市各区和各校落实课程标准、制订区级和校级实施方案提供依据。因此，北京市中小学体育与健康课程的顶层设计尤为重要，对各区校贯彻落实课程核心理念与细化分解顶层目标起着决定性作用，确保十二年体育与健康的不同类型课程内容各要素之间围绕核心理念和顶层目标形成整体的关联、匹配与有机衔接，同时还要兼顾全市、各区各校的可实施与可操作性。本章在明确北京市中小学体育与健康课程性质与基本理念的基础上，以体育学科核心素养为导向，制定课程目标，以运动专项课、体能锻炼课、综合拓展课三位一体为基础，构建课程框架，全貌展现课程结构与不同课型的课时分配，为形成具有北京特点、北京标准的中小学一体化体育与健康课程体系做好顶层设计奠定良好基础。

第一节　北京市中小学体育与健康课程性质和基本理念

依据《义务教育体育与健康课程标准（2017 年版）》和《普通高中体育与健康课程标准（2011 年版）》，结合"健康第一"教育理念以及相关文件精神，将北京市中小学体育与健康课程界定为一门以身体练习为主要手段，以结构化体育与健康知识、技能和方法为主要学习内容，以精学、勤练、常赛为主要学习方式，强调教、学、评一体化，以激发体育兴趣、熟练掌握 1—3 项运动技能，全面提升学生体质健康、完善人格发展，形成高阶体育思维、培养终身体育与健康意识和习惯为主要目标的课程。

一、课程性质

（一）"突出"基础性

本课程面向全体，以学生终身发展和适应未来社会需要的基本素养为指向，通过培养学生掌握必要的结构化体育与健康知识、技能和方法，为学生身体健康和体能提升打好基础，为心理和社会适应能力的发展奠定基础，为学会学习、拓展运动能力打牢基础，为终身体育锻炼习惯养成筑牢根基，最终实现学生健康快乐的成长。

（二）"强调"实践性

本课程强调以身体练习为主要手段，关注学生通过适宜的运动负荷和运动方法进行体能练习和运动技能学习；从学生的学习能力、技能习得、个性发展、体能发展等方面入手，帮助和指导学生学会运动技能的方法和迁移、学会运动技能的合理运用和比赛，科学地引导学生积极参加课内外体育学习、锻炼、社团和竞赛活动，提高运动和生活实践能力。

（三）"注重"选择性

本课程注重体育与健康课程内容的选择性，满足学校、学生的多样化需求。依据不同学区、学校的差异性情况，根据不同学生的兴趣，在高质量完成国家基础教育体育与健康课程的同时，为学生创设内容丰富的自选空间，鼓励学生在学校开设的若干运动项目、锻炼方法、拓展内容中，自主选择1—3项运动技能学习，从而培养学生的运动爱好和专长，养成终身体育锻炼的习惯。

（四）"倡导"综合性

本课程倡导学校体育与德育、智育、美育、劳动教育等有机地统一在教育活动的各个环节中，通过多种内容、技能和方法的整合，打通体育与健康课程与其他课程的壁垒，推进学科实践课程间的融合，实现运动能力、健康行为和体育品德的落实落地，用整体观、系统论和辩证法优化改进课程目标、课程内容、过程与方法等，发挥体育的全面育人价值，促进学生健康成长。

二、基本理念

（一）贯彻落实"立德树人"与"健康第一"，促进学生健康成长

贯彻落实立德树人根本任务，以健康第一为指导思想，强调育体、育心、育人功能，培养学生的学科核心素养，设置体育与健康知识、技能、方法的三维目标和课程结构。针对学生肥胖率、视力不良检出率面临的严峻形势，以学科本质与特征、项目本源与特性、学生本性与特点为基点，强调科学锻炼、运动项目大单元和体育文化学习，融合健康、卫生保健、疾病预防、安全避险等知识和方法，关注学生健康、安全防范意识与技能的培养，以及健康文明生活方式的形成。在促进学生体质健康的同时，培养他们自尊自信、乐观开

朗、责任担当、进取拼搏、坚强意志、团结合作、公平竞争和遵守规则等体育品德，培养身心健康、体魄强健、全面发展的新时代北京青少年。

（二）遵循关注"学生发展"与"学习需求"，增进学生享受乐趣

强调以学生发展为中心，充分发挥课程功能，分别开设运动专项课、体能锻炼课、综合拓展课三类课型；把握课程内容主旨，凸显项目特性的运动专项课、掌握锻炼方法的体能锻炼课、关注生存生活的综合拓展课，遵循中小学生的身心发展规律，充分关注学生的学习兴趣和需求，在发挥教师主导作用的同时，突出学生的主体地位；创设师生和谐互动、形式灵活多样、气氛热烈活泼、突出学生表现的课堂教学氛围，注重课堂教学的运动负荷和实际效果，充分调动学生学习的积极性，重视学生体育高阶思维与学习能力的培养，引导学生深刻体验运动的乐趣和理解运动的价值，促使学生由被动参加向主动参与转变，培养喜爱体育与健康学习、积极参与课内外体育活动、享受体育比赛乐趣、养成良好健身行为与锻炼习惯的新时代北京青少年。

（三）改革优化"课程内容"与"教学方式"，提高学生运动能力

在课程内容方面，根据学生身心发展规律和运动技能学习发展规律，按照市、区、校三级层面，将课程内容分为必修必学、必修限学、必修选学三个部分，关注对学生学习和发展有意义的运动项目内容和健康教育，重视具有中华优秀传统文化和北京地方特色的中国式摔跤、空竹、花毽等民族民间运动项目的体育教学，关注与学生生活经验紧密联系的生命安全、心理拓展、奥运教育等内容，精选适合学生终身发展的体育与健康知识、技能和方法。在教学方式方面，重视量化可监测的学习目标设置，以精学、勤练、常赛为主要方式，创设比赛、展示、教育、生活情境，采用学、练、赛一体化的课堂结构，倡导自主深度、集体合作和问题探究的学习方式，进行大单元项目的系统设计，来促进学生运动能力的发展，培养具有首善意识、拼搏进取、眼界开阔的新时代北京青少年。

（四）注重培养"运动爱好"与"运动专长"，奠基学生终身体育

重视培养学生的运动爱好和专长，强调学生系统地学习 1—3 项运动项目；遵循运动技能形成规律、运动负荷变化与控制规律、体育知识学习与运动认知规律、体育学习集体形成与变化规律、运动乐趣体验规律，在小学阶段强化体操与田径教学，全面打好基本运动能力的基础；在初中阶段试行"体育走班制"教学改革，充分尊重学生的选择，为形成运动专长提供可能；积极推进高中阶段"模块教学"，为学生终身体育奠定基础；增加中小学体育与健康课时，形成多元、灵活、开放的课程实施模式，小学每周至少 5 节、初中每周4—5 节、高中每周 3—5 节，鼓励有条件的学校每天开设一节体育课，开设 60—90 分钟的

体育长课；充分利用课间、大课间、课后的时间，开展形式多样的课外体育锻炼、社团和竞赛活动，促使学生积极主动地进行体育学习和锻炼，培养运动能力水平高、健康行为养成好、体育思想品德优的新时代北京青少年。

（五）建立完善"质量标准"与"能力评价"，激励学生全面发展

注重学业质量标准，强调评价的激励、反馈和发展功能，创设"学习＋评价＋知行合一"为一体的体育与健康课程，构建主体多元、内容全面、方法多样的十二年贯穿式评价体系。在评价主体方面，采用教师评价与学生自评相结合的方式，重视学生间的互相评价；在评价内容方面，突出学生运动能力、健康行为和体育品德的综合评价；在评价方法方面，倡导定量评价与定性评价、相对性评价与绝对性评价、过程性评价与结果性评价相结合的方式。评价要凸显体育与健康课程认知、技能与情感的表现性评价，重点关注运动基础相对较弱、学习态度认真的学生；评价要注重与学业质量合格标准紧密联系，区分不同运动项目的运动能力等级量化标准，培养适应能力强、身体素质高、考核评价优的新时代北京青少年。

第二节　北京市中小学体育与健康课程目标和课程框架

一、课程目标

（一）总目标

本课程的实施旨在激发学生的体育学习与运动兴趣，学会多种科学锻炼方法，掌握能够在真实情境中灵活运用的1—3项运动技能；提升学生的体能素质和体质健康水平，形成"跑得快、跳得高、投得远"的综合身体活动能力；培养"抗挫折、耐寒冷、敢拼搏"的坚强意志和吃苦精神，拥有乐观开朗、积极进取的人生态度，具备运动能力、健康行为、体育品德三方面的学科核心素养，造就新时代的北京青少年。

（二）分目标

1. 提高运动能力

运动能力是体能、技战术能力和心理能力等在身体运动中的综合表现。通过本课程的学习，将运动项目的技术、战术和身体素质的学练融为一体，在体育教学中将学生自身经验或运动项目实际运用结合起来，形成运动技能并能够迁移运用；注重技术学习、知识规则、简

单战术、体能练习和在真实情境中的运用；回归运动项目本源，充分发挥运动项目特性，采用多种形式的趣味游戏和实战比赛，让学生在"学—练—赛"中会学、会用、会赛。

2. 形成健康行为

健康行为是增进身心健康和积极适应外部环境的综合表现。通过本课程的学习，提高学生参与校内外体育锻炼的积极性，掌握科学锻炼方法，形成锻炼习惯，养成良好生活方式，提高学生自然适应能力、自我安全保护能力和社会生存能力等；帮助学生掌握健康生活所需要的营养、保健、急救、运动损伤、疾病预防等知识和原理，掌握健康技能，学会健康管理，实现和保持最佳的健康状态；提高学生维护健康的能力素养，帮助学生树立科学健康观，培养健康、阳光、幸福、乐观的现代青少年，养成健康的生活方式，实现高品质的健康生活。

3. 培育体育品德

体育品德是指在体育运动中应当遵循的行为规范以及形成的价值追求和精神风貌。通过本课程学习，培养学生勇敢顽强精神、公平竞争态度、坚强意志品质、良好体育行为和团队合作精神等优秀品格，在体育历练中充分培养学生未来发展所需要的自信、自尊、责任、沟通及拼搏能力，促进学生形成刻苦锻炼、不屈不挠以及遵守规则的品德；注重学生行为引导，加强民族传统体育教育，鼓励学生参与集体活动，将学生培养成为体魄强健、朝气蓬勃和行为规范的新一代人才。

二、课程框架

（一）总体思路

课程设计的总体思路是将体育纳入北京市基础教育课程综合改革统筹谋划，促进五育学科课程融合发展、相互促进、协同育人，构建目标明确、分级管理、学段衔接、水平进阶、资源共享、贯通培养的"小学基础化、初中多样化、高中专项化"的北京市体育与健康一体化课程内容体系。小学中低年级强调基础体能与基本技能，小学高年级和初中推行"走班制"教学改革，高中强化"选课走班式模块教学"；指导各区各学校制定实施细则，促使国家课程规范化、地方课程特色化和校本课程个性化，不断提高体育与健康课程的针对性、实效性，实现体育学习目标清晰、教学内容整合、教学方法优化、教学组织高效、学习评价精准、教具场地创新的六位一体课程教学质量标准。系统改进和提高北京市中小学体育与健康课堂教学质量和效果，确保学生体质健康监测及格率和优秀率稳步提高，促进学生体格健美、体能强健，培养学生意志坚强、乐观开朗、团结合作的优秀品质。

（二）核心理念

以学科特征、运动项目特性、学生本性为依据，以体育知识、技能、方法为基础，以精学、多练、常赛为主要方式，按照循序渐进、由浅入深、有机衔接的原则，合理设计各学段、各项目教学的基本内容，围绕"运动能力、健康行为、体育品德"三指标，基于"学会、运用、比赛"三维度，创设比赛情境、展示情境、教育情境、生活情境，注重运动项目完整体验、体育现实问题解决、学业成就行为表现，形成"纵向精深、横向坚实、内核丰富"的立体化特色发展方案，体现义教课标、高中课标的要求和北京市体育教学特色。

（三）主体框架

本课程设计力求有规模、有质量，重点培养学生掌握1—3项运动特长，其核心是"3+2"课程体系，"3"是运动专项课、体能锻炼课、综合拓展课，"2"是学业质量标准（注重体育课堂学习评价）和运动能力等级标准（注重教师、学生自测达标）。本研究主要围绕三类课程构建，以思维导图的方式思考设计框架，形成网状的、立体的、多元的整体课程内容和框架，核心是让每一位学生有项目可选、让每一所学校有特色可挑、让每一位体育教师有项目可教，用46个运动项目、7类锻炼内容、3类拓展内容，全方位丰富学生的学习选项，真正体现以人为本、以生为本的课程理念。

本课程从运动专项课、体能锻炼课、综合拓展课三类课型取向，精选了不同主题、不同指向、不同方式的具体课程内容。

运动专项课开发了六大类共26个运动项目，有432课时的12个大专项，包括田径、体操、韵律舞蹈、足球、篮球、排球、乒乓球、羽毛球、网球、棒垒球、武术、游泳等；又有36—144课时的14个小专项，包括花毽、空竹、短道速滑、花样滑冰、冰球、越野滑雪、赛艇、高山滑雪、轮滑、定向运动、花样跳绳、跆拳道、极限飞盘、攀岩等。其中，既有新兴类又有传统类，既有开放式又有封闭式运动技能，既有单一性又有连续性运动技能，既有大球类又有小球类，既有隔网类又有非隔网类，既有个体类又有集体类。除了冰雪季节性项目外，要求单个项目学习在同一水平总课时至少达到36课时，有条件的可以实现1—12年级单个项目学习达到432课时。在此基础上，还将不断开发具有北京地方特色的小专项，如打花棍、舞龙、舞狮等。

体能锻炼课开发了三大类锻炼内容，具体包括基本运动能力，涉及小学低年级的走、跑、跳、投、攀爬、钻跃、翻滚、支撑等基本运动技能，小学、初中和高中一体化的基础体能，小学体测类体能、初中中考类体能和高中会考类体能的综合考试类体能，并提供了分学段的体能诊断测试。课程试图提供变化多样的练习动作和方法，提供一定难度的挑战性课程内容，提供小组合作和团队训练的氛围，适合不同年龄段和各种身体类型的学生，激励学生不断挑战、渴望成长并享受乐趣，最终让学生掌握科学锻炼的方法、有效控制体重与改善体形的方法，提高体能水平。

综合拓展课开发了三大类教学内容，具体包括健康教育、奥林匹克教育和运动项目体验三类专题，其中健康教育专题包括卫生保健、生命安全和心理拓展三个板块内容；20个运动项目体验包括板羽球、跳房子、滚铁环、斗鸡、柔力球、踩高跷、跳皮筋、角力、滑板、独轮车、溜溜球、板鞋运动、龙舟、飞镖、绑腿跑、跳竹竿、马拉松、珍珠球、拔河、多人竹竿跑等。每类专题有相对独立和完整的课程结构与内容，整体组合为综合拓展课程。综合拓展课程强调体验式学习，重视学生生活、生存情境的创设，引导学生将理论学习与生活实际相结合，发展学生解决实际问题的能力。具体课程主体框架设计如图2-1所示。

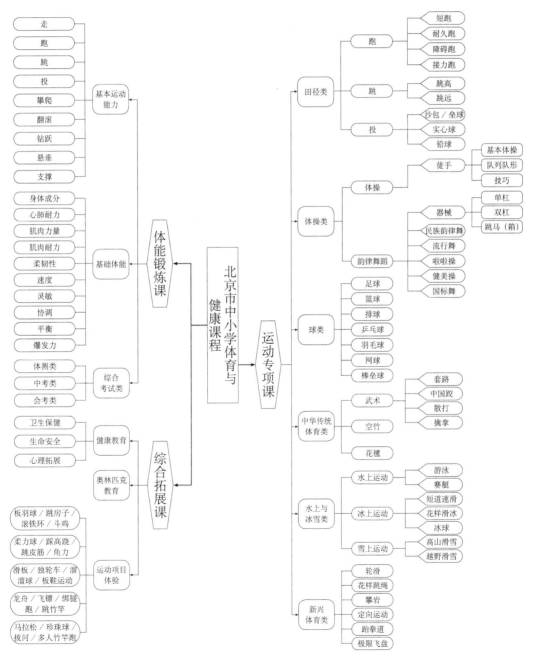

图 2-1　北京市中小学体育与健康课程框架整体设计

第三节　北京市中小学体育与健康课程结构和课时分配

一、课程结构

北京市中小学体育与健康课程结构依据北京市基础教育的整体课程设置、课程内容等确立，以促进学生学科核心素养为导向，面向全体、突出特色、关注专长、重视运用。面向全体是指面向全体学生，提供学生发展需要的体能、运动技能、健康教育和体育文化知识，为其健康生活方式的形成奠定基础；突出特色是根据党中央对北京市的功能定位，凸显北京市和各区发展的特色，包括传统的和现代的，便于课程的实施与开展；关注专长是让学生根据自己的兴趣和爱好选择运动项目进行系统学习，鼓励在个性发展基础上支持终身体育；重视运用是突出课程的实用性，将体育与健康知识、技能和方法运用到体育学习、体育锻炼、体育竞赛和日常生活中。

本课程在借鉴国际经验与比对北京现状的基础上，融合体育学科核心素养、运动教育、体能教育、动作技能、课程整合等相关理论，将原有单一的体育课分为运动专项课、体能锻炼课、综合拓展课三类，构建全新的、立体的中小学体育与健康课程体系。

（一）具体结构与内涵阐释

本课程中的运动专项课、体能锻炼课、综合拓展课，其主旨是强调以学习为本，聚焦学生学习的课堂状态、过程理解、学业展示；关注学生学习的实战比赛、生活娱乐、与人交往中与体育相关的现实问题解决；指向学生学习的运动专长、锻炼习惯、健全人格。因此，"以学习为本"的中小学体育与健康课程，可以将零散知识系统化、隐性思维显性化、解决策略模型化，让一些至关重要的体育知识和运动技能更易被理解、记忆与运用，更有利于发展学生的高阶体育思维及学习兴趣。其具体结构和内涵阐述如图 2-2 所示。

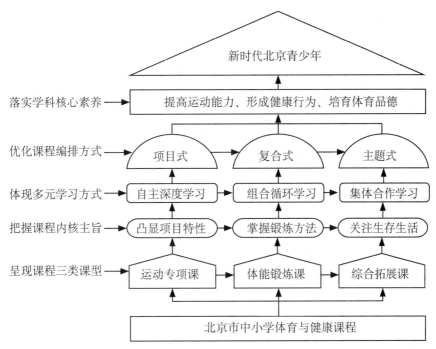

图 2-2　北京市中小学体育与健康课程具体结构和内涵阐释

l. 运动专项课

运动专项课指凸显项目特性、提高运动能力、自主深度学习的项目式运动专项课程，强调充满真实情境、现实问题、多样方式的自主深度学习，关注体育的具体技能教学和体育教育内在规律，培养学生的运动爱好和专长，强调学生的系统学习专项运动技能。该课程注重以专项知识技能为载体的学习，让每个学生的角色体验因为各有所长而有所不同，完善小学、初中和高中体育专项运动的衔接体系，培养中小学生的运动特长和专长，实现每个学生熟练掌握1—3项运动技能。建议以18课时为一个单元，单个项目学习总课时达到36课时以上，在不同学期可以分别进行不同运动项目或连续进行同一运动项目的教学，有条件的可以在每个学期开展同一项目学习，在本学段内完成108课时或216课时，直至小初高一体化学习达到432课时。

2. 体能锻炼课

体能锻炼课指渗透锻炼原理、掌握锻炼方法、组合循环学习的复合式体能锻炼课程，展现科学化的锻炼原理、连续性的锻炼周期、个性化的锻炼方案、趣味化的锻炼方法，指向学生课内外或未来自主科学锻炼的能力。该课程注重学生的差异分层和进阶、降阶体现，注重身体素质发展的敏感期强化，注重学生身体素质的全面强化，注重锻炼强度和负荷，注重学生不同水平和性别差异，提高锻炼的科学性和实效性，并使学生能结合自身情况制订运动方案进行自主锻炼。建议以一节完整体能锻炼课的形式展现，针对不同阶段、不同性别、不同季节、不同需求的综合情况，参考每个学年、每个学期的建议课时，根据学生体能发展需求、考核要求和项目学习选择。

3. 综合拓展课

综合拓展课是关注生存生活、培育体育品德、集体合作学习的主题式课程，重在教学形式的拓展，强调体验式的学习理念，创设学生在成长中可能会遇到的各种生存、生活情境，培养学生在日常生活中卫生保健、合理作息的健康行为和习惯，在灾害发生时掌握必要的逃生手段，学会自救、相互协作，具备坚强的意志品质，树立体育是当前与未来高品质生活方式的理念。该课程充分发挥体育学科的集体性运动特性，在活动中营造体育教学情境，培养学生的爱国主义精神、团结合作与集体主义感，达成学生生活实际延伸教育。该课程主要以某个主题的内容量来决定课时，如 24 课时的生命安全板块有知识常识和技能实践部分。建议每学年安排 12—18 课时的主题式综合拓展课，涉及的专题和板块数量根据实际情况增减。

（二）三类课型间的逻辑关系

1. 内在逻辑

本课程中的运动专项课、体能锻炼课、综合拓展课三位一体，相辅相成、互相融合，在内核主旨的把握、学习方式的转化、编排方式的优化、具体内容的精选等方面有所不同且各具特色。三类课型围绕"运动专长炼成、锻炼习惯养成、健全人格形成"这三个关键性问题，实现不同课型学习的内在价值，凸显不同课型学习的实效性，不断提升学生学习的实际获得感。

运动专项课是课程的主体。体育与健康学科核心素养中运动能力、健康行为、体育品德任一要素都离不开运动项目的主体，且学生只有经常参与运动项目的技能学练和比赛活动，才能发展专项运动能力，养成锻炼习惯、情绪调控、适应能力等健康行为，培养积极进取、遵守规则、责任担当等体育品德。

体能锻炼课是课程的基础。没有充沛的体能做基础，任何运动项目的学习都是纸上谈兵、空中楼阁。体能锻炼课为运动专项课的学习打好身体素质和运动能力基础；没有强健的体魄，综合拓展课中所强调的预防运动损伤、消除运动疲劳和远离不良嗜好等健康行为就无从谈起，因为无体能将无健康。

综合拓展课是课程的延伸。它是运动专项课和体能锻炼课学习内容的补充，以体验学习为主，通过对学习内容产生深刻的本体感觉、学习感受、文化感悟，充分发挥体育与健康学科的育心育人价值，在营造的运动和生活情境中运用所学的知识与技能，保障运动专项课和体能锻炼课的学习效果，最终三者合力达成学习结果最优化。

2.外在结构

学校课程内容的选择必须与学生的经验和兴趣相一致，以发展人的"多方面的兴趣"为轴心，体现三课型的内在逻辑与外在结构。在具体的课程结构设计中，要立足学习、学科、项目的本质与特性，以学习的内容和问题为中心，关注不同学生在运动专长炼成、锻炼习惯养成、健全人格形成三方面的学习需求、学习兴趣与学习能力，引发学生发现自主学习的发力点、兴奋点与生长点，形成探究学习、合作学习、反思学习的新样态，实现体育与健康终身学习的专业化、全面化、科学化。

从具体结构来看，运动专项课代表了纵向高度，通过至少进行1—3个运动项目的结构化、持续化、系统化学习，掌握较高水平的专项运动能力，炼成运动专长，引发终身学习的志趣；体能锻炼课代表了横向长度，通过多元多类锻炼方式的科学化、组合化、趣味化学习，掌握厚重扎实的基本运动能力，养成锻炼习惯，引发自主锻炼的志向；综合拓展课代表了内核深度，通过生存生活问题情境的主题化、协作化、驱动化学习，浸润积极正向的体育品行教育，形成健全人格，引发健康生活的志愿。学生在体育与健康课程学习中，运动专长能力水平高低有别，锻炼习惯持续时间长短不一，健全人格完善程度深浅有异，不同学生的学习结果在结构上会呈现出独特形状的、容积不同的三维向度长方体。

总体来看，三类课具体的内在逻辑与外在结构关系如图2-3所示。

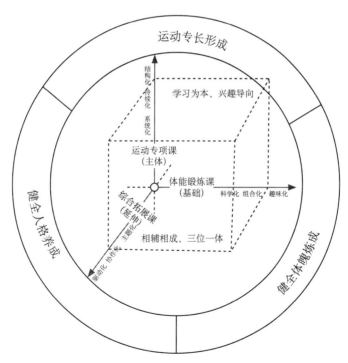

图2-3　运动专项课、体能锻炼课、综合拓展课之间的逻辑关系

二、整体安排

中共北京市委办公厅、北京市人民政府办公厅印发《关于全面加强和改进新时代学校体育工作的行动方案》中提出："鼓励基础教育阶段学校每天开设 1 节体育课，小学每周至少 5 节体育课，初中每周 4—5 节，高中每周 3—5 节。"根据"小学每周 5 节体育课，初中每周 4 节体育课，高中每周 3 节体育课"的最低要求，1—12 年级上学期按照每学期 18 周核算，12 年级下学期按照 12 周核算，共计 1818 课时。包括 3—15 个运动专项内容的 1026 课时的项目式学习、三大类体能锻炼内容的 612 课时的复合式学习、三大类综合拓展内容的 180 课时的主题式学习。需要注意的是，另有每学期 1—2 周的机动课时未计入总课时，由各校根据实际情况进行调整。其具体安排如图 2-4 所示。

图 2-4　北京市中小学体育与健康课程具体大类与课时分配

（一）1—12 年级三类课型整体安排（见表 2-1）

表 2-1　1—12 年级三类课型整体安排建议表

学　段	年　级	学　期	运动专项课	体育锻炼课	综合拓展课	总　计	学年总计
小学	1 年级	上学期	36	48	6	90	180
		下学期	36	48	6	90	
	2 年级	上学期	36	48	6	90	180
		下学期	36	48	6	90	
	3 年级	上学期	54	30	6	90	180
		下学期	54	24	12	90	
	4 年级	上学期	54	30	6	90	180
		下学期	54	24	12	90	
	5 年级	上学期	54	30	6	90	180
		下学期	54	24	12	90	
	6 年级	上学期	54	30	6	90	180
		下学期	54	24	12	90	
初中	7 年级	上学期	45	18	9	72	144
		下学期	45	18	9	72	
	8 年级	上学期	45	18	9	72	144
		下学期	45	18	9	72	
	9 年级	上学期	36	30	6	72	144
		下学期	36	30	6	72	
高中	10 年级	上学期	36	12	6	54	108
		下学期	36	12	6	54	
	11 年级	上学期	36	12	6	54	108
		下学期	36	12	6	54	
	12 年级	上学期	36	12	6	54	90
		下学期	18	12	6	36	
课时总计			1026	612	180	1818	

（二）1—12年级运动专项课整体安排

表 2-2　1—12年级运动专项课整体安排建议表

序　号	项　目	年　级	每学年课时	合计课时类型	备　注
01	田径	1—12	36	432	建议一个专项在本学段各年级连续开设，即小学216课时，初中、高中108课时。
02	体操	1—12	36	432	
03	韵律舞蹈	1—12	36	432	
04	足球	1—12	36	432	
05	篮球	1—12	36	432	
06	棒垒球	1—12	36	432	
07	排球	1—12	36	432	
08	网球	1—12	36	432	
09	乒乓球	1—12	36	432	
10	羽毛球	1—12	36	432	
11	武术	1—12	36	432	
12	游泳	1—12	36	432	
13	短道速滑	7—8	36	36	季节性项目，可根据实际情况在本学段内进行调整。
14	花样滑冰	7—8	36	36	
15	冰球	7—8	36	36	
16	越野滑雪	7—8	36	36	
17	赛艇	7—8、10—11	18/36	90	
18	高山滑雪	10—12	36	36	
19	花毽	4—6	36	108	根据实际情况，可适当扩展年级和增加课时。
20	空竹	5—6	36	72	
21	花样跳绳	5—6	36	72	
22	轮滑	3—4	36	72	
23	定向运动	5—6	36	72	
24	跆拳道	5—8	36	144	
25	极限飞盘	10—11	36	72	
26	攀岩	10—12	36	108	

（三）1—12年级体能锻炼课整体安排

根据课程整体规划，1—12年级的体能锻炼课程共计612课时，根据中小学生的身心发展特点和身体素质发展需要，在不同水平和不同年级设置了不同主题的锻炼内容。各区、各学校在执行本课程时，可参考表2-3的课时安排，也可根据区域和学校师资、场地、特色等实际情况进行选择和调整。

表2-3　1—12年级体能锻炼课整体安排建议表

类别/年级	1年级		2年级		3年级		4年级		5年级		6年级		7年级		8年级		9年级		10年级	11年级	12年级	类别合计
	上	下	上	下	上	下	上	下	上	下	上	下	上	下	上	下	上	下				
基本运动能力类	32	48	32	48																		160
走跑跳投	12	28	12	28																		80
攀爬钻滚撑	20	20	20	20																		80
基础体能类					14	24	14	24	14	24	14	24	18	18	18	18			24（36）	24（36）	6（18）	278
综合考试类	16		16		16		16		16		16						30	30			18	174
体测类体能	16		16		16		16		16		16											96
中考类体能																	30	30				60
会考类体能																					18	18
学年合计	96		96		54		54		54		54		36		36		60		24（36）	24（36）	24（36）	612

注：高中括号内课时为实际每学年提供两个18学时共计36学时的体能模块教学设计。

（四）1—12年级综合拓展课整体安排

综合拓展课程是以某个专题的内容量来决定课时的。根据课程整体规划，1—12年级综合拓展课程共计180课时，根据学生认知特点和身心发展需要，为各专题内容安排了相应的授课时段和课时。各地区、学校在执行本课程时，可参考表2-4的安排，针对不同学段学生的年龄特点和认知规律，结合学校特色、师资、场地等实际，进行授课时间整合和内容微调。以健康教育专题为例，中小学是学生健康行为和习惯养成的关键阶段，除课时安排中的课时外，还应该结合技能教学渗透相关内容的教学，以达到国家体育与健康课程标准中的具体要求。又如奥林匹克教育专题，虽然小学 1—2 年级没有安排专门的课时，但包括奥林匹克教育示范校等具备条件的学校可以通过组织主题活动等多种形式开展。对于运动体验课程，各学校除在示例推荐的项目中进行选择，还可以根据实际情况和实施条件，选择 20 个项目之外的内容。

表 2-4　1—12 年级综合拓展课整体安排建议表

类别 / 年级 / 专题	1年级	2年级	3年级	4年级	5年级	6年级	7年级	8年级	9年级	10年级	11年级	12年级	总计
健康教育	8	8	8	8	10	10	10	10	10	6	6	10	104
卫生保健	6	6	4	4	4	4	4	4	4	4	4	4	52
生命安全	2	2	2	2	2	2	2	2	2	2	2	2	24
心理拓展			2	2	4	4	4	4	4			4	28
奥林匹克教育			2	2	2	2	2	2	2	2	2	2	20
运动项目体验	4	4	8	8	6	6	6	6		4	4		56
板羽球 / 跳房子 / 滚铁环 / 斗鸡	4	4											
柔力球 / 踩高跷 / 跳皮筋 / 角力			8	8									
滑板 / 独轮车 / 溜溜球 / 板鞋运动					6	6							
龙舟 / 飞镖 / 绑腿跑 / 跳竹竿							6	6					
马拉松 / 珍珠球 / 拔河 / 多人竹竿跑										4	4		
学年合计	12	12	18	18	18	18	18	18	12	12	12	12	180

第三章 北京市中小学体育与健康课程的有效落实

北京市中小学体育与健康课程主要围绕三类课程构建，分别是运动专项课、体能锻炼课、综合拓展课。运动专项课目前开发了 26 个运动项目，体能锻炼课开发了三大类的锻炼内容，综合拓展课开发了三大类教学内容。三类课程内容设计的核心是让每一位学生有项目可学、让每一所学校有特色可选、让每一位体育教师有项目可挑，极大地丰富了学生的课程选项，真正实现以人为本的课程理念。

第一节 运动专项课内容安排与教学策略选用

运动专项课指凸显项目特性、提高运动能力、自主深度学习的项目式运动专项课程，强调充满真实情境、现实问题、多样方式的自主深度学习，关注体育的具体技能教学和体育教育内在规律，培养学生的运动爱好和专长，强调学生系统学习专项运动技能。

一、运动专项课教学内容安排

运动专项课注重专项知识技能为载体的学习，让每个学生因为各有所长而有所不同，完善小学、初中和高中体育专项运动的衔接体系，培养中小学生的运动特长和专长，实现每个学生熟练掌握 1—3 项运动技能。建议以 18 或 36 课时为一个学期或学年单元（除了水上与冰雪类季节性项目），单个项目学习总课时达到 36 课时以上，在不同学期可以分别进行不同运动项目或连续进行同一运动项目的教学，有条件的可以在每个学期开展同一项目学习，在本学段内完成 108 课时或 216 课时，直至小初高一体化学习达到 432 课时。

（一）1—12年级田径专项课内容要点与课时分配（见表3-1、表3-2）

表3-1　1—12年级田径专项课内容要点

阶段	学习主题	内容结构与要点					课时合计
		基本知识与技能	技战术运用	专项体能与一般体能	展示与比赛	运动项目完整体验	
一年级上	体验多种方式走、自然放松跑、单双脚跳及抛接轻物的游戏	1.走、跑游戏：走、跑的基本姿势。 2.持轻物投掷游戏。	1—3年级技战术运用内容根据实际情况适当安排，不做硬性要求。	1.单脚跳。 2.双脚跳。	1.多种方式走的游戏。 2.听音乐放松跑的游戏。 3.多种方式跑的游戏。 4.抛接轻物的游戏。	1.小赛季：走跑＋沙包掷远大拼盘。 2.规则与裁判方法：进行10—30米不同距离的个人或小组走跑游戏，单人和小组掷远远度进行评比，以时间和远度进行评比。 3.观赏与评价：从走跑动作、掷远姿势进行评价、评出掷远优胜者和全能小达人。坐姿、跪姿和站姿投掷优胜者和全能小达人。	18
一年级下	体验多种方式走跑结合、直线跑、各种跳跃及投掷轻物的游戏	1.走跑结合游戏。 2.200—400米走跑交替游戏。 3.持轻物投掷游戏：原地上手持轻物投掷的动作方法，手高于肘、肘高于肩、快速挥臂。		1.单双脚跳。 2.单双脚多种组合跳	1.多种方式走跑结合的游戏。 2.听音乐放松跑的游戏。 3.1分钟跳绳赛。 4.抛接轻物游戏。	1.小赛季：跳绳游戏大拼盘。 2.规则与裁判方法：进行单人、多人和多种跳绳组合的比赛，以数量多少进行评比。 3.观赏与评价：能从跳绳动作的正确性和数量进行评价，评选出跳绳小将、跳绳能手、跳绳高手等。	18

内容结构与要点

阶段	学习主题	基本知识与技能	技战术运用	专项体能与一般体能	展示与比赛	运动项目完整体验	课时合计
2年级上	体验短跑、原地各种投的游戏	1. 田径知识：准备活动与整理活动的目的。2. 30米短跑（N）[1]。3. 300—500米一般耐力跑游戏（N）。4. 原地各种特轻物掷远。		1. 反应速度的练习。2. 单双脚跳和组合跳练习。3. 单双手抛投练习。	1. 不同距离跑和跳的游戏。2. 抛接轻物掷远的游戏。3. 1分钟跳绳接力赛。	1. 小赛季：速度大比拼。2. 规则与裁判方法：进行5米、10米和30米跑的比赛，在规定距离内比谁先达到终点。3. 观赏与评价：从跑的反应速度、协调性等评选出灵敏王、飞毛腿奖项。	18
2年级下	体验短跑+中长跑和多种方式跳的游戏	1. 30米短跑。2. 300—500米一般耐力跑游戏。3. 双脚连续跳、立定跳远：预摆动作，借助蹬地与摆臂的力量进行跳跃。	1—3年级技战术运用内容根据实际情况适当安排，不做硬性要求。	1. 途中跑的能力练习。2. 双脚跳的能力练习。3. 单双手抛接的能力练习。	1. 多种方式的跑跳组合比赛。2. 抛接轻物的比赛。	1. 小赛季：跳跃技能大赛。2. 规则与裁判方法：进行单人、多人、小组接力等多种跳跃动作的比赛，以远度进行评比。3. 观赏与评价：从连续跳跃中判定蹬摆是否能协调配合，从跳跃动作的协调性、连贯性和距离进行评价。	18
3年级上	学习短跑技术动作和立定跳远技术动作	1. 50米跑。2. 立定跳远（N）：掌握立定跳远动作要领，做双脚快速到起跳摆臂协调、双脚快速起跳。		1. 高抬腿、后踢腿跑练习。2. 30—40米跨点跑练习。3. 连续双脚跳跃、跑助跑起跳摸高的练习。	1. "水果蔬菜" 反应追逐跑游戏比赛。2. 双脚连续跳跃比赛。	1. 小赛季（竞技挑战赛）：50米跑挑战赛、立定跳远比拼。2. 规则与裁判方法：听口令起跑和跳远中不触起跑线。3. 观赏与评价：跑步前后摆臂、立定跳远中关注双脚快速起跳、动作协调，以比赛成绩评选出比赛冠、亚、季军。	18

① N指新授内容。

阶段	学习主题	内容结构与要点					课时合计
		基本知识与技能	技战术运用	专项体能与一般体能	展示与比赛	运动项目完整体验	
3年级下	学习迎面接力、障碍跑和沙包掷远等技术动作	1.通过3—4个障碍跑的方法。2.迎面接力（N）。3.沙包掷远后过肩、快速选择臂，身体协调。	1—3年级技战术运用内容根据实际情况适当安排，不做硬性要求。	1.连续收腹跳。2.跨步跳高。3.俯卧撑推举。	1.障碍接力赛。2.迎面接力赛。	1.小赛季（运动嘉年华）：沙包掷远比赛、迎面接力比赛。2.规则与裁判方法：进行单人、多人小组接力掷远比赛和30米迎面接力比赛。3.观赏与评价：以远度和时间评出掷远达人、投掷高手、速度之星等称号。	18
4年级上	学习短跑、跳跃动作技术和田径中简单运动损伤知识	1.田径知识：简单运动损伤的处理方法。2.50米跑。3.跑动中跳过一定远度的练习（N）：单脚起跳双脚落地，助跑跳与踏跳紧密结合。4.双脚连续跳跃、立定跳远。	运用正确的方法，能做到跑姿正确，快速摆臂协调，完成50米跑。	1.行进间高抬腿跑。2.连续助跑单脚起跳摸高物练习。	1.50米跑比赛。2.急行跳远比赛。	1.小赛季（竞技挑战赛）：急行跳远比赛、50米跑比赛。2.规则与裁判方法：强调急行跳远中起跳不能触起跳线，单脚起跳双脚落地，以跑的远度和时间进行评比。3.观赏与评价：强调关注助跑踏跳紧密结合，做出"腾空"完成跳远比赛；动作正确，协调完成50米跑比赛，评选出冠、亚、季军。	18
4年级下	学习自然地形跑、中长跑和投掷沙包技术动作	1.定时跑、自然地形跑（N）。2.中长跑技术（N）。3.上步投掷沙包：上步、快速选择臂连贯，身体协调。	1.正确的呼吸节奏。2.上步挥臂连贯协调。	1.2—3分钟定时跑练习。2.持宽松皮筋快速挥臂练习。	1.4×50米折返跑比赛。2.投掷沙包比赛。	1.小赛季：定时跑、投掷沙包比赛。2.规则与裁判方法：在不同时间，如1分钟、1分30秒和2分钟跑的距离进行评比。3.观赏与评价：中长跑中关注动作的连贯性、投掷沙包比赛中关注快速挥臂、协调性。	18

阶段	学习主题	内容结构与要点					课时合计
		基本知识与技能	技战术运用	专项体能与一般体能	展示与比赛	运动项目完整体验	
5年级上	学习中长跑、跨越式跳高的技术动作，提高跑、跳、结合能力	1.中长跑（N）。2.跨越式跳高（N）：助跑起跳技术和过杆技术。	1.中长跑跑距摆臂配合，体力分配合理等。2.助跑踏跳紧密结合，摆动腿内旋下压技术。	1.200—400米跑。2.自然地形跑。3.斜线助跑单脚起跳。4.连续摸高。	1.不同距离、形式的接力赛。2.跨越式跳高比赛。3.定时和定距跑比赛。	1.小赛季（挑战赛）：中长跑、跳高挑战赛。2.规则与裁判方法：强调在400米分道跑中不能触内侧分道线，学习跨越式跳高中升竿杆以及名次排列规则。3.观赏与评价：运用体力分配跑战术，根据时间评选长跑达人，根据高度评选跳高达人。	18
5年级下	掌握短跑、接力跑和投掷垒球技术动作	1.50米快速跑、接力跑。2.助跑或走四步投掷垒球或沙包：正确的用力顺序、快速出手及出手角度和力度。	1.快速反应、冲刺跑的运用。2.快速上步运用、转体挥臂运用。	1.加速跑练习。2.追逐跑练习。3.叫号跑游戏。	1.50米跑挑战赛、25米折返跑比赛。2.沙包掷远赛。3.不同形式、不同距离接力跑。	1.小赛季：50米快速跑、接力跑等大比拼。2.规则与裁判方法：明确各项比赛规则，在投掷垒球或沙包中，要求在投掷区内掷跑，完成投掷动作。3.观赏与评价：助跑快速稳定，用力顺序正确，转体挥臂评选出投掷达人；根据远距离评评选快跑达人和优秀接力队。	18
6年级上	掌握中长跑和投掷实心球的技术动作和发展耐力素质	1.中长跑。2.双手从头后向前抛实心球（N）：正确用力动作，做到用力协调。3.田径知识。	1.调整跑的节奏，呼吸节奏，合理分配体力。2.快速挥臂过线。	1.400—800米匀速跑。2.400—800米定时跑。	1.定时跑比赛。2.前抛实心球比赛。3.定距跑比赛。4.自然地形跑比赛。	1.小赛季（班级技能展示赛）：中长跑和前抛实心球展示赛。2.规则与裁判方法：在双手从头后向前抛中要求按顺序进入投掷区，在裁判允许后进行投掷。3.观赏与评价：握球正确，用力协调，根据时间评选出投远健将，根据距离跑评选长跑达人。	18

阶段	学习主题	内容结构与要点					课时合计
		基本知识与技能	技战术运用	专项体能与一般体能	展示与比赛	运动项目完整体验	
6年级下	学习蹲踞式跳远和投掷实心球的技术动作，提高跑跳结合能力	1. 蹲踞式跳远。 2. 双手从头后向前抛实心球：强化技术动作，做到协调用力，有角度，快速出手。	1. 下压式交接棒，接力区交接棒。 2. 助跑跳过一定高度。 3. 前抛实心球过一定目标。	1. 30米快速跑。 2. 助跑跳过一定障碍。 3. 出手角度的专项练习。	1. 蹲踞式跳远比赛。 2. 前抛实心球比赛。 3. 50米快速跑比赛。 4. 定时仰卧起坐比赛。	1. 小赛季：蹲踞式跳远和前抛实心球比赛。 2. 规则与裁判方法：在蹲踞式跳远中如何丈量起跳距离，前抛实心球要求关注身体任何部位不得触及投掷线或者前面的地面。 3. 观赏与评价：在跳远中，关注助跑与踏跳衔接紧密，空中成蹲踞姿势，根据远度评定跳远达人和投掷达人。	18
7年级上	提高中长跑、跨越式跳高与原地侧向推实心球技术动作和能力	1. 中长跑技术概述及呼吸方法（N）。 2. 提高跳跃能力的各种练习（N）、跨越式跳高练习（N）。 3. 原地侧向推实心球中拨球和最后用力技术练习（N）。	1. 中长跑途中跑技术与呼吸的配合技术运用（N）。 2. 跨越式跳高的助跑起跳技术与步点丈量（N）。 3. 原地侧向推实心球蹬地挺身与最后用力衔接技术（N）。	1. 1200米定距跑。 2. 3～5步起跳过杆练习（N）；原地侧推（N）。 3. 曲线往返跑。 4. 连续跳跃练习。 5. 单杠引体向上。	1. 曲线跑积分赛。 2. 异程接力团体赛。 3. 助跑摸高赛。 4. 支撑移行赛。 5. 组间远度积分赛。	1. 小赛季：跨越式跳高个人赛、团体赛，原地侧向推实心球个人赛，3000米多人团队接力赛。 2. 规则与裁判方法：明确接力区的距离，在接力区进行交接棒的规则与裁判方法。 3. 观赏与评价：关注助跑与起跳的衔接，过杆动作和中长跑中的体力分配。	36

阶段	学习主题	内容结构与要点			展示与比赛	运动项目完整体验	课时合计
		基本知识与技能	技战术运用	专项体能与一般体能			
8年级上	提高中长跑、短跑、接力跑与蹲踞式跳远技术动作和能力	1.中长跑弯道跑技术、呼吸与摆臂结合练习。2.接力跑接棒练习（N）。3.蹲踞式跳远（N）。4.蹲踞式跳远规则、接力跑规则（N）。	1.中长跑的呼吸节奏、运用靶心率监控运动负荷、体能分配与战术（N）。2.接力跑的战术安排（N）。3.蹲踞式跳远的步点丈量方法和腾空步技术（N）。	1.快速跑的反应能力（N）。2.团身跳。3.有氧耐力练习（多种跑的练习）。4.下肢爆发力练习。	1.弯道跑比赛。2.起跑器上加速跑20米比赛。3.50米接力跑比赛。4.立定跳远比赛。	1.小赛季：快速跑跑挑战赛、异程接力赛团体赛、接力跑排位赛、蹲踞式跳远大比拼。2.规则与裁判方法：接力跑交接棒的技术动作以及跳远的腾空技术中起跳板和时限等要求。3.观赏与评价：跑动中脚部与地面的接触与发力，尝试参与径赛项目的裁判实践学习。	36
9年级上	提高中长跑、侧向滑步推实心球、障碍跑、前掷实心球技术动作和能力	1.中长跑体能技战术原理（N）。2.侧向滑步推实心球（N）。3.双手头上前掷实心球。4.障碍跑（N）。	1.中长跑的技战术（N）。2.推实心球和双手头上前掷实心球的超越器械技术（N）。3.障碍跑的运用。	1.中长跑的耐力练习。2.上下肢力量和腰背肌力量练习。3.障碍跑中身体协调性练习。4.负重跳、多向负重坐、仰卧起坐、前摆。	1.50米跨步跳比赛。2.坐姿跨栏步前抛实心球比赛。3.50级跳台阶比赛。4.连续前滚翻比赛。	1.小赛季：各类障碍跑挑战赛、远度挑战赛、中长跑团体挑战积分赛。2.规则与裁判方法：了解障碍跑比赛规则，中长跑团体挑战赛方法。3.观赏与评价：体能的合理分配；身体在各种变换条件下的连贯性和协调性，尝试参与田赛项目比赛的裁判实践学习，强化安全和统一行动。	36

内容结构与要点

阶段	学习主题	基本知识与技能	技战术运用	专项体能与一般体能	展示与比赛	运动项目完整体验	课时合计
10年级上	提升短跑、中长跑专项技术和专项体能	1. 短跑、中长跑技术要点和动作原理（N）。 2. 起跑—加速跑—途中跑—冲刺跑的动作术语、运用方法。 3. 中长跑比赛规则、体能分配与极点克服。	1. 步频和步长在短跑、中长跑中的区别运用。 2. 团队跑战术运用。 3. 个人战术运用。	1. 小步跑后蹬跑。 2. 400米速度耐力。 3. 腰腹力量及单足跳。	1. 30—400米不同距离的竞速比赛。 2. 让距和让时竞速比赛。 3. 达标赛和挑战赛。	1. 小赛季（班级长跑积分赛）：定时跑，累计团队个人跑的距离，跑到不同城市的目标点。 2. 规则与裁判方法：学生自主设计田径长跑节规程，组织比赛和裁判。 3. 观赏与评价：以班级大型赛事中长跑比赛计算比赛名次，观赏大型赛事中长跑比赛视频，并进行分析与自我评价。	18
10年级下	学习挺身式跳远技术及发展动作体能	1. 挺身式跳远技术要点和动作原理（N）。 2. 走步、反跑、皮尺定距丈量步方法。 3. 挺身式跳远技术动作术语、要领、练习方法（N）。	1. 不同距离助板踏起跳准确技术（N）。 2. 腾空步后挺身技术（N）。	1. 30米跨步跳。 2. 20米冲刺跑。 3. 腰腹肌力量练习。	1. 10—20米不同跑距离的跳远比赛。 2. 20—50米限定距离的竞速比赛。 3. 达标赛和挑战赛。	1. 小赛季：自主设计田径项目，须包含挺身式跳远比赛。 2. 规则与裁判方法：跳远比赛裁判方法、犯规的判定，成绩丈量与名次排列。 3. 观赏与评价：累计3次比赛最优成绩之和进行排位，观看大型赛事比赛。	18
11年级上	学习跨栏跑及发展力量的体能练习	1. 跨栏跑技术要点和动作原理（N）。 2. 跨栏比赛规则和裁判方法（N）。 3. 50米跨栏跑整套技术动作术语、动作要领、练习方法（N）。	1. 攻栏、栏上、下栏技术。 2. 起跑至第一个栏的栏间技术。 3. 栏间跑技术（N）。	1. 跨栏坐。 2. 50米快速跑。 3. 腰腹肌力量和上肢组合练习。	1. 76.2厘米、84厘米、91.4厘米不同高度跨栏比赛。 2. 8—9.14米限定栏间距离跨栏比赛。 3. 让距跨栏跑挑战赛。	1. 小赛季（田径障碍跑比赛）：学生分成几个小组自主设计不同距离和障碍个数量挑战赛。 2. 规则与裁判方法：跨栏比赛裁判分工与方法。犯规的判定。 3. 观赏与评价：以跨栏跑成绩进行一个排位，再以跨栏跑的成绩与平跑成绩的差值进行一次排位。	18

内容结构与要点

阶段	学习主题	基本知识与技能	技战术运用	专项体能与一般体能	展示与比赛	运动项目完整体验	课时合计
11年级下	学习背越式跳高及发展速度的体能练习	1. 背越式跳高技术要点和动作原理（N）。 2. 跳高比赛规则和裁判方法。 3. 背越式跳高技术动作、练习方法（N）。	1. 弧线助跑与起跳衔接技术（N）。 2. 过杆与落地技术（N）。 3. 起跳高度和免跳战术。	1. 仰卧推起成桥。 2. 连续跨步跳＋助跑起跳摸高。 3. 腰腹肌和上下肢力量组合练习。	1. 弹板起跳过杆比赛。 2. 助跑摸高比赛。 3. 背越式跳高挑战赛。	1. 小赛季（超越赛）：背越式跳高排名赛（必赛项目）＋创设项目，跳高最优动作赛。 2. 规则与裁判方法：跳高比赛裁判分工与方法，犯规的判定。 3. 观赏与评价：跳高的动作姿势及如何进行排名。	18
12年级上	提升接力跑、中长跑专项技能及专项体能	1. 接力跑、中长跑技术要点、动作原理、运用方法（N）。 2. 接力跑、中长跑比赛规则和裁判（N）。	1. 混合式交接棒技术运用。 2. 变速跑技战术运用。 3. 定向越野技术运用（N）。	1. 100米×2弯道跑。 2. 200米变速跑。 3. 多级跨步跳，连续蛙跳。	1. 追逐跑比赛。 2. 校园定向跑比赛。 3. 异程接力挑战赛。	1. 小赛季（校园定向拉力赛）：设定3次不同距离的定向拉力赛。 2. 规则与裁判方法：定向比赛裁判分工与方法，犯规的判定。 3. 观赏与评价：大型定向越野赛事技术动作和技术分析。	18
12年级下	学习侧向滑步推铅球，提升体能	1. 侧向滑步推铅球技术要点和动作原理（N）。 2. 侧向滑步推铅球比赛规则和裁判（N）。 3. 侧向滑步推铅球技术动作术语、动作要领和练习方法（N）。	1. 蹬地转髋技术运用。 2. 超越器械技术运用。 3. 滑步技术运用（N）。	1. 小杠铃快速推举。 2. 15米连续滑步。 3. 上肢力量练习。	1. 投准比赛。 2. 掷远比赛。 3. 滑步接力赛。	1. 小赛季（五项全能大比拼）：跨栏跑、跳远、铅球、跳高、800米五项全能大比拼。 2. 规则与裁判方法：全能比赛积分方法的判定与标准。 3. 观赏与评价：从全能比赛项目视角分析技术的战术运用，以五项比赛积分排定名次。	18

表 3-2　1—12 年级田径专项课课时分配建议

阶 段	内容结构与课时分配					课时合计
	基本知识与技能	技战术运用	专项体能与一般体能	展示与比赛	运动项目完整体验	
1 年级上	8	1—3 年级技战术运用内容根据实际情况适当安排，不做硬性要求。	3	4		18
1 年级下	8		3	4	3	18
2 年级上	8		3	4	3	18
2 年级下	8		3	4	3	18
3 年级上	6		3	6	3	18
3 年级下	7		3	5	3	18
4 年级上	8	1	1	5	3	18
4 年级下	8	1	1	5	3	18
5 年级上	5	4	2	4	3	18
5 年级下	5	4	2	4	3	18
6 年级上	4	5	2	4	3	18
6 年级下	4	5	2	4	3	18
7 年级上	10	4	9	7	6	36
8 年级上	8	6	8	8	6	36
9 年级上	6	4	12	8	6	36
10 年级上	4	3	4	4	3	18
10 年级下	4	3	4	4	3	18
11 年级上	4	3	4	4	3	18
11 年级下	4	3	4	4	3	18
12 年级上	4	3	4	4	3	18
12 年级下	4	3	4	4	3	18
合　计	127	52	81	100	72	432

（二）1—12年级体操专项课内容要点与课时分配（见表3-3，表3-4）

表3-3 1—12年级体操专项课内容要点

阶段	学习主题	内容结构与要点					合计
		基本知识与技能	技战术运用	专项体能与一般体能	展示与比赛	运动项目完整体验	
1年级上	体操模仿与滚翻	1.原地队列：前后、左右转法（N）。2.仿生练习：各种方式滚动（N）。3.前滚翻成蹲撑（N）。4.跳上跳下（N）。5.平衡练习：动态平衡（N）、静态平衡（N）。	1.技术稳定性：连续前滚翻（N）、平衡练习（N）。2.战术：动作技术衔接时机（N）、知道前滚翻保护与帮助方法（N）。	专项体能：攀爬节奏（N）、规定距离跳跃、平衡、攀爬组合（N）。	教学比赛：单个动作展示与游戏。	1."李宁杯"滚翻达人：入场式、个人项目、集体项目、颁奖。2.规则与裁判方法：游戏比赛方法与规则、准备姿势等。3.观赏与评价：鼓励同伴、展示自我。	18
1年级下	连续滚动与侧身翻越	1.队列队形：踏步走（N）、齐步走（N）。2.双人及多人滚动（N）。3.发展前滚翻能力的练习与游戏（N）。4.跳上成坐撑一推手跳下（N）。	1.技术连贯性：一定难度的前滚翻（N）、连续侧身翻越（N）。2.战术：复杂情况下滚翻运用（N）、知道支撑跳跃保护与帮助方法（N）。	专项体能：滚（N）、速度（N）、滚动难度（N）。	教学比赛：连续动作展示。	1."李宁杯"侧身翻越达人：入场式、个人挑战赛、颁奖仪式。2.规则与裁判方法：游戏规则、准备姿势与结束姿势。3.观赏与评价：鼓励同伴、展示自我、赞赏他人。	18

续 表

内容结构与要点

阶段	学习主题	基本知识与技能	技战术运用	专项体能与一般体能	展示与比赛	运动项目完整体验	合计
2年级上	体操技巧与跳山羊	1. 队列队形：左转弯走、右转弯走（N）。 2. 连续滚翻接物（N）。 3. 挑战难度、坡度滚翻练习（N）。 4. 原地跳三节成蹲撑（N）。 5. 侧身腾跃（N）。	1. 技术：倒立攀爬助木3—4级（N）。 2. 战术：跳跃障碍（N）、知道侧身越桥保护与帮助方法（N）。	专项体能：倒立攀爬助木3—4级（N）。连续跳山羊游戏（N）。	教学比赛：完整挑战完整动作。	1. "李宁杯"跳山羊达人：入场式、团队积分赛、颁奖仪式。 2. 规则与裁判方法：宣读规则、担当小裁判。 3. 观赏与评价：鼓励同伴、赞赏他人、自我评价。	18
2年级下	体操平衡类与仰卧推起成桥	1. 连续滚翻能力练习（N）。 2. 仰卧推起成桥（N）。 3. 三级箱跳上成蹲立挺身跳下（N）。 4. 倒立攀爬助木4级（N）。	侧身翻越标志线、平衡木（N）。连续跳跃不同高度跳箱（N）。挺身跳下保护与帮助方法（N）。	低单杠挂膝倒立（N）、平衡性——独木桥（N）。	有条件限制的挑战比赛。	1. "李宁杯"仰卧推起成桥达人：入场式、团队追逐赛、颁奖。 2. 规则与裁判方法：游戏规则、角色担当、准备姿势与结束姿势。 3. 观赏与评价：鼓励同伴、展示自我、赞赏他人。	18
3年级上	体操技巧与滚翻组合	1. 行进间队列左（右）转弯走、原地左（右）转弯走、疏散与密集、原地一（二）列横队变成二（四）路纵队（N）。 2. 连续前、后滚翻（N）。 3. 仰卧推起成桥（N）。	左右直体滚动通过障碍（N）。滚翻组合保护与帮助方法（N）。	沿直线滚翻组合（N）。	滚翻组合展示比赛（N）。	1. "李宁杯"滚翻组合达人：个人达标赛、准备姿势与结束姿势。 2. 规则与裁判方法：分组编排动作组合、制定比赛规则（包括动作标准、完成情况）；明确小组比赛顺序、身体姿态、角色分工。 3. 观赏与评价：小组鼓励自评、评分形式、自我满意度自评。	18

续　表

内容结构与要点

阶段	学习主题	基本知识与技能	技战术运用	专项体能与一般体能	展示与比赛	运动项目完整体验	合计
3年级下	体操倒立体验与支撑跳跃	1. 行进间队列跑步走、跑步、齐步互换、交叉行进（N）。 2. 倒立斜体支撑（N）。 3. 有人扶持倒立（N）。 4. 双人配合倒立类。	倒立展髋、伸膝、绷脚成直线（N）；倒立类保护与帮助方法（N）。	腰腹力量练习（N）。	支撑跳跃个人挑战赛（N）。	1. "李宁杯"支撑跳跃达人：体操术语运用、空中姿态。 2. 规则与裁判方法：制定比赛规则（包括动作标准、身体姿态、完成情况），明确小组比赛顺序和角色分工。 3. 观赏与评价：创意小组鼓励方式、分形式、同伴评价。	18
4年级上	体操倒立类与支撑跳跃	1. 行进间队列队形、错肩行进、交叉行进。 2. 肩肘倒立（N）。 3. 手倒立（N）、跪跳起（N）、跳上成跪撑一向前跳下（N）。 4. 支撑跳跃（N）。	1. 身体倒置的支撑（N）、倒立类保护与帮助方法。 2. 身体倒置的畏惧心理（N）。	攀爬垒木、翻越跳箱等障碍，并安全快速通过独木桥（N）。	体操创意组合大赛（N）。	1. "李宁杯"支撑跳跃达人：体操基本术语、个人技巧、达人挑战赛。 2. 规则与裁判方法：规则制定、执行规则、动作难度与创新。 3. 观赏与评价：体验体操比赛中各角色的工作方法。	18
4年级下	体操倒立类及滚翻倒立组合	1. 行进间队列组合（N）。 2. 滚翻组合（N）。 3. 手倒立（N）。 4. 单杠悬垂、支撑（N）。	克服身体倒立的恐惧心理（N）、单杠悬垂保护与帮助方法（N）。	"波比跳"挑战练习（N）。	支撑跳跃动作展示赛。	1. "李宁杯"滚翻倒立组合达人：体操的基本术语、团队挑战赛。 2. 规则与裁判方法：规则制定、执行规则、体操起始、体操结束动作。 3. 观赏与评价：乐于体验体操比赛中各角色的工作方法。	18

内容结构与要点

阶段	学习主题	基本知识与技能	技战术运用	专项体能与一般体能	展示与比赛	运动项目完整体验	合计
5年级上	体操单杠、支撑跳跃	1. 行进间队形变换。 2. 前滚翻交叉转体180度接后滚翻。 3. 单杠前、后翻。 4. 山羊分腿腾跃。	1. 技术稳定性：保护与帮助方法（N）、后滚翻成跪立接跪跳起（N）。 2. 战术：动作衔接（N）、体操意识（N）。	专项体能：俯撑击掌（N）、仰卧举腿。	教学比赛：技巧组合动作展示与比赛。	1. "李宁杯"技巧达人：入场式、个人挑战赛、团体赛、颁奖仪式。 2. 规则与裁判方法：体操评判规则、准备姿势、完整动作与结束姿势。 3. 观赏与评价：鼓励同伴、展示自我、赞赏他人。	18
5年级下	体操单杠、支撑跳跃及规定组合与创编	1. 行进间队列队形变换。 2. 双人扶持手倒立。 3. 单杠挂膝摆动。 4. 助跑直角腾越。	1. 技术稳定性：单杠保护与帮助方法（N）、单杠挂膝摆动接并腿后翻（N）。 2. 战术：动作衔接（N）、体操意识（N）。	专项体能：引体向上（N）、俯卧撑：单杠悬垂移动。	教学比赛：小组合作双人扶持手倒立。	1. "李宁杯"支撑跳跃达人：入场式、个人挑战赛、团体赛、颁奖仪式。 2. 规则与裁判方法：体操评判规则、助跑与踏跳、支撑腾越、落地。 3. 观赏与评价：鼓励同伴、展示自我、赞赏他人。	18
6年级上	体操单杠、支撑跳跃	1. 行进间队列队形变换。 2. 靠墙手倒立。 3. 支撑跳跃一跳上成蹲撑起立挺身跳下。 4. 单杠跳上成正撑一直体前翻下。	1. 技术稳定性：支撑跳跃保护与帮助方法（N）、跳上成蹲撑起立挺身跳下（N）。 2. 战术：动作衔接（N）、体操意识（N）。	专项体能：推小车爬行（N）、俯撑推手击掌。	教学比赛：靠墙手倒立展示与比赛。	1. "李宁杯"单杠达人：入场式、个人挑战赛、团体赛、颁奖仪式。 2. 规则与裁判方法：体操评判规则、预备姿势、杠上姿态、落地动作。 3. 观赏与评价：鼓励同伴、展示自我、赞赏他人。	18

阶段	学习主题	内容结构与要点					合计
		基本知识与技能	技战术运用	专项体能与一般体能	展示与比赛	运动项目完整体验	
6年级下	体操单杠、支撑跳跃及2～3套体操组合与创编。	1. 行进间列队队形变换。 2. 单杠跳上成正撑。 3. 单杠一足蹬地翻身上。 4. 后摆下、前翻下。	1. 技术稳定性：支撑跳跃保护与帮助方法（N）、跳上成跪撑跪跳下（N）。 2. 战术：动作衔接（N）、体操意识（N）。	专项体能：跳上小车爬行（N）、支撑杠上移动。	教学比赛：跳上成跪撑跪跳下展示与比赛。	1. "李宁杯"支撑跳跃达人：入场式、个人挑战赛、团体赛、颁奖仪式。 2. 规则与裁判方法：体操评判规则、助跑与踏跳、支撑跪跳及空中姿态、落地动作。 3. 观赏与评价：鼓励同伴、展示自我、赞赏他人。	18
7年级上（女）	体操技巧、双杠技术组合应用和体操挑战赛	1. 基本知识： （1）体操技巧和双杠项目的历史、项目特点、场地、器材等（N）； （2）规范的队列队形练习的意义及方法。 2. 基本技能： （1）体操技巧和双杠项目单个动作的练习方法（N）； （2）体操技巧和双杠成套动作组合的练习方法（N）。	1. 在体操练习中使用保护与帮助方法（N）。 2. 在体操练习比赛中展现体操意识（N）。	1. 双杠支撑移动、支撑摆动（N）、靠墙或有人扶持的手倒立、跪撑平衡。 2. 体前屈、跪立后屈、仰卧起坐。	1. 展示：游戏、教学赛等（N）。 2. 比赛：技术技能摸底赛、课课赛（N）。	1. "我爱体操 我爱健康"系列赛：技巧和双杠单项挑战赛（N）、极限挑战赛（N）。 2. 规则与裁判方法：按照套路分累加积分的形式；极限挑战赛采用《体操专项运动能力六级测试方案》为参考，采用逐人累加积分的形式。 3. 观赏与评价：观看国内国际体操重大赛事视频，采用逐人累加积分的形式，请体操名人开讲座、交流。	36

内容结构与要点

阶段	学习主题	基本知识与技能	技战术运用	专项体能与一般体能	展示与比赛	运动项目完整体验	合计
7年级上（男）	体操技巧、双杠技术组合应用和体操挑战赛	1. 基本知识：（1）体操技巧和双杠项目的历史、项目特点、场地、器材等（N）；（2）规范的队列和队形练习的意义及方法。2. 基本技能：（1）体操技巧和双杠项目单个动作的练习方法（N）；（2）体操技巧和双杠成套动作组合的练习方法（N）。	1. 在体操练习中使用保护与帮助方法（N）。2. 在体操练习和比赛中展现体操意识（N）。	1. 双杠臂屈伸、支撑摆动（N）；靠墙或有人扶持的手倒立、鱼跃前滚翻、燕式平衡。2. 俯卧撑、体前屈。	1. 展示：游戏、教学赛等（N）。2. 比赛：技术技能摸底赛、课课赛（N）。	1. "我爱体操 我爱健康"系列赛：技巧和双杠单项挑战赛（N）、极限挑战赛（N）。2. 规则与裁判方法：按照套路分积动作评分标准，采用逐人积累测试方式；极限赛以《体操运动能力六级测试方案》为参考，采用逐人累加积分的形式。3. 观看国内国际体操重大赛事视频：观看国内外体操名人开讲座、交流。	36
8年级上（女）	体操支撑跳跃、单杠技术组合应用和体操达标赛	1. 基本知识：（1）体操支撑跳跃和单杠项目的历史沿革、项目特点、场地、器材等（N）；（2）行进间的队列和队形练习的意义及方法。2. 基本技能：（1）体操单杠单个动作练习方法、支撑跳跃各环节技术练习方法（N）；（2）体操单杠成套动作组合练习方法、支撑跳跃套路技术练习方法（N）。	1. 在学练、游戏活动中使用保护与帮助方法（N）。2. 在现实生活中运用体操技术；练习中心理压力和情绪的调控（N）。	1. 单杠直臂悬垂、移动，低单杠连续前翻下、翻身上；借助踏板跳起摸高，分腿或屈腿跳过4~5阶横箱。2. 平板支撑、仰卧起坐、低单杠仰卧引体、快速跑，连续跳跃或两腿交换跳。	1. 展示：游戏、教学赛等（N）。2. 比赛：技术技能课课赛（N）。	1. "我爱体操 我要达标"系列赛：支撑跳跃和单杠单项挑战赛（N）、达标赛（N）。2. 规则与裁判方法：按照套路动作评分标准，逐人积累测试的形式；达标赛以《体操专项运动能力六（七）级测试方案》为参考，以《体操专项运动能力七级测试方案》为依据，逐人累加积分。3. 观赏与评价：集体观看 我爱体操 我要达标"挑战赛视频，相互评价，集体讨论组织体操比赛方案等。	36

续

阶段	学习主题	内容结构与要点					合计
		基本知识与技能	技战术运用	专项体能与一般体能	展示与比赛	运动项目完整体验	
8年级上（男）	体操支撑跳跃、单杠技术组合运用和体操达标赛	1. 基本知识： （1）体操支撑跳跃和单杠项目的历史与生活革、项目特点、场地、器材等（N）； （2）行进间的队列和队形练习的意义及方法（N）。 2. 基本技能： （1）体操单杠单个动作练习方法、支撑跳跃各环节技术练习方法（N）； （2）体操单杠成套动作组合练习方法、支撑跳跃（完整）技术练习方法（N）。	1. 在学练、游戏活动中使用保护与帮助方法（N）。 2. 在现实生活中运用体操技术：练习中心理压力和情绪的调控（N）。	1. 单杠连续翻身上一前翻下练习，借助踏板跳起摸高，分腿跳或屈腿跳过4—5节横箱。 2. 单杠引体向上，悬垂移动练习，连续跑、快速跑或两腿交换跳。	1. 展示：游戏、教学赛等（N）。 2. 比赛：技术技能课赛（N）。	1. "我爱体操 我要达标"系列赛：支撑跳跃和单杠单项挑战赛（N）、达标赛（N）。 2. 规则与裁判方法：按照套路动作评分标准，逐人积分累加的形式；达级赛以《体操专项运动能力六（七）级测试方案》为参考，以《体操专项运动能力等级标准》为依据，人人参与、人人达标。 3. 观赏与评价："我爱体操 我要达标"集体观看挑战赛视频，相互评价、找不足，集体讨论组织体操比赛方案等。	36
9年级上（女）	体操技巧、单杠技术运用和体操运用和体操模拟赛	1. 基本知识： （1）练习体操技巧，知道单杠项目的意义和健身方法（N）； （2）行进间队列和队形组合的（创编）练习方法（N）。 2. 基本技能： （1）体操单杠和技巧规定成套动作的练习方法； （2）体操单杠和技巧组合编成套动作的方法。	1. 在体操练习和比赛活动中灵活使用保护与帮助方法（N）。 2. 在现实生活及应试中运用体操技术。	1. 单杠直（屈）臂悬垂、有人保护手倒立。 2. 仰卧起坐、平板支撑、体前屈。	1. 展示：游戏、教学赛等（N）。 2. 比赛：技术技能课赛（N）。	1. "我爱体操 我要取胜"系列赛：技巧和单杠项目（N）、体育考试模拟赛（N）。 2. 规则与裁判方法：按照套路动作评分标准，逐人积分累加的形式；达级赛以《体操专项运动能力六（七）级测试方案》为参考，以《中考体育加试成绩标准》《体操专项运动成绩标准》中的相关项目为质健康测试成绩标准，人人参与、人人测评。 3. 观赏与评价："我爱体操 我要取胜"充当"我爱体操 我要取胜"系列赛裁判员，相互评价、打分。	36

阶段	学习主题	内容结构与要点					合计
		基本知识与技能	技战术运用	专项体能与一般体能	展示与比赛	运动项目完整体验	
9年级上（男）	体操技巧、单杠技术灵活运用和体操套动作模拟赛	1. 基本知识： (1) 练习体操技巧，知道单杠项目的意义和健身方法（N）。 (2) 行进间队列和队形组合的（创编）练习方法（N）。 2. 基本技能： (1) 体操单杠和技巧规定成套动作的练习方法； (2) 体操单杠和技巧组合编成套动作的方法。	1. 在学练、游戏活动中使用保护与帮助方法（N）。 2. 在现实生活及应试中运用体操技术。	1. 单杠连续翻身上—前翻下—支撑后摆杠—落杠、有人保护手倒立、倒立行走。 2. 俯卧撑、引体向上、悬垂举腿、核心力量。	1. 展示：游戏、教学赛等（N）。 2. 比赛：技术技能课课赛（N）。	1. "我爱体操 我要取胜"系列赛：技巧和单杠单项赛（N）、体考试模拟赛（N）。 2. 规则与裁判方法：按照套路动作评分标准，逐人积分累加计分，以级测试方案以《体操专项运动能力六（七）级测试方案》为参考，以《中考体育加试成绩运动标准》《国家体质健康测试成绩标准》中的相关项目为依据，人人参与，人人测评。 3. 观赏与评价：充当"我爱体操 我要取胜"系列赛裁判员，相互评价、打分。	36
10年级上	技巧项目规定成套动作集创编	1. 基本知识： (1) 体操技巧项目的分类、项目特点、场地、器材等（N）； (2) 复习原地与行进间队列、队形走； (3) 学习队形变换方法（N）； (4) 学习徒手体操基本姿态和基本动作（N）； (5) 学习创编徒手操的方法（N）；音乐的选择、动作之间的连接； (6) 依据规定动作组合自创、重新组合成套路动作、学习成套动作、小组集体创编组合。 2. 基本技能：学习技巧，小组集体创编组合。	1. 在技巧练习中将动力性和静力性动作相结合。 2. 掌握动作的开始姿势以及动作方向、路线、速度、频率和节奏。	1. 柔韧练习：双人助力方性动作对抗性动作协调性动作练习。 2. 利用器械进行核心力量练习。	每课一赛、平板支撑组合赛、仰卧举腿力赛等。	1. "1+1技巧"挑战赛（N）：规定套路＋小组自创套路。 2. 规则与裁判方法：以6人组成竞赛团队参加比赛，以前五名成绩计入总分（N）。 3. 欣赏体操世界锦标赛、奥运会等比赛视频或现场转播，评价成套动作规范性、姿态动作优美，编排特点。	18

阶段	学习主题	内容结构与要点					合计
		基本知识与技能	技战术运用	专项体能与一般体能	展示与比赛	运动项目完整体验	
10年级下	体操单杠项目规定成套动作学练与创编应用	1. 基本知识： （1）单杠发展简史以及场地、器材的规格（N）：单杠高度2.6米（从垫子上沿量起），横杠长度2.4米，直径为28毫米； （2）复习徒手体操身体基本姿态和基本动作； （3）学习单杠动作的力学原理（N）； （4）学习单杠动作的编排要求（N）。 2. 基本技能： （1）复习已学动作； （2）学习新动作和规定动作组合（N）； （3）根据规定动作组合创编新组合（N）。	1. 技术：运动员运用各种握法，流畅地完成半径长短不同的摆动、转体和飞行动作，要求连续不断而没有停顿（N）。 2. 比赛时由于人体始终处于各种复杂的运动状态下，能着勇敢果断、沉着、机智等优秀的意志品质，而且对发展多种身体素质，提高身体空间三维定向能力均具有十分显著的功效（N）。	力量素质负重抗阻，克服身体弹性物体和自身重量练习：软绳、双人背等。	每课一赛：游戏、重难点动作的展示，10秒跪姿俯卧撑接力赛等。	1. 单杠达标赛：学生可自主选择担任的角色，完成必要的工作和组织过程，设计达标赛的开/闭幕式、颁奖仪式、策划，围绕所学动作自主选择，设计比赛内容，制定达标赛规则和注意事项等。 2. 规则与裁判方法（N）：比赛开始后，项目裁判长高举绿旗或打开绿灯，给运动员信号，信号发出后30秒运动员还未上器械，就算弃权，判为0分；运动员必须从双腿并拢静止或成俯卧撑姿势加助跑，跳起抓杠或成直立悬垂摆动，评分从起动开始。上杠后身体静止地面开始。由别人帮助上杠；评分从运动员离手地面开始。 3. 观赏与评价（N）：观看体操单杠视频，优秀运动员比赛视频，简史、动作下法，成套动作连贯性及节奏感，侧重评价上下法。	18

阶段	学习主题	内容结构与要点					合计
		基本知识与技能	技战术运用	专项体能与一般体能	展示与比赛	运动项目完整体验	
11年级上	体操支撑跳跃与学练运用	1. 基本知识： (1) 利用所学轻器械体操进行队列和体操队形变换； (2) 学习支撑跳跃动作的有关力学原理（N）。 2. 基本技能： (1) 复习已学支撑跳跃动作； (2) 学习纵箱分腿腾跃技术动作（男）、横箱分腿腾跃技术动作（女）。	1. 掌握超越障碍的实用性技能和基础难度的动作，能完成不同难度的动作。 2. 提高安全意识，学会自我保护的方法，在面对障碍的情境下，勇于挑战自我，战胜困难。	1. 利用弹簧板练习纵跳摸高，连续分腿跳跃等。 2. 快速跑，跨步跳，单足跳，跨步跳等。	每课一赛：仰卧起坐接力赛，30米接力接球折返跑等。	1. 支撑跳跃积分赛：跳跃动作＋身体素质比赛，学生自主设计比赛规则，场地器材的使用、安全设施的准备，比赛奖励办法等。 2. 规则与裁判方法： (1) 编制积分赛分方法：均选以A组动作，也可以A、B组各选一个，还可以选择C组动作，根据动作的难易程度，起评分不同积分不同； (2) 每个动作比赛一次，两个动作成绩相加即为最后得分； (3) 素质比赛为每个学生必须参加的内容，按照远近换算得分计入总成绩中； (4) 以小组为单位累计所有学生得分。 3. 观赏与评价（N）：观看以往比赛视频，简单评价空中姿态是否优美，是否有第一腾空及踏跳远。	18
11年级下	体操双杠规定与自选成套动作学练与创编	1. 基本知识： (1) 双杠项目的历史、项目特点、场地、器材等（N）； (2) 双杠动作的力学原理。 2. 基本技能： (1) 体操双杠项目单个动作学习（N）； (2) 双杠成套（规定、自创）动作组合练习（N）； (3) 提高组合动作质量和熟练连接，学会1—2种利用双杠进行日常锻练的方法。	1. 学会保护和帮助的方法，消除恐惧心理。 2. 紧密结合动作技术，把握心理训练时机。	连续完成动作肌肉力量与控制的能力练习：30秒双杠斜身引体向上，挂臂，双杠撑起伸等。	每课一赛：我的动作最优美，挂臂摆动我最多等。	1. 双杠争霸赛：学生设计比赛规则，内容、流程，学生掌握比赛难度，计分，分组等；根据动作需要，完成自己所负责的任务和工作。 2. 规则与裁判方法：依据争霸赛要求，完成动作比赛。 3. 观赏与裁判评价：请体操名人开讲座，评价完成动作质量；请欣赏高水平比赛视频，安并观看高水平比赛视频，评价成套动作标准规范，过渡连接动作等。	18

阶段	学习主题	内容结构与要点					合计
		基本知识与技能	技战术运用	专项体能与一般体能	展示与比赛	运动项目完整体验	
12年级上	体操技巧项目难度动作练习与成套动作创编的应用	1. 基本知识： （1）学习技巧项目的基本知识和动作技术力学原理（N）； （2）利用所学体操运动技能、基本队列队形变换进行成套动作的组合和再创造（N）； （3）迁移学习内容，灵活地运用于实际生活并指导日常体育锻炼。 2. 基本技术： （1）学习规定的基本技术（N）； （2）掌握规定成套动作内容，同时达到在有人扶持下的手倒立坚持20—30秒、1分钟仰卧起坐达到50个（N）。	1. 掌握保护与帮助的方法，灵活应用于实际生活中。 2. 学会利用器械进行日常锻炼的方法，体验体操运动乐趣。	1. 单人、双人柔韧性练习，在规定长度垫子上做连续滚翻、不出垫，拉力器扩胸练习等。 2. 靠墙手倒立、连续蛙跳、推小车接力等。	每课一赛：结合规则进行小组间比赛和表演，我的动作最优美。	1. 技巧测试赛：根据学习内容策划测试赛的方式、流程，宣传、积分方法，编制秩序册等；分担角色做好赛前各项准备。 2. 规则与裁判方法：完成动作质量高。 3. 观赏与评价：观看重大的体操赛事、学会评价动作的难度、规范及表现力。	18

阶段	学习主题	内容结构与要点					合计
		基本知识与技能	技战术运用	专项体能与一般体能	展示与比赛	运动项目完整体验	
12年级下	体操单杠项目难度动作学练与成套动作创编应用	1. 基本知识： 知道单杠项目的基本常识、力学原理与锻炼价值。 2. 基本技术： （1）清楚单个动作的动作要领及成套动作的连接方法； （2）独立完成由4~5个动作组合的成套动作； （3）利用所学动作进行动作创造新组合； （4）女生达到单杠悬垂举腿10个以上，男生引体向上20个以上，单杠屈臂悬垂60秒以上。	1. 熟练应用保护与帮助方法，同伴间协同配合完成，互相合作、相互尊重。 2. 学会利用器材进行日常身体锻炼的方法，养成不惧困难、勇敢果断的体育精神、诚信自律。	1. 连续完成跳上成支撑一前翻下动作，"收腹、贴杠、拉杠"动作。 2. 俯卧撑比多，利用器械进行核心力量训练等。	每课一赛：单杠直臂悬垂时间比多，挂膝摆动质量、次数比赛等。	1. 体操表演赛：确定表演赛的形式、流程，计分方法，策划表演赛内容，设计表演赛的开幕式、闭幕式、奖励规则及后勤保障等；即高中学段四个项目技巧、单杠、双杠、支撑跳跃等项目学生担任不同角色完成规定任务。 2. 规则与裁判方法：每个项目除学习运动技能还需要有身体素质+身体素质赛形式可以是运动技能+身体素质，表演赛。 3. 观赏与评价：通过媒体观看重大的体操赛事，结合规则进行单杠动作的评价，欣赏身体美。	18

表 3-4 1—12 年级体操专项课课时分配建议

阶　段	内容结构与课时分配					课时合计
	基本知识与技能	技战术运用	专项体能与一般体能	展示与比赛	运动项目完整体验	
1 年级上	11.5	0.5	3	0	3	18
1 年级下	13.5	0	1	0.5	3	18
2 年级上	13.5	0.5	1	0	3	18
2 年级下	13.5	0	1	0.5	3	18
3 年级上	13.5	0.5	1	0	3	18
3 年级下	13.5	0	1	0.5	3	18
4 年级上	13.5	0.5	1	0	3	18
4 年级下	13.5	0	1	0.5	3	18
5 年级上	12.5	1	0.5	1	3	18
5 年级下	12.5	1	0.5	1	3	18
6 年级上	12.5	1	0.5	1	3	18
6 年级下	12.5	1	0.5	1	3	18
7 年级上	24	1	3	2	6	36
8 年级上	21	2	4	3	6	36
9 年级上	17	3	7	3	6	36
10 年级上	10	1	2	1	4	18
10 年级下	10	1	2	1	4	18
11 年级上	10	1	2	1	4	18
11 年级下	10	1	2	1	4	18
12 年级上	10	1	2	1	4	18
12 年级下	10	1	2	1	4	18
合　计	278	18	38	20	78	432

（三）1—12年级韵律舞蹈专项课内容要点与课时分配（见表3-5、表3-6）

表3-5　1—12年级韵律舞蹈专项课内容要点

阶段	学习主题	欣赏与评价	即兴与创编	体验与表达	内容结构与要点		课时总计
					展示与比赛	综合表演与交流	
1年级上	我与身体玩游戏	1.《卓玛》 2.《饭米乐》	1.《会飞的小机》 2.《扑蝴蝶》	1.《踢毽子》 2.《北京有个金太阳》 3.《小跳蛙》	谁的动作规范、节奏准确。	小赛季："我教爸爸妈妈学舞蹈"，结合本学期的即兴创编组合，将自编的组合教给爸爸妈妈。	18
1年级下		1.《快乐泼水节》 2.《四小天鹅》	1.《小小的竹楼》 2.《调皮的小闹钟》	1.《小小飞行员》 2.《茉莉花》 3.《金孔雀轻轻跳》 4.《两只小象》 5.《阳光彩虹小白马》	"看看我们'最默契'"舞蹈小组选拔赛，绘声绘色地表现内容。	小赛季："我是小舞者"舞蹈活动；"看看我们'最默契'舞蹈小组选拔赛；我教爸爸妈妈学舞蹈。	18
2年级上	我与身体交朋友	1.《欢乐的小骑手》 2.《小上校》	1.《欢乐的小画家》 2.《吹泡泡》	1.《小书童》 2.《音乐魔法》 3.《大雁飞》 4.《草原就是我的家》 5.《中国小孩》	《小书童》《音乐魔法》《大雁飞》《草原就是我的家》《中国小孩》。	小赛季："我和舞蹈的故事"，选择本学期最喜欢的舞蹈，说一说在学习舞蹈时发生的小故事，用画笔画出来；"我教教师学跳舞"，选择本学期最喜欢的舞蹈，教给其他学科的教师进行学习。	18
2年级下		1.《小蚂蚁》 2.《糖果仙子舞》	1.《摘葡萄》 2.《小雪花的梦想》	1.《健康歌》 2.《土兵进行曲》 3.《大风车》 4.《新疆是个好地方》 5.《吃葡萄》 6.《天天向上》	"新疆是个好地方"民族舞班级展演周，情绪饱满地表演《吃葡萄》《新疆是个好地方》《摘葡萄》等作品，在表演中，加强对舞蹈风格的体会。	小赛季："我的身体会说话"：个人编创大比拼，进行《小雪花的梦想》《糖果仙子舞》的学习，聆听音乐，以手臂和步伐为优为主进行小组舞蹈组合编创；"舞蹈嘉年华"。	18

阶段	学习主题	内容结构与要点					课时总计
		欣赏与评价	即兴与创编	体验与表达	展示与比赛	综合表演与交流	
3年级上	我与身体未来对话	1.《快乐火把节》2.《蜗牛与黄鹂鸟》	1.《森林和小鸟》2.《快乐的小棕马》	1.《爱在人间》2.《我是小小兵》3.《元日》4.《阿里里》5.《快乐的啰唆》6.《快乐火把节》7.《问乐出发》	"彝族娃娃多幸福"民族舞蹈展，以本学期学习的彝族舞蹈组合《快乐的火把节》《阿里里》《快乐的啰唆》进行表演，进一步了解彝族舞蹈的风格特征，感受彝族音乐的旋律与节奏。	小赛季："我们最喜欢的舞蹈作品"，借助教师所教授的方法，尝试寻找并分析最喜欢的舞蹈作品；"舞蹈嘉年华"，根据本学期所学习，练习的组合，选出2～3个组合进行展示。	18
3年级下		1.《阿瓦人民唱新歌》2.《胡桃夹子》	1.《看烟花》2.《纸飞机的秘密》	1.《钓鱼》2.《虫儿飞》3.《佤族童谣》4.《敲起木鼓咚咚咚》5.《世界因你而美好》	展示本学期所学的韵律舞蹈组合以及民族舞蹈：《虫儿飞》《敲起木鼓咚咚咚》《世界因你而美丽》。	小赛季：舞蹈周展演，以编创组合、有氧组合，作品欣赏为主进行班级联赛；"舞蹈嘉年华"，选出2～3个组合进行展示。	18
4年级上	我的身体会表达	1.《童趣》2.《像素》	1.《盛开朵朵手绢花》2.《手绢还能怎么玩》	1.《小小竹竿节节高》2.《木兰出征》3.《翻滚的身体》4.《洗手绢》5.《过新年》6.《我们的大中国》(1～4)	"会表达的身体"编创能力大比拼，呈现本学期所编创的舞蹈作品《盛开朵朵手绢花》与《手绢还能怎么玩》，并能够有感情地进行表演与呈现，展示与众不同的编创能力。	小赛季：个人展演＋班级展演，展演本学期所学习的舞蹈作品《木兰出征》《洗手绢》与《过新年》，并能够有感情地进行表演呈现。	18
4年级下	我的身体会表达	1.《蝴蝶妈妈》2.《一抹红》	1.《我的身体像朵云》2.《装进冰箱里的云朵》	1.《兵马俑历险记》2.《苗岭的早晨》3.《蝴蝶会》4.《大田后生仔》(1～4)	个人展演，展演本学期所学习作品《兵马俑历险记》《蝴蝶会》《苗岭的早晨》，有感情地进行表演与呈现，激发学生对于不同地域文化，舞种的学习与表演乐趣。	小赛季："会表达的身体"班级齐舞展演＋编创能力大比拼，呈现本学期所编创的舞蹈作品《我的身体像朵云》《装进冰箱里的云朵》，并能够有感情地进行表演呈现。	18

内容结构与要点

阶段	学习主题	欣赏与评价	即兴与创编	体验与表达	展示与比赛	综合表演与交流	课时总计
5年级上	我的身体会交流	1.《花·花儿》 2.《清茶飘香》	1.《组装有趣的身体》 2.《身体是个小画笔》	1.《举起双桨来划船》 2.《会呼吸的身体》 3.《随风飘舞的彩带》 4.《花儿与少年》 5.《踏脚舞》 6.《熊猫会功夫》(1—4)	"会交流的身体"编创能力大比拼，呈现本学期所编创的舞蹈作品《组装有趣的身体》《身体是个小画笔》，并能够有感情地进行表演与呈现。	小赛季：个人展演+班级展演本学期所学习的舞蹈作品《花儿与少年》《踏脚舞》，展演本学期所学习的舞蹈作品《熊猫会功夫》，并能够有感情地进行表演与呈现。	18
5年级下		1.《芦笙舞》 2.《花溪花溪》	1.《我用身体来指挥》 2.《身体是个音乐家》	1.《看谁把球踢得高》 2.《无所不能的不倒翁》 3.《灵活的双脚》 4.《跳竹马》 5.《芦笙手和小锦鸡》 6.《龙的传人》(1—4)	"身体带你游历大江南北"个人展演，展演本学期所学习的舞蹈作品《无所不能的不倒翁》《芦笙手和小锦鸡》，并能够有感情地进行表演与呈现。	小赛季："会交流的身体"齐舞展演+"会交流的身体"编创能力大比拼，呈现本学期所编创的舞蹈作品我用身体来指挥《身体是个音乐家》，并能够有感情地进行表演与呈现。	18
6年级上	我的身体会舞动	1.《谷雨》 2.《长鼓行》	1.《丹顶鹤的一天》 2.《你我一起咚咚哒》	1.《海狮的蓝色梦境》 2.《身体来画太极图》 3.《只要妈妈露笑脸》 4.《摘苹果》 5.《中国话》(1—4)	"身体讲述传统文化之美"，展演本学期所学习的舞蹈作品《只要妈妈露笑脸》《摘苹果》，并能够有感情地进行表演与呈现。	小赛季："会交流的身体"编创能力大比拼+"会舞动的身体"编创能力大比拼，呈现本学期所编创的舞蹈作品《丹顶鹤的一天》《你我一起咚咚哒》，并能够有感情地进行表演与呈现。	18
6年级下		1.《越女凌风》 2.《纸园书生》	1.《身体与气球的对话》 2.《我和衣服来跳舞》	1.《猫王的一天》 2.《飘在云端的彩虹桥》 3.《大平鼓跳起来》 4.《木鼓节上来歌舞》 5.《奔跑的少年》(1—4)	"身体带你游历大江南北"，展演本学期所学习的舞蹈作品《开在云中的花》《大平鼓跳起来》《木鼓节上来歌舞》，并能够有感情地进行表演与呈现。	小赛季："会舞动的身体"展演+"会舞动的身体"编创能力大比拼，呈现本学期所编创的作品《身体与气球的对话》《我和衣服来跳舞》，并能够有感情地进行表演与呈现。	18

阶段	学习主题	内容结构与要点					课时总计
		欣赏与评价	即兴与创编	体验与表达	展示与比赛	综合表演与交流	
7年级上	我的身体最灵活	1.《库马拉随想》 2.《吉赛尔》 3.《狼图腾》 4.《天鹅之死》	1.《欢乐的雪顿节》 2.《盘碗筷》	1.形体协调性 2.步伐练习（一）（二） 3.呼吸与地面拉伸 4.《格桑花开》 5.《鸿雁》 6.《夜空中最亮的星》 7.《笑起来真好看》	民族舞展示"舞动起来"，组织学生分小组进行已学知识的展示，衡量掌握程度以及创设"舞动起来"的小组比赛，进行民族舞蹈展示：《快乐的舞步》《鸿雁》。	小赛季：基础素养展示"我们的舞蹈"，创意主题"春、夏、秋、冬"，结合基础训练素养的内容可选择现代舞、芭蕾舞的风格性组合进行展示，给学生创意空间，可以增加情境、道具、服装以及队形安排，以"我们的舞蹈聚会"为题进行创作。	36
8年级上	我的身体最强壮	1.《欢天喜地秧歌情》 2.《丝路花雨》 3.《踩云彩》 4.《唐印》	1.《鼓相》 2.《手绢花舞起来》 3.《五彩云霞》 4.《唐三彩的奇思妙想》	1.《手绢花舞起来》 2.《七月火把节》 3.《烟盒声声》 4.《爱的华尔兹》 5.瑜伽之身体梳理 6.瑜伽	1.民族舞展示"舞动起来"，组织学生分小组进行已学知识的展示，衡量掌握程度以及创设"舞动起来"的小组比赛，进行民族舞蹈展示：东北秧歌、彝族舞蹈。 2.华尔兹展示"青春舞会"，对华尔兹舞步进行展示。	小赛季：中国古典舞展示"博物馆奇妙夜"，对中国古典舞风格性组合进行展示，创设情境：午夜的钟声响起，博物馆橱窗中的展品慢慢苏醒，小组配合，在情境中展开想象，舞动起来。	36
9年级上	我的身体最优雅	1.《阿里郎》 2.《红色娘子军》 3.《俣山火》 4.《保卫黄河》	1.《庆丰收》 2.《杨柳轻扬》 3.模拟空间（一）（二）	1.《圆的练习》 2.《阿里郎》 3.《木鼓中黑发用起来》 4.《踢踏舞之欢乐的脚步》 5.《街舞少年》	"小组小赛季"以小组为单位对本学年所学内容进行创意性改编，培养学生团队合作意识。	小赛季："舞蹈嘉年华"在教师的带领下组织学生展示所学舞蹈片段以及即兴展示；师生共舞激发学生自信表现个人明星秀。	36

续表

内容结构与要点

阶段	学习主题	欣赏与评价	即兴与创编	体验与表达	展示与比赛	综合表演与交流	课时总计
10年级上	我的身体会感受	1.《萨冕婉》 2.《天鹅湖》	《古意》	1.传统舞蹈学练：《佤山火》 2.Let's Funky 3.健美操	总结单元学习成果，结合学生自身特长，以多种形式进行多元化的作品呈现：《接触》《佤山火》。	小赛季："风、雅、颂古诗词舞蹈展演古意"在故事情境中创编舞蹈作品；尝试以多种方式体味不同舞蹈文化，文舞相融。	18
10年级下		1.O-DOD2018 Arena参赛作品《火影忍者》 2.《春之祭》	《街头篮球场》	1.《行客》 2.《佤山火》 3.《哑铃操》 4.《回到90年代》	总结单元学习成果，结合学生自身特长，以多种形式进行多元化的作品呈现：《行客》《回到90年代》。	小赛季："舞蹈嘉年华"进一步体验呈现代舞风格特点；在即兴和编创中可以灵活运用身体，保持创作思维清晰；提升身体在篮球运动过程中的灵活度和协调性；"家校同乐"在街头battle的文化，文舞相融，总结单元学习成果。	18
11年级上	我的身体会想象	1.《雁舞》 2.《蓝印》	1.Who 2.《巧思妙用》	1.《墨》 2.《蓝天碧草间》 3.《星光之城》 4.《健美操》	结合学生自身特长，以多种形式结合多元化的作品来呈现。	小赛季：文舞相融《美丽草原我的家》，总结单元学习成果。	18
11年级下		1.Royal amily 2.《永不消逝的电波》	《指尖音符》	1.《失重》 2.《蓝天碧草间》 3.《啦啦操》	结合学生自身特长，以多种形式进行多元化的作品呈现：《星光之城》《失重》。	小赛季："跳动的音符小赛季"《指尖音符》，巧思妙想，文舞相融。	18

阶段	学习主题	内容结构与要点					课时总计
		欣赏与评价	即兴与创编	体验与表达	展示与比赛	综合表演与交流	
12年级上	我的身体会创造	1.《花儿为什么这样红》 2.《石榴花开》	《十二木卡姆》	1.《情绪抽屉》 2.《石榴树下》 3.《浪漫者圆舞曲》	民族＋流行创编展示:《情绪抽屉》《石榴树下》。	小赛季:"我的身体会创造"总结学习成果，结合学生自身特长，以多种形式呈现多元化作品。	18
12年级下		1.走近大师 2.维吾尔族舞蹈创编	1.《舞愿》 2.《嘉年华》	1.《舞形诗韵》 2.《石榴树下》 3.瑜伽、《浪漫者圆舞曲》	1.《舞形诗韵》 2.《浪漫者圆舞曲》	小赛季:社区舞蹈；文舞相融。	18

表3-6 1—12年级韵律舞蹈专项课课时分配建议

阶段	内容结构与课时分配					课时合计
	基本知识与技能	技战术运用	专项体能与一般体能	展示与比赛	运动项目完整体验	
1年级上	2	2	11	1	2	18
1年级下	2	2	11	1	2	18
2年级上	2	2	11	1	2	18
2年级下	2	2	11	1	3	18
3年级上	2	2	11	1	3	18

阶 段	内容结构与课时分配					课时合计
	基本知识与技能	技战术运用	专项体能与一般体能	展示与比赛	运动项目完整体验	
3 年级下	2	2	11	1	2	18
4 年级上	2	2	11	1	2	18
4 年级下	2	2	11	1	2	18
5 年级上	2	2	11	1	2	18
5 年级下	2	2	11	1	2	18
6 年级上	2	2	11	1	2	18
6 年级下	2	2	11	1	2	18
7 年级上	4	4	22	3	3	36
8 年级上	4	4	22	3	3	36
9 年级上	4	4	22	3	3	36
10 年级上	2	2	10	1	3	18
10 年级下	2	2	10	1	3	18
11 年级上	2	2	10	1	3	18
11 年级下	2	2	10	1	3	18
12 年级上	2	2	10	1	3	18
12 年级下	2	2	10	1	3	18
总课时	48	48	258	27	51	432

（四）1—12年级足球专项课内容要点与课时分配（见表3-7、表3-8）

表3-7 1—12年级足球专项课内容要点与课时分配

阶段	学习主题	内容结构与要点					课时合计
		基本知识与技能	技战术运用	专项体能与一般体能	展示与比赛	运动项目完整体验	
1年级上	走近快乐小足球	1. 专项知识：掌握现代足球起源知识，足球比赛场地标准内容（N）。 2. 球感：踩球（N）、拨球（N）、行进间拉球（N）、脚内侧扣。 3. 运球：脚内侧运球（N）、脚背外侧运球（N）、脚背正面运球（N）、带球运球（N）。	1—4年级技战术运用内容根据实际情况适当安排，不做硬性要求。	马步跳（N）、侧滑步（N）等。	练习反应、配合的游戏比赛。	1. 小赛季：短距离小组踩球接力比赛、短距离小组汤球接力比赛。 2. 规则与裁判方法：了解场地标准。 3. 观赏与评价：入场仪式、握手礼。	18
1年级下	我与足球交朋友	1. 专项知识：区分足球装备的功能与区别；了解足球比赛时间、参赛人数，场上位置与职责（N）。 2. 球感：脚背正面颠球（N）、向前后行进间踩球（N）、行进间颠球（N）、行进间拉球（N）、左右拉球（N）、双脚脚内侧扣球（N）。 3. 运球：脚内侧运球、脚背外侧运球、脚背正面运球、带球跑。		运球方向变化（N）、重心转移。	追逐攻守类游戏比赛。	1. 小赛季：脚背正面颠球计数比赛、双脚踩球绕障碍比赛。 2. 规则与裁判方法：不同人制足球比赛时间。 3. 观赏与评价：参赛人数、场上位置与职责。	18
2年级上	我与足球做游戏	1. 专项知识：足球运动安全防护知识（N）。 2. 球感：脚背正面颠球（N）、运球变向（N）。		结合足球器材发展跳跃能力：跨步跳（N）等。	躲避障碍、运球游戏比赛。	1. 小赛季双人相互挑球计数比赛、运球绕障碍接力比赛。 2. 规则与裁判方法：参加足球比赛的安全要求。 3. 观赏与评价：足球基本运动安全防护知识。	18

内容结构与要点

阶段	学习主题	基本知识与技能	技战术运用	专项体能与一般体能	展示与比赛	运动项目完整体验	课时合计
2年级下	享受快乐小足球	1. 专项知识：学习健康运动方法，养成良好锻炼习惯（N）。2. 脚内侧颠球（N）、护球（N）、传球与配合（N）、射门与得分（N）、改变运球节奏（N）。	1—4年级技术运用内容根据实际情况适当安排，不做硬性要求。	多种侧滑步、跑步姿态（N）等。	信号识别、攻守意识游戏比赛。	1. 小赛季：1对13球门比赛，3对3小场地比赛。2. 规则与裁判方法：界内外规则。3. 观赏与评价：参与足球活动的健康运动方法。	18
3年级上	"形影不离"的小足球	1. 专项知识：了解足球练习、比赛中服从裁判判罚，尊重对手（N）。2. 向前后踩球（N）、脚内外侧扣球（N）、脚背正面颠球（N）、脚背内侧运球（N）、脚背外侧运球（N）。		灵敏性与协调性（N）、平衡能力（N）、速度（N）。	快速触球、出球比赛。	1. 小赛季：多种3对3、4对4小场地足球比赛。2. 规则与裁判方法：如何换人和了解替补队员观赛区域。3. 观赏与评价：了解足球练习、比赛中服从裁判判罚、尊重对手。	18
3年级下	我和伙伴玩足球	1. 专项知识：了解足球场入场、握手、合照礼仪（N）。2. 扣球＋拨球组合（N）、射门与得分＋带球跑。		心肺耐力（N）、反应时（N）。	颠球、运球、双人协作比赛。	1. 小赛季：自由带球绕障碍得小组接力比赛，带球绕障碍小组接力比赛等。2. 规则与裁判方法：入场仪式和挑边方法。3. 观赏与评价：握手、合照礼仪。	18
4年级上	快乐参与小足球	1. 专项知识：足球比赛规则与判罚案例（N）。2. 运球摆脱防守、带球跑＋传球组合、带球跑＋传球组合。		反应时、心肺耐力、速度。	小组配合追逐摆脱防守比赛。	1. 小赛季：0米运球过标志物排名赛、5米固定点传球比赛等。2. 规则与裁判方法：足球比赛规则与判罚案例。3. 观赏与评价：竞赛组织机构组建赛程、赛制，参赛队伍。	18

阶段	学习主题	内容结构与要点				运动项目完整体验	课时合计
		基本知识与技能	技战术运用	专项体能与一般体能	展示与比赛		
4年级下	积极融入小足球	1. 专项知识：班级、校级联赛的不同角色；学会自我保护和简单的应急损伤处理方法（N）。 2. 脚内侧传球（N）、脚内侧射门时机（N）。	1—4年级技战术运用内容根据实际情况适当安排，不做硬性要求。	灵敏性与协调性、爆发力（N）。	双人协作、小组协作比赛。	1. 小赛季：脚内侧面、胸内侧一分钟累计颠球排名赛，10米运球过标志物（计时）排名赛等。 2. 规则与裁判方法：直接任意球、间接任意球。 3. 观赏与评价：班级、校级联赛的不同角色。	18
5年级上	足球伴我共成长	1. 专项知识：足球比赛规则与判罚案例（N）。 2. 颠球（N）、脚背正面和脚背正面半高球（N）。	传球隐蔽性、传球准确性、控球。	爆发力（N）、心肺耐力、速度等。	固定区域快速带球跑、传球比赛。	1. 小赛季：5米运球过标志物排名赛（用标志物摆放2米的球门）传球（记次）排名赛等。 2. 规则与裁判方法：边线球、角球、球门球的发球等。 3. 观赏与评价：足球比赛规则与判罚案例。	18
5年级下	我与足球同分享	1. 专项知识：五人制足球比赛项目介绍（N）。 2. 摆脱技术（N）、脚控球（N）、掷界外球（N）。	个人进攻（N）、个人防守（N）。	爆发力（N）、灵敏性与协调性。	跑动传球、换位比赛。	1. 小赛季：技能排名赛、五人制足球赛。 2. 规则与裁判方法：越位。 3. 观赏与评价：比赛结束后进行采访工作、撰写新闻稿。	18
6年级上	我和我的足球队	1. 专项知识：检测学生对于裁判知识的掌握（N）。 2. 颠球（N）、拉开接球（N）、近射、掷界外球。	1. 个人进攻：过人（N）、假动作过人（N）。 2. 个人防守：1对1防守（N）。	反应时、心肺耐力、速度等。	两人、多人射门、躲避障碍比赛。	1. 小赛季：5人制足球比赛、脚内侧一分钟计颠球排名赛。检测学生对于裁判知识的掌握。 2. 规则与裁判方法：检测学生对于裁判知识的掌握。 3. 观赏与评价：教师与学生一同设计组织足球节（比赛日）活动。	18

续 表

阶段	学习主题	内容结构与要点					课时合计
		基本知识与技能	技战术运用	专项体能与一般体能	展示与比赛	运动项目完整体验	
6年级下	我和我的足球赛	1. 专项知识：知名世界足球俱乐部介绍（N）。2. 运球、带球跑、传球力度、空挡接球（N）、近射。	1. 个人进攻：变向过人；假动作过人。2. 个人防守（N）。3. 守门员：位置概念（N）。	有氧耐力等（N）。	边路进攻、防守比赛。	1. 小赛季：5人制足球比赛。2. 规则与裁判方法：第四官员职责、比赛记录。3. 观赏与评价：除场上队员外，其他角色的体验。	18
7年级上	足球运传基本技术与墙式进攻战术的学、练、赛	1. 专项知识：现代足球起源与发展（N）。2. 球感：踩球、拉球、推拨球、扣球、拨球、颠球（N）。3. 运球：运球、带球跑（N）。4. 传球：准确性、时机、隐蔽性（N）。5. 射门：近射（N）。6. 个人防守：正面、背面（N）。7. 头顶球：进攻、防守（N）。8. 界外球：双手头上掷界外球（N）。9. 守门员技术：接球、抛球（N）。	局部进攻战术：斜传直插、踢墙式二过一（N）。	球与器械相结合的灵敏度、协调性练习，小包括绳梯、小栏架、标志碟、标志桶等（N）。	1. 足球知识竞赛。2. 足球规则竞赛。3. 固定区域5对5比赛。4. 固定区域8对8+2两个守门员比赛等。	1. 小赛季：赛前组织与热身、学生间自我评价。2. 竞赛规则与裁判方法：明确比赛、点球、任意球、界外球中犯规、越位的判罚。3. 观赏与评价：结合比赛做好赛后数据统计、教师总结。	36

阶段	学习主题	内容结构与要点					课时合计
		基本知识与技能	技战术运用	专项体能与一般体能	展示与比赛	运动项目完整体验	
8年级上	以反切进攻战术和前场定位球攻防战术为情境的学、练、赛	1. 专项知识：现代足球起源和发展，专项体能的练习方法，良好的观赛礼仪，足球规则理论知识，足球比赛中不同角色的职责（N）。 2. 球感：踩球、拨球、拉球、扣球、荡球及组合技术（N）。 3. 运球：运球、带球跑（N）。 4. 传球：准确性、时机、隐蔽性（N）。 5. 接控球：接控球（N）。 6. 射门：近射（N）。 7. 个人防守：正面、背面、侧面（N）。 8. 头顶球：进攻、防守（N）。	1. 局部进攻战术：反切（N）。 2. 整体进攻战术：前场直接任意球、前场间接任意球（N）。 3. 整体防守战术：前场中路任意球、前场边路任意球（N）。	结合球的小栏架、绳梯等器材敏捷环进行协调性、敏捷性练习（N）。	1. 足球知识竞赛。 2. 足球规则竞赛。 3. 教学主题比赛。 4. 结合球的体能比赛。 5. 技术、技能比赛。 6. 固定区域5对5+2守门员比赛。 7. 固定区域8对8+2守门员比赛。	1. 小赛季：赛前组织裁判员，教练员记录比分和技术统计，通过比赛。 2. 规则与裁判方法：正确识别犯规、界外球、越位的判罚并做出正确手势等。 3. 观赏与评价：良好的观赛礼仪，足球规则理论知识，足球比赛中不同角色的职责。	36
9年级上	足球射门、个人进攻等基本技术与后套进攻战术和盯人防守战术的学、练、赛	1. 专项知识：分析技战术，理解规则，适应比赛，调节压力（N）。 2. 球感：踩球、拉球、停球（N）。 3. 运球：带球跑（N）。 4. 传球：准确性、力度、时机、隐蔽性（N）。 5. 接控球：接球、控球、接控球（N）。 6. 射门：近射、远射（N）。 7. 个人进攻：运用变向加速过人、运用假动作过人（N）。	1. 局部进攻：后套（N）。 2. 整体防守：人盯人、区域人盯人（N）。	结合球的力量、速度、耐力、协调、灵敏、柔性（N）。	1. 足球技战术知识分析知识比赛。 2. 足球规则判例分析演讲比赛。 3. 教学主题比赛等。	1. 小赛季：能组织比赛，进行裁判员、教练员及记录员的职责分工等。 2. 规则与裁判方法：分析技战术（N）。 3. 观赏与评价：调节压力，适应比赛，理解规则（N）。	36

阶段	学习主题	内容结构与要点					课时合计
		基本知识与技能	技战术运用	专项体能与一般体能	展示与比赛	运动项目完整体验	
10年级上	运、传球等组合技术与攻防定位球战术在比赛中的运用	1. 专项知识：足球运动概述、技战术分析（N）。 2. 球感：各种护球、控球（N）。 3. 运球：脚背内侧、外侧运球（N）。 4. 传球：脚内侧、脚背内侧传球。 5. 头顶球：前额正面头顶球（N）。 6. 掷界外球：掷界外球技术（N）。 7. 射门：近射技术（N）。	1.组合：运、控球；接、传球；射门；个人进攻（N）。 2.战术：局部进攻（N），局部防守战术（N），整体战术（进攻定位球和防守定位球）（N）。	绳梯（N）、小栏架跳跃（N）、敏捷跑（N）、核心力量（N）、混合耐力质循环训练（N）。	教学比赛：每节课都安排与教学内容主题相关的技能比赛或技能比赛比赛。	1. 小赛季：7—9人制足球教学积分赛等。 2. 规则与裁判方法：规则与裁判方法实践等。 3. 观赏与评价：技战术分析（N）。	18
10年级下	接、控球等组合技术与边路进攻战术在比赛中的运用	1. 专项知识：足球运动概述、技战术分析（N）。 2. 球感：各种护球、控球（N）。 3. 运球：脚背内侧、外侧运球（N）。 4. 传球：脚内侧、脚背内侧传球。 5. 头顶球：前额正面头顶球（N）。 6. 守门员技术：抛球（N）。	1.组合：运、控球；接、传球；射门；个人进攻（N）。 2.战术：局部边路进攻战术（N）。	绳梯（N）、小栏架跳跃（N）、敏捷跑（N）、核心力量（N）、混合耐力质循环训练（N）。	教学比赛：每节课都安排与教学内容主题相关的技能比赛或技能比赛比赛。	1. 小赛季：7—9人制足球教学积分赛。 2. 规则与裁判方法：学会观赏球队阵形及变化。 3. 观赏与评价：学会评价个人表现（如抢断次数、传球次数等）。	18
11年级上	侧重整体防守混合技战术的运用	1. 专项知识：足球运动概述、技战术分析（N）。 2. 球感：各种护球、控球（N）。 3. 运球：脚背内侧、外侧运球（N）。 4. 传球：脚内侧、脚背内侧传球。 5. 头顶球：前额正面头顶球（N）。 6. 守门员技术：抛球（N）。	1.组合：运、控球；接、传球；射门；个人进攻（N）。 2.战术：局部边路进攻战术（N），整体混合防守战术（N）。	绳梯（N）、小栏架跳跃（N）、敏捷跑（N）、核心力量（N）、混合耐力质循环训练（N）。	1. 展示：现场演讲、答疑、技能展示（N）。 2. 教学比赛：每节课都安排与教学内容主题相关的技能比赛或教学比赛。	1. 小赛季：7—9人制足球教学积分赛。 2. 规则与裁判方法：理解7—9人制与11人制足球比赛简化版规则。部分规则。 3. 观赏与评价：学会策划、组织、执法比赛，培养体育品德、学会比赛技术统计和评价等。	18

阶段	学习主题	内容结构与要点					课时合计
		基本知识与技能	技战术运用	专项体能与一般体能	展示与比赛	运动项目完整体验	
11年级下	侧重整体中路进攻的技战术运用	1. 专项知识：足球运动概述、技战术分析（N）。 2. 球感：各种护球、控球（N）。 3. 运球：脚背外侧带球跑（N）。 4. 传球：脚内侧、脚背内侧传球、脚背外侧、脚跟传球。 5. 个人防守：背面防守、侧面防守。 6. 头顶球：头顶球防守（N）。	1. 组合：传球；接；控球；射门（N）；个人进攻（N）。 2. 战术：局部踢墙式二过一进攻战术（N）、整体中路进攻战术（N）。	绳梯（N）、不同距离追逐跑（N）、SAQ循环体能练习（N）、混合耐力训练（N）、动态牵拉和静态牵拉（N）。	1. 展示：现场演讲、答疑、技能展示（N）。 2. 教学比赛：每节课都安排与教学内容相关的技能比赛或教学比赛。	1. 小赛季：7—9人制足球教学积分赛。 2. 规则与裁判方法：理解7—9人制足球比赛简化版规则，与11人制足球部分分规则。 3. 观赏与评价：学会策划、组织、执法比赛，培养体育品德，学会比赛技术统计和评价。	18
12年级上	在比赛中运用中路、边路的进攻战术	1. 专项知识：足球运动概述、技战术分析（N）。 2. 球感：多种部位的颠球（N）。 3. 运球：防守下的运控球（N）。 4. 传球：脚背内侧中、长距离传空中球。 5. 控球：合理地接、控球。 6. 射门：近射技术（N）。	1. 组合：传球；接；控球；射门（N）；个人进攻（N）。 2. 战术：整体进攻战术（中路、边路、转移、反击）（N）。	核心稳定、神经肌肉控制、结合急停、急起变向的高阶跑动。	1. 展示：现场演讲、答疑、技能展示（N）。 2. 教学比赛：每节课都安排与教学内容相关的技能比赛或教学比赛。	1. 小赛季：7—9人制足球教学积分赛。 2. 规则与裁判方法：11人制足球简化版规则。 3. 观赏与评价：学会策划、组织、执法比赛，培养体育品德，学会比赛技术统计和评价。	18
12年级下	在比赛中运用转移、反击的进攻战术	1. 专项知识：足球运动概述、技战术分析（N）。 2. 球感：接空中球护球（N）。 3. 带球跑：长距离有压力下的带球跑（N）。 4. 传球：短传球的时机和隐蔽性。 5. 接、控球：防守下的接控球（N）。 6. 射门技术：远射技术（N）。	1. 组合：传球；接；控球；射门（N）；个人进攻（N）。 2. 战术：整体进攻战术（中路、边路、转移、反击）（N）。	核心力量（N）、混合素质力量耐力训练（N）。	1. 展示：现场演讲、答疑、技能展示（N）。 2. 教学比赛：每节课都安排与教学内容相关的技能比赛或教学比赛。	1. 小赛季：11人制足球教学积分赛。 2. 规则与裁判方法：理解11人制足球简化版规则与11人制足球部分分规则。 3. 观赏与评价：学会策划、组织、执法比赛，培养体育品德，学会比赛技术统计和评价。	18

表 3-8 1—12 年级足球专项课课时分配建议

阶 段	内容结构与课时分配					课时合计
	基本知识与技能	技战术运用	专项体能与一般体能	展示与比赛	运动项目完整体验	
1 年级上	11		2	2	3	18
1 年级下	11		2	2	3	18
2 年级上	11	1—4 年级技战术运用内容根据实际情况适当安排，不做硬性要求。	2	2	3	18
2 年级下	11		2	2	3	18
3 年级上	11		2	2	3	18
3 年级下	11		2	2	3	18
4 年级上	11		2	2	3	18
4 年级下	11		2	2	3	18
5 年级上	8	3	2	2	3	18
5 年级下	8	3	2	2	3	18
6 年级上	8	3	2	2	3	18
6 年级下	8	3	2	2	3	18
7 年级上	22	2	2	4	6	36
8 年级上	18	6	2	4	6	36
9 年级上	18	4	4	4	6	36
10 年级上	4	5	3	3	3	18
10 年级下	4	5	3	3	3	18
11 年级上	4	5	3	3	3	18
11 年级下	4	5	3	3	3	18
12 年级上	4	5	3	3	3	18
12 年级下	4	5	3	3	3	18
合 计	202	54	50	54	72	432

（五）1—12 年级篮球专项课内容要点与课时分配（见表 3-9、表 3-10）

表 3-9 1—12 年级篮球专项课内容要点

阶段	学习主题	内容结构与要点					课时合计
		基本知识与技能	技战术运用	专项体能与一般体能	展示与比赛	运动项目完整体验	
一年级上	认识小篮球	1. 认识小篮球运动和了解小篮球运动的安全常识（N）。 2. 高低运球游戏（N）。 3. 双手胸前传接球游戏（N）。 4. 原地双手胸前（低手）投篮游戏（N）。 5. 基本姿势和脚步移动游戏（N）。 6. 运球＋投篮、运球＋传球游戏（N）。	1—2 年级技战术运用内容根据实际内容情况适当安排，不做硬性要求。	5 米冲刺跑、折返跑、立位体前屈、协调性练习。	体验简单运球、传球的小篮球竞赛游戏。	1. 小篮球小赛季：运球赛、传球赛、投篮赛。 2. 规则与裁判方法：要知道球出界，还要知道达到犯规次数是要罚下场的。 3. 观赏与评价：通过观看和参与，知道胜负队。	18
一年级下	喜欢上小篮球	1. 认识小篮球运动和了解小篮球运动的安全常识（N）。 2. 高低运球游戏（N）。 3. 双手胸前传接球游戏（N）。 4. 原地双手胸前（低手）投篮游戏（N）。 5. 基本姿势和脚步移动游戏（N）。 6. 运球＋投篮、运球＋传球游戏（N）。 7. 人盯人防守游戏（N）。		10 米冲刺跑、折返跑、立位体前屈、协调性练习。	设定简单运球规则的小篮球竞赛游戏。	1. 小篮球小赛季：运球＋传球赛、运球＋传球＋投篮赛。 2. 规则与裁判方法：要知道二次运球是违例的。 3. 观赏与评价：文明观赛，给同伴加油。	18

阶段	学习主题	内容结构与要点					课时合计
		基本知识与技能	技战术运用	专项体能与一般体能	展示与比赛	运动项目完整体验	
2年级上	在游戏中熟悉小篮球技术性，感知小篮球技术的魅力	1. 简单小篮球知识渗透（N）。 2. 原地、行进间高低运球游戏（N）。 3. 双手胸前传接球游戏（N）。 4. 原地双手胸前投篮游戏（N）。 5. 运球＋投篮、运球＋传球、传球＋投篮、运传投游戏（N）。 6. 人盯人防守游戏（N）。 7. 基本姿势和脚步移动游戏（N）。	1—2年级战术运用内容根据实际情况适当安排，不做硬性要求。	10米冲刺跑，见线折返跑。	个人和3人配合的小篮球竞赛游戏（N）。	1. 小篮球小赛季：个人技巧赛、3人篮球赛"篮下争霸"、半场3对3。 2. 规则与裁判方法：简化规则，知道2—3条小篮球比赛队员行为规范。 3. 观赏与评价：学会观赏比赛，能够评价出1—2个技术动作的要点。	18
2年级下	在游戏中感知小篮球的玩法	1. 简单小篮球知识渗透（N）。 2. 原地、行进间高低运球、体前变向游戏（N）。 3. 双手胸前传接球、单手胸前（体侧）传接球游戏（N）。 4. 原地双手胸前投篮游戏（N）。 5. 运球＋投篮、运球＋传球、传球＋投篮、运传投游戏（N）。 6. 人盯人防守游戏（N）。 7. 基本姿势和脚步移动游戏（N）。		10米冲刺跑，见线折返跑。	简单的个人、3人或小队的小篮球竞赛游戏（N）。	1. 小篮球小赛季：个人技巧赛、3人篮球赛"篮下争霸"、团队竞赛"迎篮而上"。 2. 规则与裁判方法：简化规则，知道2—3条小篮球比赛队员行为规范知。 3. 观赏与评价：学会观赏比赛，能够评价出1—2个技术动作的要点。	18
3年级上	原地或移动中的小篮球学练	1. 小篮球基础理论与规则知识（N）。 2. 原地、行进间变向运球的学与用（N）。 3. 双手头上、击地传接球的学与用（N）。 4. 原地双手胸前投篮的学与用（N）。 5. 防守基本姿势与步伐的学与用（N）。 6. 运球＋投篮、运球＋传球、传球＋投篮、运传投组合的简单体感知。	简单1对1攻防对抗（N）。	10米冲刺跑，抛接网网球运动。	加强对对运球中枢脚概念认识的比赛和游戏。	1. 小篮球小赛季：篮球技巧挑战赛。 2. 规则与裁判方法：知道中枢脚的概念及简单防守动作。 3. 观赏与评价：会观察比赛，了解技术动作规范。	18

阶段	学习主题	内容结构与要点					课时合计
		基本知识与技能	技战术运用	专项体能与一般体能	展示与比赛	运动项目完整体验	
3年级下	原地或移动中的小篮球学练与对抗	1. 小篮球基础理论与规则知识（N）。 2. 原地和行进间变向，击地传接球的学与用（N）。 3. 双手头上、原地双手胸前投篮的学与用（N）。 4. 原地双手胸前投篮的学与用（N）。 5. 防守基本姿势与步伐的学与用（N）。 6. 运球＋投篮、传球＋投篮、运传投篮组合的简单感知。	简单1对1攻防对抗（N）。	敏捷梯练习、折返跑。	学习运球规则和比赛的比赛和游戏。	1. 小篮球小赛季：篮球技巧挑战赛。 2. 规则与裁判方法：知道运球中可以走两步、简单了解圆柱体原则。 3. 观赏与评价：会观察比赛，了解技术组合动作规范。	18
4年级上	在移动动中使用1～2种技术术进行1对1对抗、喜欢比赛	1. 小篮球基础理论与规则知识、篮球发展史及具体发展的人物故事（N）。 2. 体前变向运球的学与用。 3. 单手胸前及体侧传接球的学与用（N）。 4. 原地双手胸前投篮的学与用。 5. 防守基本姿势与步伐的学与用。 6. 运球＋投篮、传球＋投篮、运传投篮组合的简单学与用。	简单1对1攻防（N）。	折返跑、冲刺跑、抛接网球运球、敏捷梯练习。	强调1～2种技术应用的比赛与游戏。	1. 小篮球小赛季：运球上篮技术竞赛。 2. 规则与裁判方法：知道简单的违例，例如走步、两次运球、回场、出界等，知道简单的裁判手势。 3. 观赏与评价：懂得规则，文明观赛。	18
4年级下	在移动动中使用2～3种技术术进行1对1对抗、喜欢比赛	1. 中国典型人物；技术的分类与简单应用了解（N）。 2. 体前变向运球的学与用。 3. 单手胸前及体侧传接球的学与用（N）。行进间高手（N）投篮的学与用。 4. 原地双手胸前和单手肩上（N）投篮的学与用。 5. 防守基本姿势与步伐的学与用。 6. 运球＋投篮、传球＋投篮、运传投篮组合的简单学与用。	简单1对1攻防（N）。	折返跑、侧身跑、前进后退跑、敏捷梯练习。	强调2～3种技术应用的比赛与游戏。	1. 小篮球小赛季：3对3半场比赛。 2. 规则与裁判方法：知道简单犯规种类，如打手、推人、阻挡等，并做简单判断，了解如何保持合法防守动作（不伸手掏球、不拉人）。 3. 观赏与评价：懂得规则，文明观赛。	18

阶段	学习主题	内容结构与要点					课时合计
		基本知识与技能	技战术运用	专项体能与一般体能	展示与比赛	运动项目完整体验	
5年级上	2个人局部配合，可以进行多种技术的1对1对抗	1. 小篮球基础理论，小篮球礼仪（N）知识。 2. 胯下、体前变向运球（N）的学与练。 3. 原地单手肩上投篮、行进间高手投篮的学与练。 4. 交叉步持球突破的学与用。 5. 防守步伐的学与用。 6. 运球＋投篮、运球＋传球、传球＋投篮、运传投组合的学与用。	全场、半场1对1攻防对抗。	折返跑、冲刺跑、各种方式的跳。	强调2、3个人局部配合的比赛与游戏。	1. 小篮球小赛季："技能挑战"赛。 2. 规则与裁判方法：知道侵人犯规的类型，在实战中及时判断。 3. 观赏与评价：文明观赛，学会欣赏比赛中的美。	18
5年级下	2个或3个人局部配合，可以进行多种技术的1对1对抗	1. 小篮球基础理论、规则与裁判法知识（N）。 2. 胯下、体前变向运球（N）。 3. 原地单手肩上投篮、行进间高手投篮的学与用。 4. 交叉步持球突破的学与用。 5. 防守步伐的学与用。 6. 运球＋投篮、运球＋传球、传球＋投篮、运传投组合的学与用。	全场、半场1对1攻防对抗。	折返跑、敏捷梯、波比跳等。	强调2、3人局部的比赛与游戏。	1. 小篮球小赛季："投射梦想"。 2. 规则与裁判方法：了解记录表中得分和犯规的记录方法。 3. 观赏与评价：培养学生的体育欣赏能力与体育综合素养。	18
6年级上	2个或3个人局部配合，可以自地1对1对抗	1. 小篮球基础理论、小篮球礼仪（N）的学与练。 2. 胯下、转身运球（N）的学与练。 3. 原地单手肩上投篮、顺步（N）持球突破的学与用。 4. 交叉步、顺步步伐的学与用。 5. 防守步伐的学与用。 6. 运球＋投篮、运球＋传球、传球＋投篮、运传投组合的学与用。	全场、半场1对1攻防对抗。	折返跑、冲刺跑、各种方式的跳。	强调2、3人配合的，灵活变化的比赛与游戏。	1. 小篮球小赛季："技能挑战"赛。 2. 规则与裁判方法：知道侵人犯规的类型，在实战中及时判断。 3. 观赏与评价：文明观赛，学会欣赏比赛中的美。	18

续表

阶段	学习主题	内容结构与要点					课时合计
		基本知识与技能	技战术运用	专项体能与一般体能	展示与比赛	运动项目完整体验	
6年级下	2、3个人配合，1对1攻防自比赛，如：任比赛或游戏中应用	1. 小篮球基础理论、规则与裁判法、小篮球礼仪知识（N）。 2. 胯下、背后和转身运球（N）的学与练。 3. 原地单手肩上投篮、行进间高手投篮的学与用。 4. 交叉步、顺步（N）持球突破的学与用。 5. 防守步伐的学与用。 6. 运球＋投篮、运球＋传球、传球＋投篮、运传投组合的学与用。	全场、半场1对1攻防对抗。	折返跑、敏捷梯、波比跳等。	强调一定对抗下的2、3人局部自主配合的比赛与游戏。	1. 小篮球小赛季："投射梦想"。 2. 规则与裁判方法：了解记录表中得分和犯规的记录方法。 3. 观赏与评价：培养学生的体育赏能力与身体综合素养。	18
7年级上	参与篮球比赛，认识篮球规则，懂得规律，懂得团队力量	1. 专项知识：篮球运动赛事与发展等相关知识（N）。 2. 基本姿势与移动：多种滑步。 3. 运球：背后运球、转身运球（N）。 4. 投篮：行进间高手投篮、行进间低手投篮、跳投（N）。 5. 传球：长传球（N）、多方式传球。	1. 组合技术：交叉步持球突破、顺步持球突破、运球和传球组合技术。 2. 战术：人盯人防守（N）、人防守快攻（N）。	多种方式的折跳（N）、折返跑、敏捷梯、小力量负重。	强调突破组合技术应用对抗性比赛。	1. 技能挑战：组合技挑战赛（以投运投组合技术为主）（N）。 2. 规则与裁判方法：3对3规则与裁判积分赛（N）。 3. 观赏与评价：5对5场上位置与团队比赛心理体验赛（6分钟赛制，2分钟讨论轮换制）。	36
8年级上	融入比赛，有拼搏竞争意识，懂得技战术作用与价值	1. 专项知识：篮球裁判规则学习。 2. 基本姿势与移动：多种滑步、多种滑步姿势。 3. 运球：急起急停、体前变向运球、转身运球等。 4. 投篮：复习原地单手肩上投篮、行进间单手肩上投篮、跳投等。 5. 传球：长传球、多方式传球复习等。	1. 组合技术：传切、掩护、击与补防等。 2. 战术：以多打少配合，人盯人防守等。	下肢灵敏反应、短距离移动速度等。	强调简单基础配合的对抗性比赛。	1. 技能挑战赛、小赛季：技巧大赛、三分大赛、年级比赛。 2. 规则与裁判方法：描述或实录比赛情景的判断、真实比赛的执裁。 3. 观赏与评价：真实比赛下的场上位置与作用（5分钟赛制，2分钟讨论轮换制）。	36

内容结构与要点

阶段	学习主题	基本知识与技能	技战术运用	专项体能与一般体能	展示与比赛	运动项目完整体验	课时合计
9年级上	明确篮球比赛的锻炼价值，学会欣赏和评价班级赛	1.专项知识：篮球运动意外伤害预防与紧急处置方法（N）。2.赛事组织和教练临场指挥的方法与基本裁判知识。	1.组合技术与基础配合运用。2.半场全场人盯人攻防（N）。3.区域联防与进攻（N）。	弹跳能力（N）、折返跑、间歇跑（N）。	强调基础配合的正式比赛。	1.技能挑战赛、小赛季：组合技术技能挑战赛，主客场赛制。2.规则与裁判方法（N）：篮球比赛规则（N）、记录台工作。3.观赏与评价：观赏比赛，根据记录表和比赛情况进行评价。	36
10年级上	比赛中简单的进攻防守战术配合，全场人盯人进防应用	1.专项知识：篮球规则（N）。2.运球、传球、投篮。	1.进攻战术基础配合。2.半场人盯人防守。3.进攻半场人盯人防守。4.防守战术基础配合。	敏捷梯、核心力量、深练习、变向跑。	强调基础配合多种应用的对抗性比赛。	1.小赛季：5对5联赛。2.规则与裁判方法：了解技术犯规和违体犯规的要求，能够正确填写记录表。3.观赏与评价：进攻战术基础配合的配合时机。	18
10年级下	比赛中进行简单攻防对抗，区域联防与进攻应用	1.专项知识：篮球战术结构原理（N）。2.运球、传球、投篮。	1.进攻基础配合。2.全场人盯人防守。3.防守基础配合。4.进攻全场人盯人防守。	见线折返跑、纵跳摸高、全场碰板接龙。	强调基础配合灵活应用的对抗性比赛。	1.小赛季：5对5小联赛。2.规则与裁判方法：进一步了解计时计分时熟练。3.观赏与评价：区域联防的应用时机。	18

续表

阶段	学习主题	内容结构与要点					课时合计
		基本知识与技能	技战术运用	专项体能与一般体能	展示与比赛	运动项目完整体验	
11年级上	简单进行区域联防与进攻区域联防	1. 专项知识：篮球基本进攻战术介绍（N）。 2. 运球、传球、投篮。	1. 进攻基础配合。 2. 区域联防。 3. 进攻区域联防。	纵跳摸高、深蹲跳、双脚连续向前跳、单脚连续向前跳、弹力带抗阻侧向移动、负重跳。	强调区域防守的对抗性比赛。	1. 小赛季比赛：5对5正式比赛。 2. 规则与裁判方法：了解对抗下的各种违例和犯规，判断记录表记录是否准确。 3. 观赏与评价：进攻区域联防的应用时机。	18
11年级下	简单进行区域防守、快攻与防守	1. 专项知识：篮球基本防守战术介绍。 2. 运球、传球、投篮。	1. 进攻基础配合。 2. 快攻。 3. 防守快攻。	运球折返跑、篮球场边线折返、全场变向跑、T字跑、3000米。	强调快攻防守快攻应用的对抗性比赛。	1. 小赛季比赛：5对5小联赛。 2. 规则与裁判应用：在裁判实践中准确应用执裁记录表记，能够明白主要犯规下的登记方法（互次罚下，两次连体罚下，两次技术犯规罚下的一次连体和一次技术犯规罚下）。 3. 观赏与评价：快攻配合的应用时机。	18

阶段	学习主题	内容结构与要点					课时合计
		基本知识与技能	技战术运用	专项体能与一般体能	展示与比赛	运动项目完整体验	
12年级上	复杂情境下技战术的应用与篮球比赛	专项知识：篮球进攻策略介绍（N）。	1. 进攻基础配合。 2. 防守基础配合。 3. 进攻人盯人防守。 4. 区域联防。	俯卧撑、持哑铃俯身飞鸟（或侧平举）、实心球举人练习。	复杂情况下的对抗性比赛。	1. 篮球小赛季：正式篮球联赛。 2. 规则与裁判方法：进一步在实践中判断动作是否犯规，记录表主要内容记录完整。 3. 观赏与评价：评价复杂情境下进攻人盯人配合的应用。	18
12年级下	复杂情境下技战术的应用与篮球比赛	专项知识：篮球防守策略介绍（N）。	1. 进攻基础配合。 2. 快攻。 3. 防守基础配合。 4. 区域联防。 5. 进攻区域联防。	仰卧举腿、仰卧两头起、俯卧两头起、仰卧蹬车轮、平板支撑、八级腹桥。	复杂情况下的正式对抗性比赛。	1. 篮球赛季：正式5对5篮球联赛。 2. 规则与裁判方法：进一步在实践中判断动作是否完整，错误率较低。 3. 观赏与评价：评价复杂情境下攻防策略的应用。	18

表 3-10　1—12 年级篮球专项课课时分配建议

阶　段	内容结构与课时分配					课时合计
	基本知识与技能	技战术运用	专项体能与一般体能	展示与比赛	运动项目完整体验	
1 年级上	9	1—2 年级技战术运用内容根据实际情况适当安排，不做硬性要求。	2	4	3	18
1 年级下	9		2	4	3	18
2 年级上	9		2	4	3	18
2 年级下	9		2	4	3	18
3 年级上	8	1	2	4	3	18
3 年级下	8	1	2	4	3	18
4 年级上	8	1	2	4	3	18
4 年级下	8	1	2	4	3	18
5 年级上	8	1	2	4	3	18
5 年级下	8	2	2	3	3	18
6 年级上	8	2	2	3	3	18
6 年级下	8	2	2	3	3	18
7 年级上	8	8	3	9	8	36
8 年级上	8	10	3	7	8	36
9 年级上	6	11	4	8	7	36
10 年级上	3	7	2	2	4	18
10 年级下	3	7	2	2	4	18
11 年级上	2	5	2	3	6	18
11 年级下	2	5	2	3	6	18
12 年级上	1	7	1	2	7	18
12 年级下	1	6	1	2	8	18
合　计	134	77	44	83	94	432

（六）1—12年级排球专项课内容要点与课时分配（见表3-11、表3-12）

表3-11 1—12年级排球专项课内容要点

阶段	学习主题	内容结构与要点					课时合计
		基本知识与技能	技战术运用	专项体能与一般体能	展示与比赛	运动项目完整体验	
1年级上	和排球一起做隔网游戏	1. 专项知识：稍蹲与并步、抛接球游戏规则（N）。隔网抛接球的动作要领（N）。 2. 准备姿势和移动：稍蹲、并步（N）。 3. 抛接球：向上、向下、反应性、合作性抛接球（N）。 4. 垫球：正面垫球（N）。	1—4年级技战术运用内容根据实际情况适当安排，不做硬性要求。	纵向移动游戏（N）、跳跃组合游戏（N）。	隔网抛接球游戏（N）。	1. 小赛季：游戏嘉年华。抛接球游戏（N）、正面垫球游戏（N）、快速移动游戏（N）等。 2. 规则与裁判方法：抛球过网（N）、抛球出界（N）等。 3. 观赏与评价：抛球过网（N）、接球稳定（N）、遵守游戏规则（N）等。	18
1年级下	隔网尝试性接球游戏	1. 专项知识：稍蹲与并步、正面垫球（N）的动作要领。 2. 准备姿势和移动：稍蹲、并步。 3. 抛接球：向上、向下、反应性、合作性抛接球。 4. 垫球：正面垫球。		跳跃组合游戏、横向移动游戏（N）。	隔网抛接球游戏。	1. 小赛季：游戏嘉年华。抛接球游戏（N）、正面垫球游戏（N）等。 2. 规则与裁判方法：抛球过网（N）、接球落地、后脱手落地（N）、抛球出界等。 3. 观赏与评价：抛球过网、接球稳定、遵守游戏规则等。	18
2年级上	有趣有味多种排球游戏	1. 专项知识：抛球过网游游戏规则（N）、滑步动作要领（N）。 2. 准备姿势与移动：稍蹲、并步、滑步（N）。 3. 抛接球：向上、反应性、合作性抛接球。 4. 垫球：正面垫球。		十字移动（N）、立定跳远（N）、十字跳（N）等。	1.抛接球游戏。 2.隔网抛接球游戏（网高1.2米）。	1. 小赛季：趣味闯关。隔网抛球落地后接球入篮（N）、定点隔网抛球人篮（N）、多人接力隔网抛球人篮（N）等。 2. 规则与裁判方法：抛球过网等。 3. 观赏与评价：抛球过网意识，遵守游戏规则等。	18

阶段	学习主题	内容结构与要点					课时合计
		基本知识与技能	技战术运用	专项体能与一般体能	展示与比赛	运动项目完整体验	
2年级下	合作隔网抛接球游戏	1. 专项知识：排球移动与瞬间击球特性（N）。界内外游戏规则（N）。 2. 准备姿势与移动：稍蹲、并步、滑步。 3. 抛接球：向上、反应性、合作性抛接球。 4. 垫球：正面垫球。		十字移动、立定跳远、十字跳等。	1. 抛接球游戏。 2. 隔网抛接球游戏（网高1.5米）、抛球过网落人界内。	1. 小赛季：趣味闯关。隔网抛接球入筐、行进间隔网抛接球（N）、移动自垫球接力（N）等。 2. 规则与裁判方法：抛球过网、界内外规则（N）、限制落地次数接球（N）等。 3. 观赏与评价：抛球过网与界内外的意识（N）、合作游戏（N）等。	18
3年级上	有条件限制的隔网垫球比赛	1. 专项知识：正面垫球、正面下手发球、交叉步与打手出界规则（N）、排球动作术语（N）。 2. 准备姿势与移动：稍蹲、交叉步（N）。 3. 发球：正面下手发球（N）。 4. 垫球：连续自垫球（N）、接发球（N）。	1—4年级技战术运用内容根据实际情况适当安排，不做硬性要求。	3米移动（N）、立定跳远（N）、心肺耐力练习（N）、肌肉力量练习（N）等。	固定场地大小的隔网垫球比赛（N）。	1. 小赛季：挑战自我（N）、规定时间内两人隔网抛垫球比赛（N）、自垫球比赛（N）等。 2. 规则与裁判方法：打手出界（N）等。 3. 观赏与评价：打手出界的意识（N）、与移动垫球效果（N）等。	18
3年级下	排球组合技术运用的隔网垫球比赛	1. 专项知识：垫球与发球组合动作要领（N）、限制次数规则（N）、排球动作术语。 2. 准备姿势与移动：稍蹲、交叉步。 3. 发球：正面下手发球。 4. 垫球：连续自垫球、接发球。		3米移动、立定跳远、柔韧性练习、心肺耐力练习等。	限制次数的隔网垫球比赛（N）。	1. 小赛季：挑战自我、自垫球比多挑战赛、发球积分赛（N）等。 2. 规则与裁判方法：限制击球次数（N）等。 3. 观赏与评价：限制次数与比赛中击球次数比赛（N）等。	18

続表

阶段	学习主题	内容结构与要点					课时合计
		基本知识与技能	技战术运用	专项体能与一般体能	展示与比赛	运动项目完整体验	
4年级上	与同伴一起参与排球隔网尝试性比赛	1. 专项知识：连续抛垫球（N）、正面传球、跨步的动作要领与排球场地与装备要求（N）。 2. 准备姿势与移动：稍腾、跨步（N）。 3. 发球：正面下手发球。 4. 垫球：连续抛垫球（N）、接发球。 5. 传球：正面传球（N）。	1—4年级技战术运用内容根据实际情况适当安排，不做硬性要求。	纵跳摸高、定点移动（N）、200米耐久跑（N）等。	限制击球次数的隔网尝试性比赛（N）。	1. 小赛季：对墙垫球比多（N）、垫接发球挑战赛（N）、备勇争先积分赛（N）等。 2. 规则与裁判方法：发球过网（规定）（N）、限制击球次数（N）等。 3. 观赏与评价：对参赛队伍的鼓励（N）、比赛中双方击球次数和（N）等。	18
4年级下	与同伴一起参与排球比赛	1. 专项知识：连续抛传球的动作要领（N）、文明观赛礼仪（N）。 2. 准备姿势与移动：稍腾、跨步。 3. 发球：正面上手发球。 4. 垫球：连续抛垫球（N）、接发球。 5. 传球：正面传球。		纵跳摸高、网前移动（N）、立卧撑（N）、计时跳绳（N）等。	限制网高和击球次数的隔网尝试性比赛（N）。	1. 小赛季：自垫自传比赛（N）、下手发球挑战赛（N）、班级对抗赛（N）等。 2. 规则与裁判方法：限制网高等。 3. 观赏与评价：文明观赛行为（N）等。	18
5年级上	排球技术组合运用的对抗性比赛	1. 专项知识：正面屈体扣球（N）、球踩线规则（N）、比赛规则（N）。 2. 准备姿势与移动：半腾（N）。 3. 发球：正面上手发球（N）。 4. 垫球：正面垫球、体侧垫球（N）、接发球。 5. 传球：正面传球。 6. 扣球：正面屈体扣球（N）。	1. 组合：垫传发组合（N）、接发球组合练习（N）。 2. 战术："中一二"进攻（N）。	3米移动、纵跳摸高、50×6折返跑（N）、中柔韧性练习（N）等。	合理运用正面传球和三次垫球过网的对抗性比赛（N）。	1. 小赛季：星光闪耀（抽签：班级单败淘汰、年级赛单循环制）（N）。 2. 规则与裁判方法：发球踩线（N）等。 3. 观赏与评价：发球踩线规则（N）、比赛中发球踩线意识（N）与对裁判判罚的判断（N）等。	18

阶段	学习主题	内容结构与要点					课时合计
		基本知识与技能	技战术运用	专项体能与一般体能	展示与比赛	运动项目完整体验	
5年级下	不同条件限制的排球对抗性比赛	1. 专项知识：触网规则（N）、"中一二"战术（N）、比赛规则。 2. 准备姿势与移动：半蹲。 3. 发球：正面上手发球。 4. 垫球：正面垫球、体侧垫球、接发球。 5. 传球：正面传球。 6. 扣球：正面屈体扣球。	1. 组合：垫传组合、发球接发球组合。 2. 战术："中一二"进攻。	3米移动、纵跳摸高、50×6折返跑、柔韧性练习等。	合理运用下手发球和3次过网进行对抗性比赛（N）。	1. 小赛季：星光闪耀（抽签：班级单败淘汰、年级赛单循环制）。 2. 规则与裁判方法：触网规则（N）等。 3. 观赏与评价：触网意识（N）与比赛中触网规则（N）等。	18
6年级上	融入集体打团队的排球对抗性比赛	1. 专项知识：排球运动发展历史（N）、女排精神。后排起跳进攻规则（N）、综合步法的动作要领（N）。 2. 准备姿势与移动：半蹲、综合步法（N）。 3. 传球：正面传球。 4. 扣球：正面屈体扣球。 5. 垫球：正面垫球、体侧垫球、接发球（N）。 6. 拦网：单人拦网（N）。	1. 组合：垫传组合、两人连续打防（N）。 2. 战术："中一二"进攻、"心跟进"防守（N）。	双脚起跳摸高（N）、6米移动、心肺（N）、耐力性练习、柔韧性练习等。	合理运用垫传扣球和正面扣球的对抗性比赛（N）。	1. 小赛季：最佳搭档（采用单败淘汰或单循环赛制）。 2. 规则与裁判方法：后排起跳进攻（N）等。 3. 观赏与评价：后排起跳进攻的规则意识（N）与比赛中后排起跳进攻（N）等。	18
6年级下	战术渗透下有条件限制的排球对抗性比赛	1. 专项知识：过网击球规则（N）、过网击球的动作要领（N）。 2. 准备姿势与移动：半蹲、综合步法（N）。 3. 传球：正面传球。 4. 扣球：正面屈体扣球。 5. 垫球：体侧垫球、接发球。 6. 发球：正面上手发球。 7. 拦网：单人拦网（N）。	1. 组合：垫传组合、两人连续打防。 2. 战术："中一二"进攻、"心跟进"防守。	双脚起跳摸高、6米移动、心肺、耐力性练习、柔韧性练习等。	合理运用正面扣球和屈体扣球"中一二"进攻战术的对抗性比赛（N）。	1. 小赛季：最佳搭档（采用单败淘汰或单循环赛制）。 2. 规则与裁判方法：过网击球（N）等。 3. 观赏与评价：过网击球中过网击球的规则意识（N）、与比赛中过网击球（N）等。	18

内容结构与要点

阶段	学习主题	基本知识与技能	技战术运用	专项体能与一般体能	展示与比赛	运动项目完整体验	课时合计
7年级上	战术渗透下排球技术组合运用的对抗性比赛	1. 专项知识：发球次序、不良行为（N）等裁判规则；上手发球（N）、"心跟进"防守（N）简单战术示意图。 2. 传球：顺网正面二传（N）。 3. 垫球：正面垫球、体侧垫球、背向垫球、下插垫球、接发球、接扣球（N）。 4. 发球：正面上手发球（N）。 5. 扣球：正面屈体扣球、吊球（N）。	1. 组合：两人打防。 2. 战术："中一二"进攻（N）、"心跟进"防守（N）。	36米移动（N）、纵跳摸高、立定跳、仰卧起坐等。	合理运用传垫扣发等基本技术进行"中一二"进攻和"心跟进"防守的比赛。	1. 小赛季：我参与，我快乐（期中）；我运动，我健康（期末）。 2. 竞赛规则与裁判方法：界内、界外、打手出界、发球位置轮转错误、持球、连击、不良行为。 3. 观赏与评价：统计发球得失分率，评选最佳球员。	36
8年级上	侧重"中一二"进攻和"心跟进"防守战术的排球对抗性比赛	1. 专项知识：女排精神；触网和过网击球（N）、背传球（N）等裁判规则；上手飘球（N）、单人拦网（N）、"中一二"进攻、"心跟进"防守战术示意图。 2. 准备姿势与移动：综合步法。 3. 发球：上手飘球（N）。 4. 传球：背传球（N）。 5. 拦网：单人拦网、双人拦网（N）。 6. 扣球：正面屈体扣球。	1. 组合：发垫、传扣技术组合（N）。 2. 战术："中一二"进攻、"心跟进"防守。	36米移动、纵跳摸高、跳跳栏架、跳绳、仰卧起坐等。	合理利用传垫扣发拦等技术进行"中一二"进攻和"心跟进"防守的对抗性比赛（N）。	1. 小赛季：新秀杯（期末班内或年级）。 2. 规则与裁判方法：触网、过网击球等。 3. 观赏与评价：能分析学生个人技战术特点，评选赛场上最佳一传、最佳二传、最佳球员。	36

阶段	学习主题	内容结构与要点					课时合计
		基本知识与技能	技战术运用	专项体能与一般体能	展示与比赛	运动项目完整体验	
9年级上	侧重"边一二"进攻和"边跟进"防守战术的排球对抗性比赛	1. 专项知识：位置错误（N）、过中线（N）等裁判规则；传、扣近体快球（N）"边跟进"作要领；"边一二"进攻"边跟进"防守（N）简单战术示意图。2. 准备姿势与移动：综合步法。3. 传球：传近体快球（N）。4. 拦网：单人拦网、双人拦网（N）。5. 扣球：扣近体快球（N）。	1. 组合：发垫传扣技术组合。2. 战术："边一二"进攻、"边跟进"防守（N）。	蛙跳、腰腹力量、俯卧撑、耐力跑等。	1. 侧重"中一二"进攻和"心跟进"防守的对抗性比赛。2. 侧重"边一二"进攻"边跟进"防守的对抗性比赛（N）。	1. 小赛季：精英杯（期中）、霸王杯（期末）。2. 规则与裁判方法：位置错误、触网、持球、连击、过中线。3. 观赏与评价：能简单分析球队特点，战术优势，评选最佳球员。	36
10年级上	侧重快球进攻和防守的排球实战比赛	1. 专项知识：传半高球的动作要领、"中一二"进攻和"边跟进"防守的战术分析（N）；自由人与换人规则（N）；打手出界、触网手势等（N）。2. 准备姿势与移动：滑步及综合步伐。3. 垫球：体侧垫球、下捕垫球。4. 传球：传半高球（N）、吊球。5. 扣球：接扣球。	1. "中一二"进攻与"心跟进"防守。2. "边一二"进攻与"心跟进"防守。3. 传半高球技术、垫球与传球组合（N）。	纵跳摸高、俯卧撑、立卧撑、开合跳（N）等。	1. 侧重"边一二"进攻的对抗性比赛。2. 侧重防守攻或防守的实战比赛（N）。	1. 小赛季：跳飘之王挑战赛（N）、重炮手擂台赛（N）等。2. 规则与裁判方法：自由人（N）、换人规则（N）及打手出界、触网手势（N）等。3. 观赏与评价：攻防转换技术及战术轮换（N）、"中一二"进攻战术和"心跟进"防守的合理性（N）。	18

阶段	学习主题	内容结构与要点					课时合计
		基本知识与技能	技战术运用	专项体能与一般体能	展示与比赛	运动项目完整体验	
10年级下	侧重快攻和防守技术综合运用的实战比赛	1. 专项知识："边一二"进攻和"边跟进"防守的战术分析（N）、全场比赛分规则（N）、暂停与比赛执裁（N）等。 2. 垫球：正面垫球、体侧垫球、下插垫球。 3. 传球：正面传球、传近体快球。 4. 扣球：正面屈体扣球、扣近体快球。 5. 拦网：单人拦网。	1. 传近体快球（N）、垫发球接发球组合。 2. "边一二"进攻与"边跟进"防守。	36米移动、俯卧撑、双腿夹球仰卧起坐等。	1. 侧重"中一二"进攻与"心跟进"防守的对抗性比赛。 2. 侧重"边一二"进攻与"边跟进"防守的对抗性比赛。	1. 小赛季：连续打防吉尼斯（N）、垫球连续排名赛（N）、传球落点积分赛（N）等。 2. 规则与裁判方法：暂停（N）、比分规则（N）、全场比赛执裁（N）等。 3. 观赏与评价：攻防转换技术及战术轮换、"边一二"进攻与"边跟进"防守的合理性。	18
11年级上	复杂情境下多种技战术运用的排球实战比赛	1. 专项知识：跳发球、传与扣调整球的动作要领（N）；"边一二"进攻分析（N）；利用规则组织现场执裁（N）等。 2. 发球：跳发球（N）。 3. 传球：传调整球（N）。 4. 扣球：扣调整球（N）。	1. 组合：发垫传扣技术组合。 2. "边一二"进攻与"边跟进"防守。 3. 两点轮转三点进攻阵形（N）。	十字移动、纵跳摸高、36米移动、深蹲跳（N）、平板支撑（N）等。	1. 侧重快攻进攻或防守的实战比赛。 2. 复杂情境下多种技战术运用的实战比赛（N）。	1. 小赛季：连续传球（N）、扣球落点积分赛（N）、精英小组排名赛等。 2. 规则与裁判方法：后排进攻违例（N）、持球、连击等。 3. 观赏与评价："边一二"进攻、组织快攻等技战术运用时机与成功。	18
11年级下	复杂情境下熟练运用技战术的排球实战比赛	1. 专项知识：两点换三点、近网快球等战术分析（N）与规则判法（N）等。 2. 上手发球与跳发球。 3. 接发球与接扣球。 4. 正面扣球与调整球。 5. 传调整球。 6. 吊球与双人拦网。	两点轮转三点进攻。	十字移动、36米移动、滑步摸高（N）、立定跳远、跳近、平板支撑等。	1. 侧重快球进攻或防守的实战比赛。 2. 复杂情境下多种技战术运用的实战比赛。	1. 小赛季：团队比赛、循环赛、积分赛（自选1~2种）、21分制。 2. 规则与裁判方法：主裁、副裁、司线、记录等不同位置的裁判方法（N）。 3. 观赏与评价：两点换三点（N）、近网快球（N）等战术运用时机与成功。	18

阶段	学习主题	内容结构与要点					课时合计
		基本知识与技能	技战术运用	专项体能与一般体能	展示与比赛	运动项目完整体验	
12年级上	角色位置完整体验的排球实战比赛	1. 专项知识：体前单手垫球的动作要领（N）、"边跟进"防守战术的分析（N）等。 2. 准备姿势与移动：综合步法。 3. 垫球：体前单手垫球（N）、体侧双手垫球。 4. 传球：传调整球。 5. 发球：上手发飘球、跳发球。 6. 扣球：扣近体快球技术。 7. 拦网：双人拦网。	1. 组合：发垫传组合技术、扣防传串联（N）、传扣拦组合技术（N）。 2. 战术："边跟进"防守。	36米移动、纵跳摸高、双俯卧撑掌、腿夹球跳、仰卧起坐、深蹲跳等。	1. 多种战术运用的实战比赛（N）。 2. 角色位置逐步固定的实战比赛（N）。	1. 小赛季：25分制比赛、连续打防吉尼斯（两人连续打防）、单手垫球精英赛（体侧垫球）（N）。 2. 规则与裁判方法：延误发球（N）、后排球员过线扣球的手势及动作方法等。 3. 观赏与评价："边跟进"防守在比赛过程中的合理有效性、阵容配备（N）及攻防技术等。	18
12年级下	角色位置逐步固定的排球实战比赛	1. 专项知识：现代排球攻防战术的原理及应用（N）。 2. 发球：正面上手发球、跳发球。 3. 垫球：接发球、单手垫球。 4. 传球：传近体快球。 5. 扣球：正面屈体扣球、近体快球、吊球。	"边跟进"防守战术。	36米移动、纵跳摸高、平板支撑、仰卧起坐、仰卧举腿（N）等。	角色位置固定的实战比赛（N）。	1. 小赛季：重炮手擂台积分赛（扣球）、连续打防吉尼斯（两人连续打防）、单手垫球精英赛（体侧垫球）、拦网（N）等。 2. 规则与裁判方法：进攻性击球（N）、排球竞赛的组织与编排（N）等。 3. 观赏与评价：排球比赛技术统计表（N）、球队攻防两端技战术特点（N）等。	18

表 3-12　1—12 年级排球专项课课时分配建议

阶　段	内容结构与课时分配					课时合计
	基本知识与技能	技战术运用	专项体能与一般体能	展示与比赛	运动项目完整体验	
1 年级上	11	1—4 年级技战术运用内容根据实际情况适当安排，不做硬性要求。	2	2	3	18
1 年级下	10		3	2	3	18
2 年级上	9		0.5	5.5	3	18
2 年级下	9		0.5	5.5	3	18
3 年级上	9.5		1	4.5	3	18
3 年级下	9.5		1	4.5	3	18
4 年级上	9.5		1	4.5	3	18
4 年级下	9		1	5	3	18
5 年级上	8.5	2.5	1	3	3	18
5 年级下	8	2.5	1	3.5	3	18
6 年级上	7.5	2.5	1	4	3	18
6 年级下	8	2	1	4	3	18
7 年级上	17	6	1	6	6	36
8 年级上	11.5	8	1.5	9	6	36
9 年级上	10.5	7	1.5	11	6	36
10 年级上	6	3	1	5	3	18
10 年级下	6.5	3	0.5	5	3	18
11 年级上	6	3	1	5	3	18
11 年级下	6.5	1	1	6.5	3	18
12 年级上	5.5	2.5	1	6	3	18
12 年级下	5	0.5	1	8.5	3	18
合　计	183	43.5	23.5	110	72	432

（七）1—12 年级乒乓球专项课课内容要点与课时分配（见表 3-13、表 3-14）

表 3-13　1—12 年级乒乓球专项课内容要点

阶段	学习主题	内容结构与要点					课时合计
		基本知识与技能	技战术运用	专项体能与一般体能	展示与比赛	运动项目完整体验	
1年级上	多种球性练习和游戏	1. 专项知识：乒乓球运动起源与发展。2. 准备姿势与移动。3. 握拍姿势。4. 熟悉球性练习。	1. 技术：正手平击发球和平挡球。2. 组合：一发一挡。3. 战术：平挡球技术并结合实战。	准备姿势与移动利用敏捷梯的各种训练步法。	教学比赛：颠球比多。	1. 乒乓小赛季：颠球排名赛。2. 规则与裁判方法：常用数据术语及知识。3. 观赏与评价：观看单打比赛。	18
1年级下	乒乓球基本活动方法与游戏	1. 专项知识：球台、球网、球拍等知识。2. 准备姿势与移动。3. 巩固握持拍练习。4. 各种熟悉球性练习。	1. 技术：正手平击发球和平挡球。2. 组合：一发一挡。3. 战术：平挡、快推技术并结合实战。	脚步移动和徒手挥拍练习，如小步跑、高抬腿、快速垫步前跑、内跨步向后跳等。	教学比赛：对空和对墙颠球。	1. 乒乓小赛季：平挡、快推排名赛。2. 规则与裁判方法：了解台面长、宽、网高。3. 观赏与评价：观看单打比赛。	18
2年级上	学会处理平击来球	1. 准备姿势与移动。2. 正手平击发球。3. 回接对方正手平击发球。4. 初步体会正手攻球。	利用平挡球技术结合步法接对方来球。	各种移动步法，提高移动速度如 30 秒快速提踵练习。	教学比赛：双人正手计数赛，小组颠球计时赛。	1. 乒乓小赛季：接发球和各种熟悉球性比赛。2. 规则与裁判方法：发球的重要性和规则。3. 观赏与评价：观看单打视频。	18

阶段	学习主题	内容结构与要点					课时合计
		基本知识与技能	技战术运用	专项体能与一般体能	展示与比赛	运动项目完整体验	
2年级下	体验攻球的乐趣	1. 准备姿势与移动。 2. 正手平击发球。 3. 回接对方正手平击发球。 4. 初步学习正手攻球。	利用平挡球技术结合步法接对方来球。	各种移动步法，提高移动速度，如30秒快速徒手持拍挥臂练习。	教学比赛：发球比准。	1. 乒乓小赛季：正手发球比赛。 2. 规则与裁判方法：发球的重要性和规则。 3. 观赏与评价：看单打比赛视频。	18
3年级上	正确处理接发球	1. 学习发（接发）球、分类及基本规则。 2. 移动步法。 3. 正手平击发球。 4. 平挡、快推。 5. 正手攻球。	正手平击发球和回接对方正手平击发球，左推右攻。	发展学生上下肢快速力量练习，如30秒快速步法移动练习。	教学比赛：多球计数赛，5分制升降级比赛。	1. 乒乓小赛季：平挡、快推排名赛。 2. 规则与裁判方法：发球和接发球规则。 3. 观赏与评价：观看接发球教学视频，了解击球技术的运用。	18
3年级下	体验反手接接球	1. 学习发球的规则。 2. 移动步法。 3. 体验反手回接对方平击发球。 4. 平挡、快推。 5. 正手攻球。	正手平击发球和反手回接对方平击发球，左推右攻。	发展学生上肢稳定性练习，提高肌肉感觉能力，精神高度集中抗干扰的能力。	教学比赛：打准比赛，5分制升降级比赛。	1. 乒乓小赛季：正手发球排名赛。 2. 规则与裁判方法：发（接）球的规则。 3. 观赏与评价：观看推挡球教学视频。	18

阶段	学习主题	内容结构与要点					课时合计
		基本知识与技能	技战术运用	专项体能与一般体能	展示与比赛	运动项目完整体验	
4年级上	速度的魅力	1. 专项知识：攻球分类。 2. 正手平击发球和回接对方正手平击发球。 3. 平挡快推。 4. 正手快攻。	1. 左推右攻。 2. 了解攻球是左推右攻和两面攻型打法的主要技术之一。	加大跑动范围摆徒速练手习，如沿球台边线，30秒内要求运动员以最快的速度完成滑步、跨步、交叉步练习。	教学比赛：左推右攻计数比赛，4人换位颠颠球比赛。	1. 乒乓小赛季：平挡、快推反正手发球排名赛。 2. 看攻球教学视频。	18
4年级下	正反手的交替运用	1. 知识：攻球分类。 2. 正手平击发球和回接对方正手平击发球。 3. 平挡快推。 4. 正手快攻。	1. 左推右攻。 2. 明确各种攻球的分类（拉攻、攻打弧圈球、台内攻和杀高球）。	步法移动和轻重发力练习，如交叉步跑、后踢腿、跨步跳等。	教学比赛：左推右攻计数比赛，11分制教学比赛。	1. 乒乓小赛季：平挡、快推反正手发球排名赛。 2. 看比赛视频能简单说出各种攻球的名称。	18
5年级上	旋转的奥秘	1. 学习搓球，知道基本旋转的道理。 2. 发下旋球、搓球回接对方下旋球。 3. 快推。 4. 正手快攻。	近台和台内搓球回击下旋球，配合正手攻球战术。	1. 上下肢协调性练习。 2. 体会重心转移。	教学比赛：发球打推比赛，5分制升降级赛。	1. 乒乓小赛季：11分升降级赛，利用搓球接对方的下旋球。 2. 看搓球教学视频，简单说出各种搓球名称。	18
5年级下	正确处理下旋球	1. 明确发和接旋转球的道理。 2. 发下旋球。 3. 回接下旋球、搓球。 4. 左推右攻、正手快攻。	1. 半台左推右攻。 2. 正手拉弧圈球。	集中注意力和提高反应速度的练习，例如用自我暗示法和音乐调节配合。	教学比赛：5分制升降级赛，11分制教学比赛。	1. 乒乓小赛季：搓球接对方发的下旋球排名赛。 2. 用自制教具展示旋转的基本原理以及如何克制旋转球。	18

内容结构与要点

阶段	学习主题	基本知识与技能	接战技术运用	专项体能与一般体能	展示与比赛	运动项目完整体验	课时合计
6年级上	不同方向旋转的奥秘	1. 专项知识：双打比赛规则，能进行简单的小比赛。 2. 发下旋球。 3. 反手攻球。 4. 拉下旋球。	1. 学习正手反手快攻异同点。 2. 学习结合步法的正反手攻球。	上下肢协调用力，快速反应练习；学会放松等恢复手段；自我暗示，放松。	教学比赛：发球，接发球比赛；正反手打准比赛。	1. 乒乓小赛季：11分擂台赛，发下旋球排名赛。 2. 看视频学习裁判手势。	18
6年级下	实战技术的应用	1. 专项知识：双打比赛规则，能担任裁球。 2. 回接任意球。 3. 正反手快攻。 4. 拉下旋球。	1. 快速判断来球方向及长短。 2. 学习快攻的应用方法。	左推台攻和移步换球，耐力素质，如固定和不定落点摆速练习与结合步法全台摆速练习。	教学比赛：左推右攻计数赛，5分制小组循环比赛，11分制教学比赛。	1. 乒乓小赛季：11分擂台赛，正手快攻排名赛。 2. 看视频了解双打比赛规则。	18
7年级上	人球合一：推挡与正手弧圈球	1. 正手发球、反手发球（N）。 2. 接发球（N）：回接对方正手发球，回接对方反手发球。 3. 加力推、减力挡（N）。 4. 弧圈球：正手拉弧圈球、拉下旋球（N）。	发球成功率比赛：只能采用正手发左侧上、下旋球；击远比赛：学生持拍打乒乓球，在正手持拍击球3分钟至3分钟组合技术的准确动作的前提下，击球远者为胜利（体会正手快攻的发力顺序）。	持拍徒手模仿练习；绕台击球专项耐力练习；1和专项组合力量练习：3分钟至3分组合技术的准确手步法练习；用持拍手进行乒乓球移近练习；移步换球。	1. 游戏：颠球接力，移步换球，绕台击球。 2. 比赛：发球，接发球比赛；专门性比赛。	1. 规则裁判法，执裁。 2. 欣赏比赛（N）。 3. 乒乓球运动小赛季。	36

内容结构与要点

阶段	学习主题	基本知识与技能	技战术运用	专项体能与一般体能	展示与比赛	运动项目完整体验	课时合计
8年级上	旋转的秘密：反手弧圈球与专门技术比赛	1. 发球、接发球（N）：正手发球，回接对方正手发球。 2. 推挡：加力推，减力挡。 3. 攻球：正手快攻。 4. 正手拉弧圈球。	一人发球、一人接发球，接发球成功者得2分，发球成功者得1分，先得到10分者为胜；两人一组，一攻一守，先得7分者为胜，然后交换角色。	各种徒手（规定练习次数或者时间）的挥拍动作练习；移动中连续练习；在球台两端线之间做3分钟各种步法移动练习。	1. 游戏：颠球接力，移步换球，绕台击球。 2. 比赛：发球、接发球比赛；专门性技术比赛（N）。	1. 规则裁判法，执裁欣赏比赛（N）。 2. 乒乓球运动小赛季。	36
9年级上	同心协力：双打比赛的配合	1. 发球、接发球：正手、反手发球；回接正手、反手发球。 2. 加力推，减力挡。 3. 正、反手快攻。 4. 反手拉弧圈球（N）、拉下旋球。	一人利用正手弧圈球防守，另外一人积极防守，7分为一局，先到一局，分为两人一组，两人一发球，一人发球，一人接球，打球成功得2分，接球成功得1分，先到10分者为胜。	持重物进行单个或组合击球动作的练习；负重交叉步移动练习；3分钟跳绳练习。	比赛：发球、接发球比赛，即一人性比赛，利用正手弧圈球另外一人积极防守，7分为一局，先到者为胜。	1. 规则裁判法，执裁欣赏比赛（N）。 2. 乒乓球运动小赛季。	36
10年级上	千钧一发：高抛发球、关键分的比赛	1. 发球、接发球：正、反手发球；回接正手、反手发球。 2. 正手快攻。 3. 正手弧圈球，拉下旋球。	战术（N）：长短结合，两人一组进行比赛，加强战术短结合使用。	持重物进行单个或组合球击球动作的练习；耐力练习。	比赛：发球、接发球比赛；适应性比赛；专门性比赛；对抗赛。	1. 规则裁判法，执裁欣赏比赛（N）。 2. 乒乓球运动小赛季1—2（N）。	18
10年级下	千钧一发：高抛发球、关键分的比赛	1. 发球和接发球：高抛发球，回接高抛发球。 2. 反手快攻。 3. 弧圈球：反手拉弧圈球（N）。	1. 双打技术（N）：站位、脚步移动（3种）。 2. 战术（N）：发起抢攻，接发球抢攻，左推右攻。	3分钟组合技术步法练习；穿砂背心或者绑砂护腿进行各种步法移动练习。	比赛：适应性和关键分；专门性比赛；对抗赛。	1. 规则裁判法，执裁欣赏比赛（N）。 2. 乒乓球运动小赛季1—2（N）。	18

内容结构与要点

阶段	学习主题	基本知识与技能	技战术运用	专项体能与一般体能	展示与比赛	运动项目完整体验	课时合计
11年级上	以战去战：比赛中战术的熟练运用	1.发球、接发球（N）。2.正手快攻。3.弧圈球：正手拉弧圈球、拉下旋球。	战术（N）：长短结合、发球抢拉。	穿砂背心或者绑砂护腿进行各种步法移动练习。	比赛：发球、接发球比赛；适应性和关键分（N）；专门性比赛；对抗赛。	1.规则裁判法、执裁欣赏、比赛（N）。2.乒乓球运动小赛季3-4。	18
11年级下	以战去战：比赛中战术的熟练运用	1.发球、接发球（N）：高抛发球和回接高抛发球。2.攻球：反手快攻。3.弧圈球：反手拉弧圈球。	1.双打技术：站位、脚步移动。2.战术（N）：发球抢攻、接球抢攻、搭接台攻、左推右攻、长短结合、发球抢拉。	徒手（规定练习次数或者时间）的挥拍动作练习。	比赛：适应性和关键分（N）；专门性比赛；对抗赛。	1.规则裁判法、执裁欣赏、比赛（N）。2.乒乓球运动小赛季3-4。	18
12年级上	知己知彼：运用自如的比赛战术	1.发球、接发球。2.攻球：正手快攻。3.弧圈球：正手弧圈球、反手弧圈球、拉下旋球。	战术：长短结合、发球抢拉。	持重物（约为0.5千克）的各种挥拍动作练习。	比赛：发球、接发球比赛；适应性和关键分；专门性比赛；对抗赛。	1.规则裁判法、执裁欣赏、比赛。2.乒乓球运动小赛季5-6。	18
12年级下	知己知彼：运用自如的比赛战术	1.发球、接发球。2.攻球：反手快攻。	1.双打技术：站位、脚步移动。2.战术：发球抢攻和接发球抢攻。	50米变速跑+50米慢跑×（2-4次）。	比赛：适应性和关键分；专门性比赛；对抗赛。	1.规则裁判法、执裁欣赏、比赛。2.乒乓球运动小赛季5-6。	18

表 3-14　1—12 年级乒乓球专项课课时分配建议

年　级	内容结构与课时分配					课时合计
	基本知识与技能	技战术运用	专项体能与一般体能	展示与比赛	运动项目完整体验	
1 年级上	7	2	2	3	4	18
1 年级下	7	2	2	3	4	18
2 年级上	7	3	2	2	4	18
2 年级下	6	3	3	2	4	18
3 年级上	5	2	3	4	4	18
3 年级下	5	2	3	3	5	18
4 年级上	9	1	1	3	4	18
4 年级下	10	1	1	3	3	18
5 年级上	8	1	2	3	4	18
5 年级下	9	1	2	2	4	18
6 年级上	9	1	2	2	4	18
6 年级下	9	1	2	2	4	18
7 年级上	14	1	4	8	9	36
8 年级上	14	1	4	6.5	10.5	36
9 年级上	18	1	4	3.5	9.5	36
10 年级上	7	1	2	3	5	18
10 年级下	4	4	2	3	5	18
11 年级上	6	2	2	3	5	18
11 年级下	4	6	2	2	4	18
12 年级上	7	2	2	2	5	18
12 年级下	2	7	2	3	4	18
合　计	167	45	49	66	105	432

（八）1—12年级网球专项课内容要点与课时分配（见表3-15、表3-16）

表3-15 1—12年级专项课课内容要点

内容结构与要点

阶段	学习主题	基本知识与技能	技战术运用	专项体能与一般体能	展示与比赛	运动项目完整体验	课时合计
1年级上	感受网球弹性、击固定球进靶框	1. 专项知识：网球动作模式、击球形式。 2. 正手击固定球（握拍、分解动作、连贯动作）。 3. 双手反手击固定球（握拍、分解动作、连贯动作）。	正反手结合击固定球。	抛球击掌及转身接反弹球（N）、双人抛接球、手掌颠球（N）。	1. 正手、反手击球进靶框。 2. 正手、反手结合击球进靶框。 3. 2—4人对颠球。	1. 小赛季：托球接力、正反手击球进靶框、2—4人颠球比多。 2. 规则与裁判方法：了解网球正确的击球形式，可以遵守学习过的网球活动规则，在网球运动中能够合理使用网球装备保护自己和同学（N）。 3. 观赏与评价：观赛参赛文明有礼。	18
1年级下	熟悉网球弹性、击固定球过网进靶框	1. 专项知识：了解网球运动装备、明确参与网球运动过程中的常规要求和注意事项（N）。 2. 正手击球：击球过网（N）、正手击球过网（N）、正手击球过网（N）。 3. 双手反手击球：反手甜点击球（N）、反手击球的人球关系（N）。 4. 单手反手击球握拍动作（N）。	正反手结合击固定球。	四方折返跑、双人抛接球（N）。	1. 正手、反手击球过网进靶框（N）。 2. 正手、反手结合击球过网进靶框（N）。 3. 2—4人对颠球。	1. 小赛季：正反手击球比多、2—4人颠球比多。 2. 规则与裁判方法：熟悉网球活动游戏的规则、体验裁判角色，在网球运动中对于网球和球拍的使用方法合理妥当（N）。 3. 观赏与评价：观赛参赛文明有礼、能够评价球性是否熟练，动作是否连贯以及在欣赏竞赛中同学出色的发挥有哪些。	18

阶段	学习主题	内容结构与要点					课时合计
		基本知识与技能	技战术运用	专项体能与一般体能	展示与比赛	运动项目完整体验	
2年级上	击反弹球进靶框，形成击球回合，享受网球乐趣	1. 专项知识：学生了解网球的起源与发展以及我国网球发展的历程（N）。 2. 正手击球：正手击反弹球（N）。 3. 双手反手击球：反手击反弹球（N）。	1. 正反手结合击反弹球（N）。 2. 正反手结合击反弹网。	双人前后循环掷地接反弹球，小组合作移动掷地接球（N）。	1. 正手、反手击反弹球进靶框（N）。 2. 正手、反手击反弹球进靶框（N）。 3. 2~4人对颠球比多。 4. 单人/双人反弹网击球比多。	1. 小赛季：正反手击反弹球进靶框，反弹网回合比多。 2. 规则与裁判方法：明确界内球与界外球以及压线球属于界内等，了解一场网球比赛中有哪些裁判员（N）。 3. 观赏与评价：观赏参赛文明有礼，在欣赏观赛竞赛中能够评价哪些小组配合最佳默契，个人项目中技术能力较强。	18
2年级下	击反弹网过网进靶框，形成击球回合意识	1. 专项知识：学生了解网球基本的重大赛事，提升网球文化底蕴，并知道参与网球运动过程中的常规要求和注意事项（N）。 2. 正手击球：正手击反弹球过网。 3. 双手反手击球：双手反手击反弹球过网。 4. 单手反手击球：单手反手击反弹球过网。	正反手结合反弹网配合练习。	一拍一颠组合击球性练习（N），小组合作移动掷地接球（N）。	1. 正手、反手击反弹球过网进靶框（N）。 2. 正手、反手结合击反弹球过网进靶框（N）。 3. 反弹网攻擂赛（N）。	1. 小赛季：正反手击反弹球过网进靶框，对拉球比多。 2. 规则与裁判方法：学习网球赛事分为单打和双打以及挑选球权和场地的规则，讲解比赛信任制规则（N）。 3. 观赏与评价：观赏参赛文明有礼，在欣赏观赛竞赛中能够评价哪些小组配合最佳默契，个人项目中技术能力较强，为精彩的击球动作给予评价与鼓励。	18

续　表

阶段	学习主题	内容结构与要点					课时合计
		基本知识与技能	技战术运用	专项体能与一般体能	展示与比赛	运动项目完整体验	
3年级上	运用下手发球，小范围移动击球，尝试比赛	1. 专项知识：了解观看网球比赛时需要注意的礼仪知识，以及知道不同类型的场地有哪些特点（N）。 2. 小范围移动正手击球（N）。 3. 小范围移动反手击球（N）。 4. 网球下手发球（大陆式握拍、东方式握拍）（N）。	小范围移动正反手结合击球、小范围移动对拉球（N）。	敏捷梯＋击球（N）、双人前后向前移动接反弹球。	1. 小范围移动正、反手击球反弹球过网进靶框（N）。 2. 下手发球进比准。 3. 2～4人反弹网挑战赛。	1. 小赛季：自设定小场地，短网对拉球比多，单打抢"7"等形式进行比赛（N）、体能挑战赛（结合步法与球性）。 2. 规则与裁判方法：网球基本礼仪、单打发球方式以及顺序等，理解竞赛中的信任制，一场网球比赛中裁判员有哪些（主裁、司线等）以及鹰眼的运用（N）。 3. 观赏与评价：在小赛季中对于精彩击球可以有所评价，对于界内、界外球等简单用语可用"in/out"等叙述，对于竞赛中比分不看遵循信任制原则（N）。	18
3年级下	提升移动击球能力，让比赛更加精彩	1. 专项知识：了解参与网球比赛时需要注意的礼仪知识，以及知道在突发情况中出现紧急情况的处理方法（N）。 2. 中等范围移动正手固定击球（N）。 3. 中等范围移动反手固定击球（N）。	小场地对拉球。	敏捷梯、灵敏栏＋击球；交叉步＋击球。	1. 小范围移动正、反手反弹击球过网进靶框（N）。 2. 中等范围移动正手、反手击球反弹球过网进靶框（N）。 3. 小组步法＋反弹击球挑战赛（N）。	1. 小赛季：自设定小场地短网进行单打比赛、抢"7"形式进行比赛（N）、移动击球比准。 2. 规则与裁判方法：明确网球竞赛的记分方法，充当网球竞赛活动中的裁判员等。 3. 欣赏与评价：欣赏重大网球赛事中那些优秀的、值得自己学习的行为。	18

阶段	学习主题	内容结构与要点					课时合计
		基本知识与技能	技战术运用	专项体能与一般体能	展示与比赛	运动项目完整体验	
4年级上	挑战正反手击球方向的准确性	1.专项知识：学习网球运动的锻炼价值。2.截击：正手截击、反手截击。	1.战术：移动正手打直线、移动正手打斜线。2.组合：小场地对拉球。	8字移动、米字移动、前进后退。	反弹网击球比多、四人对拉球比多、移动正反手直线斜线击球比准、手掌正手反手截击海绵球比准、不确定方向来球截击比准、小场地对拉对拉球比多。	1.小赛季："谁与争锋"网球技能挑战赛、"挑战者杯"网球赛。2.规则与裁判方法：给一局比赛做记录。3.观赏与评价：观看"挑战者杯"网球赛，评价哪些同学的底线正反手技术扎实且回球线路得分率较高。	18
4年级下	用截击、正反手削球、正反手击打直线或斜线战胜对手	1.截击：正手截击、反手截击。2.专项知识：网球常用英语。3.削球：正手削球、反手削球。	1.组合：正反手结合截击。2.战术：发球随球上网、发球底线网前结合接球。	绳梯移动结合击球、小栏架移动结合击球、统一中心点移动结合击球。	1.正反手结合截击、正反手削球展示。2.1分制网球积分赛、反手截击比准、正反手组合截击比赛、反弹网正反手削球比多。	1.小赛季：个人反弹网大赛、"谁与争锋"技能挑战赛、"穿越网线"年级网球赛。2.规则与裁判方法：独立制裁一场比赛。3.观赏与评价：观看个人反弹网球大赛、"谁与争锋"技能挑战赛、年级网球赛、"穿越网线"年级网球赛，评价哪位同学的截击球效果最好，总结任怎样的比赛条件下上网截击分率最高。	18

阶段	学习主题	内容结构与要点					课时合计
		基本知识与技能	技战术运用	专项体能与一般体能	展示与比赛	运动项目完整体验	
5年级上	挑战"不同位置"的反弹球	1. 专项知识：学习网球名人堂。2. 反手击球：移动反手回击高球。	1. 组合：前后移动正手击球，左右移动正手回击高球，前后移动反手击球，左右移动反手击球。2. 战术：不同情况下移动正手击球、不同情况的移动反手击球。	滑步移动击球、交叉步移动击球，绕中心8字移动击球。	1. 底线、中场、网前组合正手击球展示。2. 1分制网球积分赛，前后移动正反手击球反手击球比准、捡球比赛，发球机正手回高球比准、反手回球比准。	1. 小赛季：双人反弹网大赛、"挑战者杯"网球赛。2. 规则与裁判方法：学习网球战表制作。3. 观赏与评价：观看"挑战者杯"网球赛，评价决赛阶段哪位同学击球得分率最高，中场，推选出最佳搭档奖，最佳表现奖、裁判之星奖获得者。	18
5年级下	努力争做"大炮"发球手，用发球来赢得比分	1. 专项知识：网球打法战术、网球安全知识。2. 发球：上手发球。	1. 组合：网球小范围移动正反手结合击球，底线、中场结合正反手结合击球；移动处理不同高度的正反手击球，移动正反手接发球。2. 战术：移动正反手打直线，移动正反手打斜线。	网球底线、网前、中场，网前移动步法；往返跳跃跑接力障碍物：折线往返跑。	1. 上手发球展示。2. 移动正反手斜线跑击球比准、托球折线跑接力比多，拍框颠球比多，双人手拉手同时颠球比多、上手发球动作抛球比准、中线上手发球比赛、发球大赛。	1. 小赛季："谁与争锋"网球技能挑战赛、"中国龙"年级网球团体赛。2. 规则与裁判方法：设计年级网球联赛。3. 观赏与评价：观看"中国龙"年级网球团体赛中比赛选手的发球情况，评价哪位同学发球最具威胁性，推选出同学中比赛选手的发球动作最标准，推选出最佳发球奖获得者。	18

阶段	学习主题	内容结构与要点					课时合计
		基本知识与技能	技战术运用	专项体能与一般体能	展示与比赛	运动项目完整体验	
6年级上	体验底线、中场、网前的技战术，用智慧击打网球	1.专项知识：打法战术。2.复习截击：正手截击，反手截击。	1.组合：正反手结合击球。2.战术：正手直线、斜线结合击球，斜线结合击球，移动正手斜线击球，反手直线击球。	小跳步接移动击球、全场移动。	1.正反手结合击球，网球正反手截击展示。2.正手直线和斜线击球同时比准，双人手拉手同时颠球比多，小场地对拉球比多，正反手截击比准，正反手组合截击比准，截击接力赛。	1.小赛季："推与争锋"网球技能挑战赛，双人反弹网大赛，个人反弹网大赛，"挑战者杯"网球赛。2.规则与裁判方法：双打比赛规则。3.观赏与评价：观看个人反弹网大赛，双人反弹网大赛，评价哪位同学的截击技术最好，推选出最佳表现奖。	18
6年级下	在比赛中发挥技战术水平，争做网球场上的强者	发球：复习上手发球。	1.组合：底线、中场正反手结合击球；正反手截击；底线与网前结合击球，底线、中场、网前组合截击。2.战术：网球上网发球与网球随球上网结合击球；上手发球与底线结合击球；中线、网前正反手结合截击。	底线移动；底线、中场移动；中场、底线、网前组合移动；全场移动。	1.上手发球进固定区展示。2.截击接力赛；网前组合击球比赛；小场地对拉球比多，快速抓球比多；1分制攻擂赛；上手发球结合底线正手击球结合比准。	1.小赛季："推与争锋"技能挑战赛，"中国龙""穿越网线"年级网球赛，年级网球团体赛。2.规则与裁判方法：独立制裁一场比赛。3.观赏与评价：观看网球比赛，评价哪位同学发球最具威胁，推选最佳发球奖获得者。	18
7年级上	感受网球的文化和活力，巩固网球基本技术	1.专项知识：网球的起源与发展（N）。球性和移动。2.正手：原地正手，移动正手。3.反手：原地反手，移动反手。4.截击：正手截击，反手截击。5.发球：上手发球（N）。6.接发球。	稳定正反手技术背后的脚下移动和控球（N）。	基本步法——单向移动（标志桶折返跑）。	反弹网比准、击球比拼。	1.小赛季：技能挑战，简化规则的小场地挑战赛。2.规则与裁判方法：认识场地，发球站位和顺序以及基本计分。3.观赏与评价：观赏单打比赛，常用技术的运用；教学比赛后的评价。	36

内容结构与要点

阶段	学习主题	基本知识与技能	技战术运用	专项体能与一般体能	展示与比赛	运动项目完整体验	课时合计
8年级上	对网球常用技术细化、学习新技术和战术	1. 正手: 直线和斜线（N）、侧身攻（N）、中场高位和低位球（N）。 2. 反手: 直线和斜线（N）、上旋球。 3. 截击: 正手截击、反手截击。 4. 发球: 上手发球。	1. 单打底线对攻战术: 打深和变线、赢取制胜分。 2. 单打发球战术（N）。 3. 单打接发球战术（N）。 4. 网前战术（N）。	基本步法的多方向移动（扇形跑）。	攻擂比赛。	1. 小赛季: 单打比赛; 期末赛种和技能挑战赛。 2. 规则与裁判方法: 抢7的计分、淘汰赛组编排、单打规则。 3. 观赏与评价: 四大满贯（N）; 单打比赛技术运用; 教学比赛后的评价。	36
9年级上	网球技术的熟练掌握, 带来了更多的打单、双打, 双打技术在比赛中的灵活应用	1. 专项技术的熟练掌握: 正反手技术要领。 2. 正反手击球: 单反击球（N）。 3. 截击: 网前和底线截击。 4. 发球: 平击球、上旋球（N）、侧旋球（N）。 5. 高压球和移动高压球（N）。	1. 单打接发球战术（N）。 2. 单打网前战术: 上网—截击—高压（N）。 3. 双打战术—前后站位（N）。 4. 双打战术—双网前站位（N）。 5. 双打战术—双底线站位（N）。	全场移动各种折线跑。	攻擂比赛、技战术应用比赛。	1. 小赛季: 双打比赛, 大赛季、团体赛（N）。 2. 规则与裁判方法: 双打规则、组织编排（N）、团体赛规则（N）。 3. 观赏与评价: 双打比赛; 团体赛比赛技术运用; 赛后总结。	36
10年级上	网球基本技术的打磨与特殊规则在比赛中的应用	1. 专项知识: 网球项目的起源与发展（N）。 2. 球性与移动: 双人抛接球练习（N）、双人持拍的球性练习（N）、结合球的移动练习（N）。 3. 正手击球: 原地正手击球。 4. 反手击球: 原地反手击球。	1. 组合: 小范围移动正、反手击球。 2. 战术: 小斜线击球战术、高深球击球战术（N）、底线击球战术（N）。	30秒摸线、30秒"秒、蜘蛛爬"、计时"米"字形跑。	进靶框比多、反弹网计时赛、击球比准、双人隔网对拉球比赛。	1. 小赛季: 团体比赛、技能挑战赛。 2. 规则与裁判方法: 淘汰赛、循环赛、7分制、正反手击球入靶筐排名赛、正反手颠网技术赛、截击球击准分赛、双人反弹网错台赛、连续对拉尼斯等。 3. 观赏与评价: 最佳表现奖、最佳技能奖、裁判之星奖、创意设计奖、最佳技能奖等。	18

阶段	学习主题	内容结构与要点					课时合计
		基本知识与技能	技战术运用	专项体能与一般体能	展示与比赛	运动项目完整体验	
10年级下	运用所学技术和规则完成一场单打比赛	1. 专项知识：从优秀网球运动员励志故事延伸到体育精神。 2. 球性与移动：单人持拍的球性练习、双人持拍的球性练习，结合球的移动练习、结合敏捷梯和场地线的移动练习。 3. 发球：上手发球。	1. 组合：中距离移动正反手击球。 2. 战术：接发球战术、发球结合高深球战术、发球结合小斜线击球战术。	敏捷梯步法组合、"米"字形跑。	移动正手击球积分赛、双人小场地正手对拉、移动反手击球积分赛、近距离发球比准、底线发球积分赛。	1. 小赛季：团队比赛、单打比赛。 2. 规则与裁判方法：淘汰赛、循环赛、双循环赛、7分制。 3. 观赏与评价：最佳表现奖、最具创意设计奖、裁判之星奖、融合奖等。	18
11年级上	提升技战术技能，在团队赛中稳定发球	1. 专项知识：网球运动对青少年身心健康的影响（N）。 2. 球性与移动：步法组合。 3. 发球：上手发上旋球（N）。 4. 截击：正手截击、反手截击。	1. 组合：底线移动正反手击球。 2. 战术：单打发球上网战术、发球上网战术。	30秒计时"蜘蛛跑"、计时"米"字形跑。	辩论赛、双人小场地对拉球、双人小场发球积分赛、两人一组隔网对攻、截击为靶框比多、短式网球赛。	1. 小赛季：团队比赛、技能挑战赛。 2. 规则与裁判方法：正反手击球排名赛、正反手颠球技术赛、靶筐击球准积分赛、双人反弹网擂台赛、连续对拉吉尼斯等。 3. 观赏与评价：最佳表现奖、最具创意设计奖、裁判之星奖、最佳技能奖。	18
11年级下	与同伴有效沟通，完成一场双打比赛	1. 专项知识：技战术分析。 2. 球性与移动。 3. 发球：上手发平击球、上手发侧旋球。 4. 挑高球、高压球（N）。 5. 接发球：接平击发球（N）、接侧旋发球（N）。	1. 组合：移动正反手击球、正反手截击。 2. 战术：双打底线战术、双打前后场战术。	底线横向、纵向移动击球能力。	抢答赛、双人小场地对拉球比赛、移动正手击球积分赛、底线发球积分赛、对墙截击挑战赛、双人小组截击循环赛。	1. 小赛季：团队比赛、双打比赛。 2. 规则与裁判方法：专业术语、计分表的使用。 3. 观赏与评价：最佳表现奖、最具创意设计奖、裁判之星奖、融合奖等。	18

阶段	学习主题	内容结构与要点					课时合计
		基本知识与技能	技战术运用	专项体能与一般体能	展示与比赛	运动项目完整体验	
12年级上	网球基本技术组合与实战运用	1. 专项知识：技战术分析。 2. 正手击球：中场高位正手击球（N）。 3. 反手击球：单反击球。 4. 发球：上手发侧旋球。	1. 组合：移动正反手底线击球、底线正手击球、接中场高位正手击球、接网前正手截击等。 2. 战术：单打底线相持战术、单打发球与接发球战术等。	底线—中场—底线—网前—底线向前、倒退折返跑。	反弹网比赛、小场地对拉球比多、中场反手下旋击球比准、中场高位球正手击球接力赛、截击结合中场低位正手击球的对球比多、设定区域对拉球。	1. 小赛季：团队比赛、技能挑战赛。 2. 规则与裁判方法：单打发球及站位轮换规则、裁判员计分表使用方法。 3. 观赏与评价：最佳表现奖、最具创意设计奖、裁判之星奖、最佳技能奖等。	18
12年级下	运用技战术优势，完成并取得双打比赛胜利	1. 专项知识：技战术分析。 2. 正手击球：中场高位正手击球。 3. 反手击球：单反击球。 4. 发球：上手发侧旋球。	1. 组合：发球直线斜线接发球截击、发球后双底线放小球等。 2. 战术：双打双底线战术、双上网战术、一前一后战术等。	全场移动各种折线跑。	反弹网比赛、小场地对拉球比多、中场反手下旋击球比准、中场高位球正手击球接力赛、截击结合中场低位正手击球的对球比多、设定区域对拉球、发球大赛、限时赛。	1. 小赛季：团队比赛、双打比赛。 2. 规则与裁判方法：双打发球及站位轮换规则、裁判员计分表使用方法。 3. 观赏与评价：最佳表现奖、最具创意设计奖、裁判之星奖、最佳技能奖等。	18

表 3-16　1—12 年级网球专项课课时分配建议

阶　段	内容结构与课时分配					课时合计
	基本知识与技能	技战术运用	专项体能与一般体能	展示与比赛	运动项目完整体验	
1 年级上	4	1	3	7	3	18
1 年级下	5	1	2	7	3	18
2 年级上	4	2	2	7	3	18
2 年级下	4	1	2	8	3	18
3 年级上	4	2	2	7	3	18
3 年级下	3	2	2	8	3	18
4 年级上	3	4	1	4	6	18
4 年级下	4	2	1	4	7	18
5 年级上	2	5	1	4	6	18
5 年级下	3	4	1	4	6	18
6 年级上	2	4	1	4	7	18
6 年级下	1	5	1	3	8	18
7 年级上	16	4	4	6	6	36
8 年级上	16	8	4	2	6	36
9 年级上	16	6	4	4	6	36
10 年级上	8	3	1	3	3	18
10 年级下	7	4	1	3	3	18
11 年级上	6	4	2	3	3	18
11 年级下	5	5	1	4	3	18
12 年级上	4	6	2	3	3	18
12 年级下	4	6	1	4	3	18
合　计	121	79	39	99	94	432

（九）1—12年级武术专项课内容要点与课时分配表（见表3-17、表3-18）

表3-17 1—12年级武术专项课内容要点

阶段	学习主题	内容结构与要点					课时合计
		基本知识与技能	技战术运用	专项体能与一般体能	展示与比赛	运动项目完整体验	
1年级上	功夫少年初入门	1. 专项知识：武术起源、武术礼仪（N）。 2. 基本手型：拳、掌、勾、冲拳、推掌、劈拳；双摆掌（N）。 3. 基本步型：弓步、马步、仆步、虚步、歇步（N）。 4. 基本腿法：直摆性腿法、屈伸性腿法；击响直摆性腿法（N）。	1—6年级技战术运用内容根据实际情况适当安排，不做硬性要求。	1. 专项：仆步压腿、左右抡臂（N）。 2. 一般：大跨跳练习、交叉步练习（N）。	年级武林大会展示赛（N）。	武术文化节：功夫宝宝图画展、武术知识大奖赛。	18
1年级下	功夫少年练基本	1. 专项知识：武术精气神（N）的动作要领。 2. 基本腿法：里合腿、外摆腿。 3. 基本动作：提膝接仆步变弓步、仆步穿掌、仆步抡拍。 4. 基本步型：左右虚步挑掌、左右歇步冲拳。 5. 组合动作：弓步冲拳＋弹腿冲拳＋马步冲拳、弓步推掌＋蹬腿推掌＋弓步架掌、推掌。		1. 专项：柔韧性练习、灵敏性练习（N）。 2. 一般：协调性练习、一般力量练习（N）。	年级武林大会展示赛（N）。	武术文化节："习武者"绘画比赛、"最美奖牌"设计赛。	18
2年级上	象形拳（鹿形拳、螳螂拳、鹰爪拳）	1. 知识：武术礼仪与象形拳组合名称。 2. 技能：武术象形拳基本手型、步型（拳、掌、空心拳、螳螂手、鹿角手型、鹰爪、弓步、马步、钉子步等）；组合动作（崩拳、截拳、云手等）。		1. 专项体能：组合练习、整套动作练习。 2. 一般体能：提膝练习、蛙跳平衡性练习、平衡性练习等素质练习。	教学展示：鹿形拳、空心拳、螳螂拳、鹰爪拳整套动作展示。	1. 手型手法、步型步法、组合动作展演与武术嘉年华。 2. 规则与裁判方法：动作运行机速正确、不记错、不添动作。 3. 观赏与评价：整套动作衔接连贯，发力点准确、精神面貌突出。	18

阶段	学习主题	内容结构与要点					课时合计
		基本知识与技能	技战术运用	专项体能与一般体能	展示与比赛	运动项目完整体验	
2年级下	象形拳（虎拳、猴拳、蛇拳）	1. 知识：武术礼仪与象形拳组合名称。2. 技能：武术象形拳基本手型（拳、掌、空心拳、虎爪、钉子步等）；步型（弓步、马步、歇步、虚步等）；组合动作（单拍脚、回身抡臂拍地等）。		1. 专项体能：组合练习、整套练习。2. 一般体能：提膝平衡练习、坐位体前屈练习、腹背肌练习等素质练习。	教学展示：虎拳、蛇拳、猴拳、整套动作展示。	1. 手型手法、步型步法、组合动作展演与武术嘉年华。2. 规则与裁判方法：作运行轨迹正确，不记错，不忘动作。3. 观赏与评价：整套动作衔接连贯，发力点准确，精神面貌突出。	18
3年级上	功夫少年学组合	1. 专项知识：了解武术组合的节奏，观看武术组合视频（N）。2. 基本步型转换练习：弓步、仆步、虚步、歇步（N）。3. 武术组合：马步双劈拳＋弓步冲拳、弓步双推掌＋转身弓步勾手、马步冲拳＋推掌，虚步双摆掌＋马步翻身跳压掌，蹬腿弓步架拳＋弓步撩掌，蹬腿推掌＋弓步架、仆步双摆掌＋弓步推掌（N）。4. 翻转性组合：翻腰拍地、抡臂砸拳（N）。5. 基本腿法：侧踹腿（N）。	1—6年级技战术运用内容根据实际情况适当安排，不做硬性要求。	1. 专项：蹬腿下蹲，左右竖叉；发展柔韧性、大腿爆发力。2. 一般：平板支撑、腹背肌练习，蛙跳、发展一般力量练习。	年级武林大会展示赛（N）。	武术文化节：武术项目猜猜猜，武术服饰设计。	18
3年级下	功夫少年学套路	1. 专项知识：了解拳术——长拳，长拳技法理论学习（四击、八法、十二形）（N）。2. 复习基本动作：拳法（冲拳、劈拳）；掌法（推掌、砍掌、双摆掌、撩掌）（N）；步型（弓步、马步、仆步、虚步）（N）。3. 初级一路拳整套学习（组合、分段、整套）（N）。		1. 专项：柔韧性练习、灵敏性练习、爆发力练习。2. 一般：十字跳、腹背肌练习、协调性练习、一般力量练习。	年级武林大会展示赛（N）。	武术文化节：十八般兵器、武术竞赛服。	18

阶段	学习主题	内容结构与要点					课时合计
		基本知识与技能	技战术运用	专项体能与一般体能	展示与比赛	运动项目完整体验	
4年级上	初级二路长拳	1.知识：武术礼仪与初级二路长拳组合名称。2.技能：武术基本手型和步型、初级二路长拳组合基本手型、步型及腿法：拳、掌、勾手、弓步、马步、仆步、歇步、虚步、弹腿、蹬腿、正踢腿等。	1—6年级技战术运用内容根据实际情况适当安排，不做硬性要求。	1.专项体能：组合练习、整套练习。2.一般体能：提膝平衡性练习、步型踢腿力量性练习、技术性练习等素质练习。	1.教学展示：初级二路长拳整套动作展示。2.要求：整套动作运行机迹正确，不记错，不忘动作。3.观赏与评价：整套动作衔接连贯，发力点准确，精神面貌突出。	1.运动项目：武术文化节、运送物资趣味游戏。2.调动学生积极性，同时培养学生正确对待输赢的意识。	18
4年级下	初级二路长拳	1.知识：武术礼仪与初级二路长拳组合名称。2.技能：武术基本手型、初级二路长拳组合基本手型、步型及腿法：拳、掌、勾手、弓步、马步、仆步、歇步、虚步、弹腿、蹬腿、正踢腿、单拍脚等。		1.专项体能：组合练习、整套练习。2.一般体能：提膝平衡性练习、步型踢腿力量性练习、技术性练习等素质练习。	1.教学展示：初级二路长拳整套动作展示。2.要求：整套动作运行机迹正确，不记错，不忘动作。3.观赏与评价：整套动作衔接连贯，发力点准确，精神面貌突出。	1.运动项目：武术嘉年华、武术自编操。2.通过学习初级二路长拳整套的动作方法，展开联想，发挥想象，自主创编一套动作。	18

阶段	学习主题	内容结构与要点					课时合计
		基本知识与技能	技战术运用	专项体能与一般体能	展示与比赛	运动项目完整体验	
5年级上	太极推手	1.知识：太极推手礼仪与太极推手定步规则。2.技能：学习太极推手基本功法（桩功），如升降桩、开合桩、马步桩、虚步桩等。	1—6年级技战术运用内容根据实际情况适当安排，不做硬性要求。	1.专项体能：站桩练习。2.一般体能：力量练习、协调性练习。	定步推手男生组、定步推手女生组、定步推手混合组。	1.定步推手比赛。2.规则与裁判方法：技法正确，运用得当。3.观赏与评价：劲力顺达，攻守兼备。	18
5年级下	太极推手	1.知识：太极推手活步规则。2.技能：掌握太极推手基本功法（手法），如掤、捋、挤、按。		1.专项体能：站桩练习、柔韧练习。2.一般体能：力量练习、协调性练习。	活步推手男生组、活步推手女生组、活步推手混合组。	1.活步推手比赛。2.规则与裁判方法：技法正确，运用得当。3.观赏与评价：劲力顺达，攻守兼备。	18
6年级上	花棍基本技法	1.知识：棍的称谓，棍术套路规则，裁判，安全知识等。2.技能：花棍运动的基本技法（棍法、刀法、剑法、枪法等基本的用法）。		1.专项体能：花棍的各种器械方法练习、整套动作练习。2.一般体能：蛙跳练习、腹背肌练习、俯卧撑练习。	教学展示：棍法、刀法、剑法及花棍整套动作展示。	1.花棍组合动作展演与武术嘉年华。2.规则与裁判方法：整套动作运行轨迹正确，不记错，不忘动作。3.观赏与评价：整套动作衔接连贯，发力点准确，精神面貌突出。	18
6年级下	攻防对练：花棍	1.知识：武术的递接器械礼。2.技能：择棍、架棍、载棍、格挡、搭棍、盖把、挑棍、抢（扫）棍等技法。		1.专项体能：花棍的各种攻防方法组合练习。2.一般体能：蛙跳练习、腹背肌练习、俯卧撑练习。	有条件限制的花棍攻防对练展示。	1.花棍技击对练展示小赛季。2.规则与裁判方式：正确的击打攻防方式。3.观赏与评价：攻防含义准确，速度力量明显。	18

续 表

内容结构与要点

阶段	学习主题	基本知识与技能	技战术运用	专项体能与一般体能	展示与比赛	运动项目完整体验	课时合计
7年级	健身长拳与健身南拳	1.专项知识：武术的起源及健身长拳、南拳的相关知识（N）。2.基本动作：手型、步型（N）。3.基本技法：手法、步法、腿法（N）。4.套路：健身长拳（N）、健身南拳（N）。	1.组合：动作组合串联练习（N）。2.演练：单个动作演练、健身长拳与健身南拳套路展示（N）。	1.专项体能：全套演练（N）等。2.一般体能：半蹲跳、200米计时跑、仰卧起坐等。	教学展示：健身南拳小组展示、个人展示。	1.嘉年华/技能挑战/小赛季：健身长拳汇报赛。2.规则与裁判方法：比赛组织与赛程编排。3.观赏与评价：长拳、南拳套路比赛欣赏，文明观赛，赛后总结。	36
8年级	健身棍与刀术	1.专项知识：健身棍与刀术技术特点（N）。2.基本动作：基本棍法、刀法（N）。3.健身棍与刀术（N）。	1.组合：动作组合串联练习（N）。2.演练：单个动作演练、健身棍套路展示（N）。	1.专项体能：全套演练（N）。2.一般体能：蛙跳、15米折返跑、仰卧起坐等。	教学展示：健身棍小组展示、个人展示。	1.嘉年华：健身棍汇报赛。2.规则与裁判方法。3.观赏与评价：健身棍套路比赛欣赏，文明观赛，裁判公平执裁，赛后总结。	36
9年级	刀术	1.专项知识：武术运动概述、刀术礼仪（N）。2.刀的基本动作：抱刀礼、持刀、握刀、劈刀、缠头裹脑、扎刀（N）。3.初级刀第一段：刀术动作1—8式（N）。4.刀的基本动作：带刀、斩刀、撩刀、挂刀、按刀（N）。	组合动作演练、单段动作演练、整套动作演练（N）。	1.专项体能：行进间穿杆比赛、两人摸肩对抗赛（N）。2.一般体能：花样滚翻、爬行比赛（N）。	教学比赛：刀术分组展示比赛、刀术个人展示赛。	1.小赛季：刀术汇报比赛。2.规则与裁判方法：刀术竞赛观赏、公平裁判。3.观赏与评价：刀术竞赛观赏、公平裁判。	36

续表

阶段	学习主题	内容结构与要点					课时合计
		基本知识与技能	技战术运用	专项体能与一般体能	展示与比赛	运动项目完整体验	
7年级（中国跤）	中国跤基本功和基本摔法	1. 理论知识：中国式摔跤的起源、发展及现状。 2. 专项知识：中国式摔跤场地、跤衣和倒地法、把位、抢手与蹩功。 3. 把位、抢手与蹩手。 4. 单一跤绊的基本功和摔法的运用（N）。	1. 组合：连环跤绊、攻防跤绊。 2. 战术：进攻与防守。	基本功间歇体能练习。	教学比赛：抢手比赛、展示赛、限制性实战赛。	1. 善扑勇士赛：比赛组织与筹备组。 2. 规则与裁判方法：赛事编排、裁判、仲裁。 3. 观赏与评价：表演赛和实战赛。	36
8年级（中国跤）	中国跤单一摔法的进攻与防守	1. 理论知识：中国跤发展及现状。 2. 专项知识：倒地法、跤架及基本腿功。 3. 绊、崴、手别、切等摔法的运用（N）。	1. 连环跤绊与攻防跤绊（N）。 2. 攻防转换战术的运用。	基本功间歇体能练习、车轮战抢手、车轮战配合练习。	教学比赛：分钟实战、展示赛等。	1. 善扑勇士赛：比赛组织和筹备组。 2. 规则与裁判方法：和实战赛。 3. 观赏与评价：授予"斗勇""守拙"巧"等荣誉称号。	36
9年级（中国跤）	中国跤技战术	1. 专项知识：中国式摔跤场地、跤衣和倒地法、跤架与基本腿功。 2. 把位、抢手与蹩手。 3. 单一跤绊的摔法组合运用、主动进攻与防守反击战术（N）。	1. 揣绊。 2. 穿裆绊。	攻防练习与体能。	表演赛。	跤王争霸赛： (1) 开幕式、入场式。 (2) 淘汰赛。 (3) 基本功比赛。 (4) 抢手比赛。 (5) 实战比赛。	36

阶段	学习主题	内容结构与要点					课时合计
		基本知识与技能	技战术运用	专项体能与一般体能	展示与比赛	运动项目完整体验	
10年级上	形神拳	1.专项知识：了解武术运动的起源、文化、特点、价值及竞赛规则（N）。2.形神拳技能学习：1—13动作（N）。3.基本功：步型、手型。4.组合动作：仆步穿掌（N）。5.跳跃类技能：腾空飞脚（N）。	1.组合：组合动作强化练习（N）。2.战术：分组练习相互指导。	1.专项体能：仆步抡拍、仆步穿掌、弓马步静蹲练习。2.一般体能：立卧撑、跳跃类练习。	形神拳展示赛。	1.技能挑战：个人赛与团体赛。2.10次小步抡拍比赛用时少为胜。3.规则与裁判方法。4.观赏与评价：动作精气神的体现，动作节奏劲力的体现。	18
10年级下	棍术基本技法与组合动作	1.棍法。2.棍术动作组合。3.赛事介绍及知识竞赛。4.棍术基础理论知识。5.规则与裁判方法。	棍术基本棍法的实战运用。	1.专项体能：棍法练习。2.一般体能：速度、力量、耐力、协调、灵敏、柔韧等练习。	1.棍术组合展示与竞赛。2.观赏与评价。	棍术专项赛事擂台赛。	18
11年级上	棍术组合动作与套路	1.棍术基本动作及器械方法。2.初级棍术第一、二段。3.棍术运动风格特点。4.棍术技击含义及锻炼价值。	棍术基本棍法的实战运用。	1.专项体能：棍法练习。2.一般体能：柔韧性、协调性、灵敏性、爆发力、力量、平衡等练习。	1.初级棍术第一、二段展示与竞赛。2.观赏与评价。	棍术套路赛事：武林大会第一季。	18

续表

内容结构与要点

阶段	学习主题	基本知识与技能	技战术运用	专项体能与一般体能	展示与比赛	运动项目完整体验	课时合计
11年级下	棍术套路成套演练	1.棍术基本动作。2.初级棍术第三、四段。3.棍术竞赛规则与裁判法。4.棍术对练在生活中的应用。	棍术基本棍法的实战运用。	1.专项体能：棍法练习。2.一般体能：上、下肢力量及协调性、灵敏性、柔韧性等练习。	1.棍术套路：初级棍术第三、四段套路动作。2.观赏与评价。	棍术套路赛事：武林大会第二季。	18
12年级上	1.太极拳八法五步 2.八段锦	1.专项知识：了解八段锦、太极拳的文化特点、价值及竞赛规则（N）。2.八段锦技能学习：全套动作（N）。3.太极拳八法五步技能学习：全套动作（N）。4.基本功：站桩（N）。5.呼吸练习：导气引体、起吸落呼、开吸合呼（N）。	1.八段锦：用力的练习、不用力的练习（N）。2.太极拳八法五步：推手练习（N）。	1.专项体能：站桩、推手。2.一般体能：上下肢力量练习。	教学比赛：八段锦、太极拳八法五步完整动作比赛——团体赛。	1.技能挑战：八段锦完整动作比赛，太极拳八法五步完整动作比赛——团体赛。2.规则与裁判方法：套路竞赛规则介绍。3.观赏与评价：动作精气神的体现，动作节奏劲力的体现。	18
12年级下	1.太极拳八法五步 2.八段锦	1.专项知识：了解八段锦、太极拳的文化特点、价值及竞赛规则（N）。2.八段锦技能学习：全套动作（N）。3.太极拳八法五步技能学习：全套动作（N）。4.基本功：站桩（N）。5.呼吸练习：导气引体、起吸落呼、开吸合呼（N）。	1.八段锦：用力的练习、不用力的练习（N）。2.太极拳八法五步：推手练习（N）。	1.专项体能：站桩、推手。2.一般体能：上下肢力量练习。	教学比赛：八段锦、太极拳八法五步完整动作比赛——团体赛。	1.技能挑战：八段锦完整动作比赛，太极拳八法五步完整动作比赛——团体赛。2.规则与裁判方法：套路竞赛规则介绍。3.观赏与评价：动作精气神的体现，动作节奏劲力的体现。	18

阶段	学习主题	内容结构与要点					课时合计
		基本知识与技能	技战术运用	专项体能与一般体能	展示与比赛	运动项目完整体验	
10年级上（散打）	武术散打基本技术与综合运用	1. 专项知识：散打运动起源与发展（N）。 2. 准备姿势与移动：散打格斗式、滑步、垫步（N）。 3. 拳法：冲拳、摆拳、抄拳、鞭拳（N）。 4. 腿法：正蹬腿（N）。 5. 摔法：抱腿前顶摔、切肩别腿摔（N）。	1. 条件实战：拳法条件实战（N）、拳摔条件实战（N）。 2. 战术：拳法防守反击战术、摔法战术（N）。	专项体能：一分钟高强度打靶（N）。	教学比赛：有条件限制的实战比赛、最强核心挑战赛。	1. 嘉年华/技能挑战/小赛季：散打擂台赛。 2. 规则与裁判方法：散打竞赛规则简介。 3. 观赏与评价：判断空击动作的质量。	18
10年级下（散打）	武术散打基本技术与综合运用	1. 专项知识：散打运动损伤（N）。 2. 准备姿势与移动：散打格斗式、滑步、垫步。 3. 拳法：冲拳、摆拳、抄拳、鞭拳。 4. 腿法：正蹬腿、鞭腿。 5. 摔法：接鞭腿摔（N）、抱鞭腿摔、切肩别腿摔。	1. 条件实战：鞭腿条件实战（N）。 2. 战术：择法战术。	专项体能：核心力量、强度打靶。	教学比赛：有条件限制的实战比赛。	1. 嘉年华/技能挑战/小赛季：散打擂台赛。 2. 规则与裁判方法：散打竞赛规则。 3. 观赏与评价：学会欣赏散打比赛。	18
11年级上（散打）	武术散打综合技术与战术运用1	1. 专项知识：武德武礼（N）。 2. 准备姿势与移动：散打格斗式、滑步、垫步。 3. 拳法：冲拳、摆拳、抄拳。 4. 腿法：正蹬腿、鞭腿、踹腿。 5. 摔法：踹腿接腿摔（N）、贴身别腿摔（N）、夹颈摔（N）。	1. 条件实战：踹腿条件实战（N）、择法条件实战（N）。 2. 战术：边角战术与运用。	专项体能：下肢力量（N）、强度靶。	教学比赛：有条件限制的实战比赛。	1. 嘉年华/技能挑战/小赛季：散打擂台赛。 2. 规则与裁判方法：散打竞赛规则。 3. 观赏与评价：判定一局比赛胜负。	18

阶段	学习主题	内容结构与要点					课时合计
		基本知识与技能	技战术运用	专项体能与一般体能	展示与比赛	运动项目完整体验	
11年级下（散打）	武术散打综合技术与战术运用2	1. 专项知识：散打竞赛规则。 2. 准备姿势与移动：散打格斗式、滑步、垫步。 3. 拳腿组合技术：正蹬腿接冲拳（N）、踹腿接冲拳（N）、拳法组合、蹬腿接踹腿、踹腿接后扫腿（N）。 4. 摔法组合：蹬腿接腿摔、踹腿接腿摔、鞭腿防守反击接拳摔、别腿摔、抱腿过背摔（N）。	1. 条件实战：拳摔条件实战（N）、腿法条件实战。 2. 战术：直攻战术与运用（N）。	专项体能：上下肢力量、强度靶。	教学比赛：有条件限制的实战比赛。	1. 嘉年华／技能挑战／小赛季：散打擂台赛。 2. 规则与裁判方法：散打竞赛规则。 3. 观赏与评价：判定条件实战胜负。	18
12年级上（散打）	摔拿格斗技术的运用	1. 专项知识：摔拿格斗介绍。 2. 上肢摔拿：摔拿势（颈部、肩部、手部）。 3. 下肢摔拿：腰部防卫（N）、别膝（N）、背后抱腿摔（N）、接腿摔。 4. 倒地摔拿：正面倒地防卫（N）、脸朝下倒地防卫（N）。	综合技法运用：上肢综合运用、摔擒制服技术运用（N）。	专项体能：抓力、握力、下肢力量。	教学比赛：指卧撑接力赛、体能比赛。	1. 嘉年华／技能挑战／小赛季：摔拿格斗技法演练与展示。 2. 规则与裁判方法：演练与展示的组织与规则。 3. 观赏与评价：评价摔拿格斗动作的有效性。	18
12年级下（散打）	武术散打条件实战及比赛	1. 专项知识：散打运动损伤与预防。 2. 准备姿势与移动：散打格斗式、滑步、垫步。 3. 组合技术：拳法组合、拳腿组合、腿摔组合。	1. 攻防技战术：腿法防守（N）、腿摔攻防（N）。 2. 战术：多点战术（N）、佯攻战术（N）、防守反击（N）、防守反击和强攻战术。	专项体能：上下肢力量、强度靶。	教学比赛：拳法得分赛、自由选择法比赛、鞭腿挑战赛。	1. 嘉年华／技能挑战／小赛季：散打王争霸赛。 2. 规则与裁判方法：散打比赛规则与裁判方法的组织与实施。 3. 观赏与评价：场上执裁与边裁打分。	18

备注：初中和高中阶段的教学内容由于均有套路、中国跤和散打三项可选内容，表格中"7—9中国跤""10—12散打"部分，中学教师可以根据学校选项参考使用。

表 3-18 1—12 年级武术专项课课时分配建议

阶　段	内容结构与课时分配					课时合计
	基本知识与技能	技战术运用	专项体能与一般体能	展示与比赛	运动项目完整体验	
1 年级上	14		2	2	3	21
1 年级下	13		2	2	3	20
2 年级上	14		2	3	3	22
2 年级下	13		2	3	3	21
3 年级上	14	1—6 年级技战术运用内容根据实际情况适当安排，不做硬性要求。	2	3	3	22
3 年级下	14		2	3	3	22
4 年级上	14		3	2	3	22
4 年级下	13		2	2	3	20
5 年级上	14		2	2	3	21
5 年级下	13		2	2	3	20
6 年级上	14		2	3	3	22
6 年级下	14		2	3	3	22
7 年级上	12	1	2	3	3	21
8 年级上	12	2	2	2	3	21
9 年级上	12	2	2	2	3	21
10 年级上	12	1	2	2	3	20
10 年级下	10	1	2	2	3	18
11 年级上	10	2	2	3	3	20
11 年级下	10	2	2	3	3	20
12 年级上	10	2	2	2	3	19
12 年级下	10	2	2	2	3	19
合　计	262	15	43	51	63	434

（十）1—12年级游泳专项课内容要点与课时分配（见表3-19、表3-20）

表3-19 1—12年级游泳专项课内容要点

阶段	学习主题	内容结构与要点					课时合计
		基本知识与技能	技战术运用	专项体能与一般体能	展示与比赛	运动项目完整体验	
1年级上	熟悉水性	1.安全教育（N）：熟悉场馆环境，明确课堂常规要求，学习游泳装备的准备和使用方法。2.熟悉水性（N）：水中行走、呼吸方法、漂浮及站立。3.蛙泳腿部动作（N）。	水感训练：抱物踩水。	1.跪坐压踝。2.橡皮筋拉力力量。3.拉力速度。	1.熟悉水性比赛。2.25米扶板蛙泳腿个人赛及接力赛。3.橡皮筋拉力一分钟比多。	1.游戏嘉年华（N）。2.规则与裁判方法：游泳运动的起源与发展；相关赛事（N）。3.观赏与评价：欣赏不同水平比赛视频片段（N）。	18
1年级下	熟悉水性	1.安全教育（N）：认识游泳教具，学习扶板和背漂的使用方法。2.熟悉水性（N）：池边起跳、沉入水底、水底拾物。3.蛙泳腿部动作。4.蛙泳腿与呼吸的配合（N）。	水感训练：蹬地漂浮、抓水线漂浮。	1.坐姿蛙泳腿（N）。2.憋气训练：憋气呼吸。	1.熟悉水性比赛、漂浮比赛。2.扶板蛙泳腿比赛（N）。	1.游戏嘉年华（N）。2.规则与裁判方法：游泳比赛方法及规则（N）。3.观赏与评价：欣赏不同水平比赛视频片段（N）。	18
2年级上	一起学蛙泳	1.安全教育：喝水了、呛水了怎么办。2.熟悉水性：踩水、水底潜水、水底运物。3.蛙泳腿部动作。4.蛙泳腿与呼吸的配合。5.蛙泳手（N）。	1.浮潜。2.团身憋气。	1.俯卧打腿（N）。2.长距离憋气蛙泳腿。	1.踩水计时。2.憋气蛙泳腿。	1.游戏嘉年华（N）。2.规则与裁判方法：游泳比赛方法及规则（N）。3.观赏与评价：欣赏不同水平比赛视频片段（N）。	18

内容结构与要点

阶段	学习主题	基本知识与技能	技战术运用	专项体能与一般体能	展示与比赛	运动项目完整体验	课时合计
2年级下	一起学蛙泳	1. 安全教育（N）：腿抽筋了怎么办。 2. 熟悉水性。 3. 蛙泳腿部动作。 4. 蛙泳腿与呼吸的配合。 5. 蛙泳手。 6. 蛙泳手与呼吸的配合（N）。	1. 浮潜（N）。 2. 踩水。	1. 仰卧打腿（N）。 2. 专项耐力抬头夹板游。	1. 蛙泳腿比赛。 2. 蛙泳手比赛。	1. 游戏嘉年华（N）。 2. 规则与裁判方法：利用蛙泳技术进行比赛的方法（N）。 3. 观赏与评价：欣赏不同水平比赛视频片段（N）。	18
3年级上	掌握蛙泳技术	1. 专项知识：安全水性（N）。 2. 熟悉水性。 3. 蛙泳腿与呼吸的配合。 4. 蛙泳完整动作（N）。	1. 水感训练（N）。 2. 长时间踩水。	1. 橡皮筋拉力训练（N）。 2. 深蹲跳。	1. 熟悉水性比赛：憋气、潜水、滑水。 2. 利用蛙泳技术进行比赛：蛙泳腿比赛。	1. 游戏嘉年华（N）。 2. 规则与裁判方法：游泳运动赛事知识（N）。 3. 观赏与评价：欣赏不同水平比赛视频片段（N）。	18
3年级下	掌握蛙泳技术	1. 专项知识：安全教育（N）。 2. 熟悉水性。 3. 蛙泳腿与呼吸的配合。 4. 蛙泳完整动作（N）。	1. 水感训练（N）。 2. 蛙泳接力比赛技术。	1. 拉力训练。 2. 水中专项耐力：踩水。	1. 水感训练（N）。 2. 长时间踩水比赛。 3. 踩水前行比赛。	1. 游戏嘉年华（N）。 2. 规则与裁判方法：蛙泳接力比赛技术。 3. 观赏与评价：欣赏不同水平接力比赛视频片段（N）。	18
4年级上	初识自由泳	1. 安全教育（N）：游泳课堂常规、突发事件的应对。 2. 熟悉水性（N）：水中行走、呼吸、潜游、漂浮。 3. 蛙泳腿部动作。 4. 蛙泳手臂动作。 5. 蛙泳呼吸配合动作。 6. 蛙泳完整配合动作。	1. 水感训练（N）：浮潜、闭气潜游。 2. 蛙泳蹬腿滑行比远。	1. 蛙泳腿负重前行。 2. 蛙跳练习。	1. 蛙泳腿接力。 2. 蛙泳50米达距赛。 3. 蛙泳接力比赛。	1. 蛙泳小赛季。 2. 规则与裁判方法：蛙泳转身到边技术。 3. 观赏与评价：欣赏不同水平比赛视频片段，对规范动作有简单的评判。	18

续表

阶段	学习主题	内容结构与要点					课时合计
		基本知识与技能	技战术运用	专项体能与一般体能	展示与比赛	运动项目完整体验	
4年级下	初识自由泳	1. 安全教育（N）：课堂常规、卫生常识，游泳常见传染病的预防和处理。 2. 蛙泳完整动作。 3. 自由泳腿部动作。	1. 水感训练：浮潜、浮体站立。 2. 蛙泳到边（N）。	1. 耐力训练：中长距离蛙泳蹬腿。 2. 水中专项训练：阻力游、力量训练。 3. 下肢、腰腹肌。	1. 小组合作短距离接力比赛。 2. 50米蛙泳达距赛。 3. 25米自由泳达距赛。	1. 自由泳小赛季。 2. 规则与裁判方法：蛙泳转身到边技术。 3. 观赏与评价：欣赏不同水平比赛视频片段，对规范动作有简单的评判。	18
5年级上	掌握自由泳技术	1. 安全教育（N）：课堂常规、常见传染病预防、游泳的几种运动形式和安全注意事项。 2. 熟悉水性（N）：憋气、漂浮、抱膝浮体站立。 3. 蛙泳完整动作。 4. 游泳理论知识。 5. 自由泳手臂动作。 6. 自由泳呼吸配合动作。	1. 水感练习：结合熟悉水性的相关性练习。 2. 长时间踩水训练。 3. 蛙泳到边和转身技术。	1. 蛙泳眼负重前行。 2. 手臂拉力练习。	1. 蛙泳接力比赛。 2. 踩水比赛。 3. 自由泳划臂比远。	1. 自由泳小赛季。 2. 规则与裁判方法：蛙泳转身到边技术。 3. 观赏与评价：欣赏不同水平比赛视频片段，对规范动作有简单的评判。	18
5年级下	掌握自由泳技术	1. 安全教育（N）：游泳突发事件的处理。 2. 熟悉水性（N）：抱膝后展体、浮体后展体、站立、变成仰浮。 3. 蛙泳完整动作。 4. 自由泳手臂动作。 5. 自由泳呼吸配合动作。	1. 蛙泳长划臂出水。 2. 蛙泳出水技术。	水中专项练习：穿阻力衣裤水中训练。	1. 抱膝自由浮体比赛。 2. 自由泳分解动作接力赛。 3. 穿阻力衣比赛。	1. 学期末嘉年华。 2. 规则与裁判方法：自由泳转身到边技术。 3. 观赏与评价：欣赏不同水平比赛视频片段，对规范动作有简单的评判。	18

阶段	学习主题	内容结构与要点					课时合计
		基本知识与技能	技战术运用	专项体能与一般体能	展示与比赛	运动项目完整体验	
6年级上	提高自由泳技术	1. 安全教育（N）：游泳课堂常规、外出游泳突发事件的处理。 2. 蛙泳完整配合动作。 3. 自由泳呼吸配合动作。 4. 自由泳完整动作。	1. 水感练习。 2. 蛙泳转身技术。 3. 自由泳接力技术。	佩戴脚蹼、呼吸管完成自由泳训练。	1. 针对蛙泳、自由泳分解动作比赛。 2. 自由泳接力比赛。	1. 学期末汇报赛。 2. 规则与裁判方法：自由泳转身到边技术。 3. 观赏与评价：欣赏不同水平比赛视频片段，对规范动作有简单的评判。	18
6年级下	提高自由泳技术	1. 安全教育（N）：游泳课堂常规及安全知识，游泳突发事件处理、自救办法和间接救生。 2. 蛙泳完整动作。 3. 自由泳完整动作。 4. 仰泳完整动作（N）。	仰卧漂浮及仰泳在水中的身体位置。	1. 自由泳眼负重前行。 2. 佩戴呼吸管训练。	针对三种泳姿的分解动作以及完整动作的接力比赛。	1. 技能挑战赛。 2. 规则与裁判方法：自由泳转身到边技术。 3. 观赏与评价：欣赏不同水平比赛视频片段，对规范动作有简单的评判。	
7年级上	提高蛙泳、自由泳技术	1. 专项知识：安全教育（N）。 2. 熟悉水性（N）。 3. 蛙泳腿部动作。 4. 蛙泳手臂动作与呼吸配合。 5. 蛙泳完整动作。 6. 自由泳腿部动作。 7. 自由泳手臂动作与呼吸配合。 8. 自由泳完整动作。 9. 浮潜。	1. 短距离比赛战术训练：加强打腿，15米憋气冲刺（N）。 2. 蛙泳、自由泳的出发、触壁及转身技术（N）。	1. 弹力带拉伸练习。 2. 划水掌划水（N）。 3. 快速出发、转身训练（N）。	1. 水感比赛。 2. 蛙泳的分解动作比赛、达距离赛标赛。 3. 自由泳的短距离比赛。	1. 游泳冠军赛（N）。 2. 规则与裁判方法：蛙泳、自由泳的出发、转身，到边技术判罚（N）。 3. 观赏与评价：欣赏不同水平比赛视频片段，对犯规动作有简单的评判（N）。	36

阶段	学习主题	内容结构与要点					课时合计
		基本知识与技能	技战术运用	专项体能与一般体能	展示与比赛	运动项目完整体验	
8年级上	学习并掌握仰泳技术动作	1. 专项知识：安全教育（N）。 2. 蛙泳完整动作。 3. 自由泳完整动作。 4. 仰泳腿部动作（N）。 5. 仰泳手臂动作与呼吸配合（N）。 6. 仰泳完整动作（N）。 7. 水中救生技能（N）。	1. 水感练习。 2. 俯卧、仰卧划臂摇橹练习（N）。 3. 仰泳出发、转身触壁技术（N）。	1. 弹力带拉力。 2. 划水掌划水。 3. 快速出发、转身训练。	1. 自由泳的短冲比赛。 2. 仰泳分解动作以及完整动作的达距赛、达标赛。	1. 游泳冠军赛（N）。 2. 规则与裁判方法：仰泳出发、转身、到边技术判罚（N）。 3. 观赏与评价：欣赏不同水平比赛视频片段，对犯规动作有简单的评判（N）。	36
9年级上	提高仰泳技术动作，初识蝶泳	1. 专项知识：安全教育（N）。 2. 自由泳呼吸配合。 3. 自由泳完整动作。 4. 蝶泳完整动作（N）。 5. 蝶泳腿部动作（N）。 6. 蝶泳手臂、腿部动作与呼吸配合（N）。 7. 蝶泳完整动作（N）。 8. 潜泳、潜远（N）。	1. 水感练习：俯卧、仰卧划臂摇橹练习（N）。 2. 仰泳出发、转身触壁技术（N）。	1 弹力带拉力：上肢、下肢力量。 2. 核心力量。 3. 划水掌划水。 4. 快速出发、转身训练。	1. 仰泳的短冲比赛。 2. 仰泳分解动作以及完整动作的达距赛、达标赛。 3. 包含出发、转身技术的比赛。	1. 游泳冠军赛（N）。 2. 规则与裁判方法：仰泳出发、转身、到边技术判罚（N）。 3. 观赏与评价：欣赏不同水平比赛视频片段，对犯规动作有简单的评判（N）。	36
10年级上	掌握蝶泳技术	1. 专项知识：安全教育、游泳理论知识。 2. 熟悉水性。 3. 蛙泳、自由泳、仰泳完整动作。	蛙泳、自由泳、仰泳的出发、转身、到边技术。	1. 用划臂动作拉伸牵固定弹力带。 2. 夹板佩戴划水掌划臂。	1. 游戏与比赛：自由泳绕人追击。 2. 50米夹板划水掌接力比赛，100米仰泳接力。	1. 技能挑战赛。 2. 规则与裁判方法：蛙泳、仰泳的出发、转身、到边技术判罚。 3. 观赏与评价：欣赏游泳比赛视频，对犯规动作有简单的评判。	18

阶段	学习主题	内容结构与要点					课时合计
		基本知识与技能	技战术运用	专项体能与一般体能	展示与比赛	运动项目完整体验	
10年级下	掌握蝶泳技术	1.专项知识：安全教育。2.蝶泳腿部、手臂动作。3.蝶泳划手臂与呼吸的配合技术。4.蝶泳臂与腿的配合技术。5.蝶泳完整配合技术。	蝶泳出发、转身、到边技术。	1.俯卧悬空打腿。2.坐姿压踝。	1.扶池边蝶泳腿打水挑战赛。2.闭气滑行划臂。3.50米蝶泳接力。	1.蝶泳小赛季。2.规则与裁判方法：学习蝶泳出发、转身、到边技术判罚。3.观赏游泳比赛视频，对犯规动作有简单的评判。	18
11年级上	提升竞速能力	1.专项知识：安全教育。2.蛙泳完整动作。3.自由泳完整动作。4.仰泳完整动作。5.蝶泳完整动作。6.负重游。	四种泳姿接力交接棒技术。	1.拉橡皮筋完成四种泳姿的划臂练习。2.偏戴脚蹼打水练习。	1.水中追拍。2.偏戴脚蹼50米蝶泳接力。3.100米混合泳接力。	1.游泳冠军赛。2.规则与裁判方法：学习四种泳姿交接棒技术判罚。3.观赏与评价：欣赏游泳比赛的评判，对犯规动作有简单的评判。	18
11年级下	提升竞速能力	1.专项知识：安全教育。2.蛙泳完整动作。3.自由泳完整动作。4.仰泳完整动作。5.蝶泳完整动作。6.负重游。	负重游着装要求及游泳姿势。	1.柔韧性：跪姿压胸，跪姿压踝。2.上肢力量橡皮筋划臂拉力。	1.长江黄河。2.50米带脚蹼蝶泳腿接力。3.负重踩水游≥15米。	1.学期期末汇报赛。2.规则与裁判方法：欣赏游泳比赛规则。3.观赏与评价：欣赏游泳比赛的评判，对犯规动作有简单的评判。	18
12年级上	全面提升游泳技能	1.专项知识：安全教育。2.蛙泳完整动作。3.自由泳完整动作。4.仰泳完整动作。5.蝶泳完整动作。6.负重游。	水感训练：俯卧、仰卧划臂摇橹练习。	阻力游。	1.200米混合泳男女混合接力。2.负重踩水比赛。3.负重游≥25米。	1.技能挑战赛。2.规则与裁判方法：蛙泳、仰泳、自由泳、蝶泳的出发、转身、到边技术判罚。3.观赏与评价：欣赏游泳比赛的评判，对犯规动作有简单的评判。	18

阶段	学习主题	内容结构与要点					课时合计
		基本知识与技能	技战术运用	专项体能与一般体能	展示与比赛	运动项目完整体验	
12年级下	全面提升游泳技能	1.专项知识：安全教育、救生常识理论知识。2.蛙泳完整动作。3.自由泳完整动作。4.仰泳完整动作。5.蝶泳完整动作。6.水中救护。	水中救护技术：踩水、侧泳、反蛙泳、潜泳。	负重踩水。	1.踩水计时比赛。2.侧泳拖拽重物接力。3.反蛙泳拖拽重物接力。	1.救生技能汇报展示。2.规则与裁判方法：学习游泳比赛规则，救生理论常识。3.观赏与评价：欣赏游泳比赛视频，对犯规动作有简单的评判。	18

表3-20 1—12年级游泳专项课课时分配建议

阶段	内容结构与课时分配					课时合计
	基本知识与技能	技战术运用	专项体能与一般体能	展示与比赛	运动项目完整体验	
1年级上	10	1	1	2	4	18
1年级下	10	1	1	2	4	18
2年级上	9	2	2	2	4	18
2年级下	9	2	2	2	4	18
3年级上	10	1	1	2	4	18
3年级下	10	1	1	2	4	18

阶　段	内容结构与课时分配						课时合计
	基本知识与技能	技战术运用	专项体能与一般体能	展示与比赛	运动项目完整体验		
4年级上	8	3	1	2	4		18
4年级下	8	3	1	2	4		18
5年级上	10	1	1	2	4		18
5年级下	10	1	1	2	4		18
6年级上	9	2	1	2	4		18
6年级下	9	2	1	2	4		18
7年级上	18	2	4	8	4		36
8年级上	18	2	4	8	4		36
9年级上	18	2	4	8	4		36
10年级上	8	1	2	3	4		18
10年级下	8	1	2	3	4		18
11年级上	8	1	2	3	4		18
11年级下	8	1	2	3	4		18
12年级上	8	1	2	3	4		18
12年级下	9	1	1	3	4		18
合　计	215	32	37	66	84		432

二、运动专项课教学策略选用

（一）围绕技能实际运用能力的进阶提升设计课程主线

运动专项课内容要点与课时分配的核心理念是面向普通学生的实战能力提升，精选专项知识、体能、技术、战术、游戏、比赛等内容。其中，不同运动项目运动专项课的1—12个主题分别代表该年级学生30课时项目学习的关键性能力达成点，其内容要点不同导致运动项目主线略有不同，如球类项目是以能够开展比赛为前提，围绕从简单的趣味性游戏开始到有条件限制的对抗比赛，从简单情境到复杂情境的实战比赛，最终指向角色位置逐步固定的项目专长比赛，精选相关技战术、知识文化、裁判规则、品行教育等，关注以球类比赛为主线的技战术螺旋上升的学习过程。例如，"运动专项课教学内容安排"各个项目列表中的内容要点，以本年级所学的新授内容为主（标注N），其余无标记的是已学内容；而有的年级没有列出专项知识、体能，是因为不作为主要内容或课时所占比例较小，部分已学技术没有单独列出不代表不学，尤其是球类教学，已学技术的呈现方式更多的是技术组合练习、实战中运用练习。学练赛课时分配从小学到高中呈现出赛的比重不断增加，小学是趣味赛，初中是普通赛，高中是特长赛，从1年级的游戏开始，到12年级的实战比赛，让普通学生经过12年学习真正熟练掌握专项运动能力，参与校内外专项比赛，奠定终身体育基础。

（二）根据运动技能的特点，采用有针对性的教学方法

运动项目一般分为开放式运动技能和封闭式运动技能，二者在学习和运用过程中有明显区别。在进行开放式运动技能项目的教学时，应提供开放的学练空间和情境，回归该类运动的本真。技术动作的多变性和不可预测性是该运动技术体系内在的本质和真正的趣味所在，因此，在课堂教学中只有让学生在真实的或模拟的比赛情境中，安排进攻、对抗、战术、配合的学练情境，才能使学生体验到多变性、不可预测性，真正提升该类项目的运动能力。运动项目的教学一开始就要加强学生对某项运动的完整体验和学练，在理解与体验完整运动的基础上学习、掌握和运用各种技能，特别强调通过创设由易到难、由简单到复杂的活动和比赛情境，使学生在活动和比赛情境中提高运动技能水平以及分析问题和解决问题的能力，形成良好的体育品德。

在进行封闭式运动技能项目的教学时，针对其重复、多次学练的项目特点，首先应采用新颖的练习方法，从分解到完整、从简单到复杂、从重点突破到全面掌握，学生始终在多种练习方法中学练同一个动作技术，从而避免重复练习带来的枯燥，进而激发学生的参与兴趣。其次，应注意单个动作与完整运动的有机联系，不必过分追求单一动作和技术完美后才进行完整运动的练习，可以让学生在基本掌握单一动作和技术后立即进行完整运动

的练习，尽早体验和理解完整运动，从而提高单个动作和组合动作的技术水平与运用能力。同时，让学生在完成完整运动或参加展示与比赛的基础上，不断挑战自我，提高运动成绩和形成良好品德。

所以，在进行运动技能教学时，虽然不同运动项目的技能在教学过程中有一些共同特点和规律，但不同运动项目的技能由于其技战术结构、运动功能和作用、运动规则等各不相同，教学方式也表现出明显的差异和特点，体育教师一定要注意开放式运动技能和封闭式运动技能教学的区别。例如，在以球类项目为代表的开放式运动技能教学过程中，必须改变传统的、单纯根据运动动作结构进行划分的"单个动作—组合动作—整体动作"的教学方式，而应该更多地从完整运动的角度进行教学。

（三）客观认识基础差异，分层分组递进教学

身体素质和技能水平的差异是体育教学中客观存在的教学前提，正确认识这些差异，在教学中客观面对并采用合理的策略予以解决是教师的根本任务。在体育技能教学中，根据学生身体素质和运动技能的起点差异，实行同质或异质分层分组，并制定各个层次小组的学习目标，设计其技能学习策略，让每个学生都能充分参与学习、共同进步，体会体育运动带来的乐趣，逐步掌握所学项目的动作技术，发展体育专长，学会应用所学知识技能指导自身体育锻炼。

在具体的技能教学实践中，对学习小组进行分层次教学指导，小组同学间共同学习和练习，动作技能学习小组间逐步递进。通过分层分组递进策略，起始水平不一样的学生都能有所进步，改善和提高相应运动技能，达到分层发展和共同进步。教师在上课前期必须安排好两项任务：一是按照科学的标准（如运动技术水平或运动能力、身体素质水平、学生运动兴趣），将学生进行不同层次和水平的分组；二是根据课程内容，合理地制定分层学习目标和相应的分层练习内容，使目标与练习内容置于各层次学生的最近发展区。在课堂教学中要分层实施，课堂教学程序的基本结构是：创设情境、激发动机；导入新课、阐明各层次学生的技能教学目标；分层练习；交流反馈、及时评价。课后练习内容要根据小组学习情况，按各个小组制订的计划方案，分别布置课后练习内容，重点要强化动作技术水平相对低的小组，让他们逐步提高，水平相对高的小组的课后练习重点是在动作精细化上多练习、再提高。

（四）关注学生研究，促进学生自主发展

学生是学习的主体，学生积极主动地去认知和学习是学习效果的基本保证。教师应遵循体育与健康课自身的活动规律，依据其特点，在课堂教学中有意识地发展学生的主体意识和自我意识，提高学生的学习自觉性，让学生自己研究在学习中遇到的各种问题，琢磨解决问题的办法，提升解决问题的能力。教师要教会学生认识自身特点，依据个人兴趣爱

好，主动学习。教师在动作技术学习中要肯定学生具有创新精神和实力，要求学生在学习时积极主动参与学习策略的设计、动作技术学习方法的选择、学习效果的客观评价等过程，尽最大可能挖掘学习潜力。具体建议为：第一，让学生主动参与。在学生上体育课前，创设各种教学情境激发主动意识，让学生亲自参与观察动作技术组成、主动效仿高水平职业运动员的技术动作、主动参与小组设计的练习及比赛活动等。第二，让学生自我调控。在上体育课期间，学生要主动调控情绪，不能因为遇到一时的成功或挫折而情绪过度波动，尤其是在遇到比较难的技术动作时，把积极情绪调节到最佳状态，培养坚强的性格和成功的毅力。第三，让学生自我创造。在课堂教学中，要培养学生的创造精神和个性心理，倡导学生利用自身特长优势进行创造性思维与活动，提高用批判性思维分析和解决问题的能力。第四，让学生自我评价。在体育课快结束时，学生要对自己这一节课上的收获做简单的小结，自我评价这节课的学习效果，反思练习中是否尽最大努力完成动作，练习量和强度是否达到课前规定的要求，总结哪些技术动作已经熟练，哪些还没有做好做到位，课后应该加强哪些方面的强化练习。

（五）在运动技能教学的同时加强体能练习

良好的体能是学生开展体育与健康课程学习的基础，同时也是学生学习、生活和今后工作的必备条件。因此，在体育教学中发展学生的体能、提高学生的身体素质非常重要。根据当前我国中小学学生体能状况令人担忧、体育课运动负荷偏低、练习密度偏小的实际情况，在运动技能教学的同时应安排一定的时间，选择简便有效的练习内容，采用多种多样的方法，发展学生的体能。体育教师应结合体育课堂教学内容、运动负荷实际，适当安排丰富多彩、简单易行、富有实效的体能练习，促进学生体能发展。

第二节　体能锻炼课内容安排与教学策略选用

体能锻炼课作为渗透锻炼原理、掌握锻炼方法、组合循环练习的复合式体能锻炼课程，旨在通过以体能为核心要素的锻炼强化，打好学生的身体素质和运动能力基础。我们坚信：无体能，无健康；有体能，有健康；好体能，好健康。

一、体能锻炼课教学内容安排

体能锻炼课课程内容设计指向小学低年级的基本运动能力，包括走、跑、跳、投等田径类运动能力，以及攀、爬、钻、翻滚、支撑等体操类运动能力；指向小学、初中和高中一体化的健康体能和运动体能；指向小学体测类体能、初中中考类体能和高中会考类体能的综合考试类体能。体能锻炼课试图提供一定难度的挑战性课程内容，提供变化多样的练习动作和方法，提供小组合作和团队训练的氛围，适合不同年龄段和各种身体类型的学生，激励学生不断挑战、渴望成长并享受乐趣，最终让学生掌握科学锻炼的方法、有效控制体重与改善体形的方法，提高体能。

（一）1—2年级基本运动能力锻炼课学习内容与课时分配（见表3-21）

表3-21　1—2年级基本运动能力锻炼课学习内容与课时分配

年级	主题	内容要点	建议课时	
			上学期	下学期
1年级	"花式"增强走、跑、跳、投运动能力	1. 走、跑、跳、投动作的术语、要领及健身常识。 2. 以单人为主的提高走、跑、跳、投运动能力的方法以及相关的体育游戏，如走（模仿动物走、平衡木走）、跑（高抬腿跑、各种接力跑）、跳（各种姿势的单双脚跳）、投（单、双手抛接、投掷不同重量的物体）。 3. 将所学走、跑、跳、投的知识和技能与同伴分享，并在日常的体育锻炼中选择运用，如健身走、健身慢跑、投掷目标游戏等。	12	28
1年级	攀、爬、钻、翻滚、支撑类练习与游戏	1. 攀、爬、钻、翻滚、支撑的知识。 2. 各种攀、爬、钻、翻滚、支撑的基本动作及简单组合。 3. 攀、爬、钻、翻滚、支撑的游戏。	20	20
2年级	"合作"发展走、跑、跳、投运动能力	1. 走、跑、跳跃、投的动作名称、术语、要领以及在健身方面的作用。 2. 双人或者多人合作为主的提高走、跑、跳、投运动能力的方法以及相关的体育游戏，如走（单人、双人或多人搬运不同重量的物体走）、跑（"电震"跑、"车轮"跑、各种形式的接力）、跳（各种方式的双人、多人合作跳等）、投（跪姿投、坐姿投、合作投掷不同重量和形状的物体等）。 3. 将所学走、跑、跳、投的知识和技能在日常体育锻炼中合理运用，如绕过小区各种障碍、传递各种物品等。	12	28
2年级	攀、爬、钻、翻滚、支撑类组合练习与游戏	1. 攀、爬、钻、翻滚、支撑的知识。 2. 各种攀、爬、钻、翻滚、支撑的动作组合练习。 3. 攀、爬、钻、翻滚、支撑的组合游戏。	20	20

（二）3—12 年级基础体能锻炼课学习内容与课时分配（见表 3-22）

表 3-22 3—12 年级基础体能锻炼课学习内容与课时分配

年级	主 题	内容要点	建议课时	
			上学期	下学期
3 年级	以发展基础体能为主的体能游戏	1. 基础体能测试与诊断。 2. 以速度为主的体能游戏。 3. 以灵敏为主的体能游戏。 4. 以力量为主的体能游戏。 5. 以柔韧性为主的体能游戏。	14	24
4 年级	以发展基础体能为主的体能游戏	1. 基础体能测试与诊断。 2. 以素质 1+ 素质 2 为主的体能游戏。 3. 多种锻炼主题的体能游戏。 4. 体能挑战比赛。	14	24
5 年级	基础体能组合练习	1. 基础体能测试与诊断。 2. 以发展灵敏为主的体能组合练习。 3. 以发展力量为主的体能组合练习。 4. 以发展速度为主的体能组合练习。 5. 以发展心肺耐力为主的体能组合练习。	14	24
6 年级	基础体能组合练习	1. 基础体能测试与诊断。 2. 以素质 1+ 素质 2 为主的体能组合练习。 3. 多种锻炼主题的体能组合练习。 4. 体能挑战比赛。	14	24
7 年级	基础体能综合练习	1. 基础体能测试与诊断。 2. 以发展灵敏性、速度、力量和心肺耐力为主的体能综合练习。 3. 提高健身能力的体能综合练习。 4. 体能挑战比赛。	18	18
8 年级	基础体能综合练习	1. 基础体能测试与诊断。 2. 以发展速度、力量、心肺耐力和核心力量为主的体能综合练习。 3. 提高健身能力的体能综合练习。 4. 体能挑战比赛。	18	18
10—12 年级	基础体能模块	1. 基础体能测试与诊断。 2. 以有氧为主的体能。 3. 以力量为主的体能。 4. 基础体能组合练习。 5. 融入田径、足球、篮球和排球项目的专项体能。	24 课时 / 学年	

（三）综合考试类锻炼课学习内容与课时分配（见表3-23、表3-24、表3-25）

表 3-23 　1—6 年级体测类体能锻炼课学习内容与课时分配

年级	主题	内容要点	建议课时	
			上学期	下学期
1年级	我是测试小达人	1.《国家学生体质健康标准》的测试项目及方法。 2. 提高测试项目成绩的锻炼方法。	16	0
2年级	我是健康小达人	1.《国家学生体质健康标准》的测试内容和标准。 2. 掌握 1—2 种某一测试内容的锻炼方法。	16	0
3年级	体质健康我做主	1.《国家学生体质健康标准》的测试项目及方法。 2. 提高测试项目成绩的锻炼方法。	16	0
4年级	养成习惯我先行	1.《国家学生体质健康标准》的测试内容和标准。 2. 掌握 2—3 种某一测试内容的锻炼方法。	16	0
5年级	挑战自我、健康生活	1.《国家学生体质健康标准》的测试项目及方法。 2. 提高测试项目成绩的锻炼方法。	16	0
6年级	科学锻炼、享受乐趣	1.《国家学生体质健康标准》的测试内容和标准。 2. 掌握 3—4 种某一测试内容的锻炼方法。	16	0

表 3-24　9 年级中考类体能锻炼课学习内容与课时分配

年级	主　题	内容要点	建议课时	
			上学期	下学期
9年级	上肢和肩带力量	1. 握力。 2. 各种方式的悬垂能力练习和俯卧撑。 3. 器械组合练习。 4. 引体向上。	7	6
	一般力量及投掷能力	1. 头上前掷实心球。 2. 其他方式的实心球练习。 3. 实心球综合练习。 4. 利用各种器材发展力量的练习。	4	4
	速度素质	1. 反应速度。 2. 动作速度。 3. 位移速度。	3	5
	耐力素质	1. 一般耐力。 2. 速度耐力。	9	7
	专项力量	1. 结合跑步的专项力量练习。 2. 核心力量及稳定性练习。 3. 仰卧起坐。	7	6
	灵敏协调素质	1. 绳梯练习。 2. 多种练习形式的跑。 3. 运球绕杆练习。	0	2

表 3-25　12 年级会考类体能锻炼课学习内容与课时分配

年级	主　题	内容要点	建议课时	
			上学期	下学期
12年级	一般力量及引体向上、投掷能力	1. 头上前掷实心球。 2. 其他各种方式的实心球练习。 3. 引体向上、仰卧起坐。 4. 利用各种器械发展力量的练习。	3	0
	耐力素质	1. 一般耐力。 2. 速度耐力。	10	0
	专项力量	1. 结合跑步的专项力量练习。 2. 核心力量及稳定性练习。 3. 各种方式的垫上练习。	3	0
	灵敏协调素质	1. 绳梯练习。 2. 各种方式的跑。 3. 运球绕杆练习。	2	0

二、体能锻炼课教学策略选用

（一）体能锻炼课整体教学策略

1. 注重把握动作的复合式

体能锻炼课设计的动作多数来源于日常生活和学生体质健康测试内容，以多关节、多肌肉群参与的复合式动作为主，注重全身性和整体性训练，注重有氧和力量训练的结合，注重功能性锻炼之间的平衡。体育教师教学中要注重整体把握，确保学生的动作练习能对每个肌肉群和能量系统都起作用。

2. 融入器械类新元素

体育教师进行体能锻炼课教学时，要根据不同主题内容设计动作所需要的器材，做好哑铃、壶铃、药球、滑盘、垫子等辅助性新器材的配备和准备，并使用提供的节拍与动作节奏一致的音乐，或是自行准备的音乐，努力给学生创设趣味化、挑战性、沉浸式的锻炼体验氛围。

3. 关注学生身体素质窗口期

体育教师要结合不同年级学生身体素质发展敏感期或窗口期，结合不同年龄学生身体素质和学习技能最好、最有效的时期，加强敏感期体能锻炼，注重学生敏感期身体素质的强化，创设一个让学生从基础去学、学着去玩、去练、去发展提高的锻炼环境。

4. 体现进阶和降阶的层级化

教学中要根据学生的运动基础和身心特点，循序渐进安排锻炼难度和强度，内容和强度都要体现渐进性，优先解决学生柔韧性、灵活性、稳定性问题，再强化力量、爆发力和速度等练习，提高运动表现。特别是课程设计中提出运动强度以大中小相结合，具体标准参考如下：大运动强度为每分钟心率达到 170—180 次时，耗氧量接近最大摄氧量的80%—90%；中等运动强度为每分钟心率达到 140—160 次时，耗氧量为 60%—80%；轻微运动强度为每分钟心率在 120 次以下。

（二）体能锻炼课分类教学策略

1. 基本运动能力（走、跑、跳、投）的教学策略

要根据 1—2 年级学生年龄的特点，考虑走、跑、跳、投项目的特性，做到"学生喜欢，教师乐教"，本着教学方法和手段"简单、趣味、可操作性、有实效、易评价"的原则，让学生在玩中学、练中思、运动中感悟所学知识和技能；同时，教学中尽量避免空洞的讲解和单调的示范，可将重点技术环节融合在特定的任务、情节或者是某个人物或小动物中，如跑的呼吸教学，可以采用"慢跑花丛间，深呼深吸气，神清又气爽"的方式，

引导学生体会呼吸和节奏；在教学过程中，体育教师要"眼观六路、耳听八方"，激励优秀，鼓励进步，因材施教，随机应变；整节课教学要始终如一，开始、准备、基本、结束四个部分各有"亮点"，不能虎头蛇尾。

2. 基本运动能力（攀、爬、钻、滚、撑）的教学策略

低年级学生非常喜欢并适合情境教学，他们融入角色快，并善于模仿，如通过创设游览动物园的情境引导学生模仿各种小动物的爬行方式，创设闯关的情境激发学生敢挑战、善动脑、积极学的意识；从攀的高度、爬的难度和远度、钻的难度、滚的方式的难度到撑的距离都要结合学生的实际情况，遵循由易到难、循序渐进的原则；在学习、练习方式的选择上，注意在学习动作阶段多采用个人循环练习，动作熟练以后采用锻炼路径式的小组接力循环练习，增加练习的强度和密度，使学生有更多的练习、恢复时间；在练习及小组比赛时，鼓励学生不管输赢都要意志坚强，努力完成练习和比赛，引导学生践行"尽力跑比跑得快更重要"的参与精神。

3. 小学健康体能和运动体能教学策略

根据3—6年级小学生年龄特点和学生身体素质敏感期，以游戏化方法为手段，以生活动作为基础，锻炼中注重基本活动练习，在玩中练、在练中发展和提高，带给学生趣味性、挑战性的体验，安排组合式练习为主的健康体能和运动体能锻炼的练习内容，注重全身和整体性训练；科学安排锻炼强度和难度，解决学生柔韧性、灵敏性、稳定性问题，之后发展爆发力、速度和力量等，把体能融入项目技战术学练中，提升体能的同时促进技能的提高。

4. 中学健康体能和运动体能教学策略

根据中学生的身心发展特点和身体素质敏感期，注重强化学生的有氧能力和力量，注重健康体能和运动体能的组合。学练方法中提供了多个组合的练习方法，有助于改变单个动作重复的单调枯燥，还能提高锻炼效果；提供的组合动作不是固定不变的，可以根据思路进行多个动作的组合；锻炼遵循自上而下、先易后难、先小强度后大强度的练习顺序，如先进行强度较小、时间较短的灵敏、协调、平衡能力锻炼，再进行强度较大、时间较长的力量、速度、耐力训练；有条件的学校可进行功能性动作筛查（FMS），以评测、优先解决学生柔韧性、灵活性、稳定性等运动功能性受限问题，在此基础上进行针对性锻炼和强化。

5. 小学体测类体能教学策略

学生体质健康成绩的提升是循序渐进的，不会一蹴而就，体育教师在教学时应给予学生较多的项目完整练习和测试机会，持续记录学生成绩变化过程，对学生的多次测试数据进行前后比较，调整体能锻炼课的内容和运动负荷。学生的体质水平受先天因素和后天因素的影响，先天因素影响已经形成，很难进行改变，因此学生之间的成绩存在较大差异，

需要后天养成锻炼习惯和进行科学锻炼加以促进。勤于记录学生的成绩，关注变化，可利用成绩变化的结果鼓励和激发学生锻炼的积极性。

6. 中考类和会考类体能教学策略

中考类、会考类体能锻炼课程从增强学生体质、全面发展学生的体能角度设计，采用渐进式的方式提高练习难度。组织形式和练习强度可以根据学生的实际能力进行调整，在保证学生能够接受和安全的前提下，控制好间歇时间，保证中高负荷的运动强度。徒手练习的内容可以采用集体练习的方式，需要器械的练习内容建议采用分小组循环练习的方式，提高练习密度。对一些安全系数较低的练习内容，要加强保护与帮助，器械练习时要加大练习空间，防止碰撞。注重分层教学，处理好优秀生与薄弱生的学生运动负荷差异，让学生根据自身能力选择不同难易程度的练习方法和运动负荷，确定好学习目标。

第三节　综合拓展课内容安排与教学策略选用

综合拓展课程是关注生存生活、培育体育品德，以集体合作学习为主要形式的主题式课程，通过创设学生在成长中可能会遇到的多种生存、生活情境，使学生掌握必要的逃生手段，学会安全防范、学会相互协作，培养坚强的意志品质和集体主义精神，树立体育为了当前与未来高品质生活方式的理念，达成向学生生活实际延伸的教育效果。

一、综合拓展课教学内容安排

综合拓展课程共包括健康教育、奥林匹克教育、运动项目拓展三大专题，根据需要分别设定了内容板块。每类专题和板块有相对独立和完整的课程结构与内容，整体组合为综合拓展课程。根据课程整体规划，1—12年级综合拓展课程共计180课时，根据学生认知特点和身心发展需要，为各专题内容安排了相应的授课时段和课时。

（一）健康教育（见表3-26、表3-27、表3-28）

表3-26　1—12年级卫生保健学习内容与课时分配

年级	主题	内容要点	建议课时	
			小　计	合　计
1年级	乐趣与成长	1. 体育运动乐趣多。	1	6
		2. 认识我们的身体。	1	
		3. 每天刷牙护牙齿。	1	
		4. 交通规则要遵守。	1	
		5. 文明如厕讲卫生。	1	
		6. 求救电话会拨打。	1	
2年级	习惯与养成	1. 坐立行走我最美。	1	6
		2. 一日三餐很重要。	1	
		3. 从小做起防近视。	1	
		4. 个人卫生好习惯。	1	
		5. 男孩女孩不一样。	1	
		6. 户外活动重安全。	1	
3年级	保健与环境	1. 垃圾分类靠你我。	1	4
		2. 合理用眼保视力。	1	
		3. 科学锻炼益处多。	1	
		4. 科学饮水我最懂。	1	
4年级	营养与肥胖	1. 营养全面促成长。	1	4
		2. 体质健康懂测量。	1	
		3. 卫生习惯防疾病。	1	
		4. 运动系统懂结构。	1	
5年级	作息与锻炼	1. 超重肥胖害处多。	1	4
		2. 充足睡眠很重要。	1	
		3. 坦然迎接青春期。	1	
		4. 气候变化会锻炼。	1	

年级	主　题	内容要点	建议课时	
			小　计	合　计
6年级	生活与体态	1. 生活方式促健康。	1	4
		2. 食品安全讲究多。	1	
		3. 健康上网学本领。	1	
		4. 健美体型好体态。	1	
7年级	健康与防护	1. 树立三维健康观。	1	4
		2. 防控近视要抓紧。	1	
		3. 运动安全你我他。	1	
		4. 青春心理多变化。	1	
8年级	自立与挑战	1. 锻炼计划能制订。	1	4
		2. 运动损伤会处理。	1	
		3. 清新空气防雾霾。	1	
		4. 吸烟饮酒要抵制。	1	
9年级	锻炼与防控	1. 运动负荷巧监控。	1	4
		2. 运动疲劳会消除。	1	
		3. 防治主要传染病。	1	
		4. 认清毒品危害大。	1	
10年级	自然与社会	1. 学业运动互促进。	1	4
		2. 膳食平衡促健康。	1	
		3. 异性交往要适度。	1	
		4. 环境变化能适应。	1	
11年级	健身与休闲	1. 制定处方促锻炼。	1	4
		2. 重视防控艾滋病。	1	
		3. 运动项目价值大。	1	
		4. 休闲方式与健康。	1	
12年级	未来与生命	1. 终身体育幸福多。	1	4
		2. 远离毒品防伤害。	1	
		3. 珍惜宝贵的生命。	1	
		4. 健康相关的职业。	1	

表 3-27 1—12 年级生命安全学习内容与课时分配

年级	主 题	内容要点	建议课时 小 计	建议课时 合 计
1年级	地震避险、轻伤出血	1. 地震中的自我保护与自救物品选择。	1	2
		2. 擦伤、挫伤和割伤后的处理方法。	1	
2年级	特殊天气、噎食处理	1. 暴雪、冰雹、尘霾天气和防护。	1	2
		2. 噎食处理方法。	1	
3年级	暴雨雷电、烫伤处置	1. 暴雨雷击的预防。	1	2
		2. 烫伤的处理方法。	1	
4年级	高温防范、动物蜇咬	1. 高温热浪的防范。	1	2
		2. 动物蜇伤、咬伤的处理方法。	1	
5年级	火灾逃生、拉伤救治	1. 火灾逃生。	1	2
		2. 腿部韧带拉伤的处理方法。	1	
6年级	洪水自救、脱臼扭伤	1. 洪水内涝的自救。	1	2
		2. 脱臼、扭伤后的处理方法。	1	
7年级	食物中毒、鼻腔出血	1. 食物中毒的症状与急救措施。	1	2
		2. 鼻腔出血的处理办法。	1	
8年级	用电安全、简易包扎	1. 安全用电，防范电气火灾。	1	2
		2. 膝部、手部、手臂出血后的加压包扎。	1	
9年级	绳结救生、伤员搬运	1. 巧设绳结。	1	2
		2. 搬运伤员的方法。	1	
10年级	担架制作、缓解发炎	1. 简易担架制作。	1	2
		2. 肌腱、筋膜发炎的缓解方法。	1	
11年级	冰雪灾害、骨折固定	1. 冰雪灾害的防范。	1	2
		2. 骨折、骨裂的基本固定方法。	1	
12年级	休克急救、心肺复苏	1. 各种原因导致的休克与处置。	1	2
		2. 心肺复苏的原则、操作。	1	

表 3-28 3—9、12 年级心理拓展学习内容与课时分配

年级	主 题	内容要点	建议课时 小 计	建议课时 合 计
3年级	守纪律，讲诚信	1. 诚实，最基本的品德。	1	2
		2. 我是诚实小健将。	1	
4年级	勇敢自律	1. 糖果实验的启发。	1	2
		2. 夺旗攻防战。	1	
5年级	责任与信任	1. 你是个负责任的人吗？	1	4
		2. 导盲之旅。	1	
		3. 不倒翁。	1	
		4. 精神集中。	1	
6年级	合作与交流	1. 团圆坐走。	1	4
		2. 顺序翻牌。	1	
		3. 竞速五子棋。	1	
		4. 雷区取水。	1	
7年级	个人与团队	1. 同舟共济。	1	4
		2. 托起明天的太阳。	1	
		3. 勇气号登陆车。	1	
		4. 电网逃生。	1	
8年级	集体价值与个人价值	1. 拼图。	1	4
		2. 同心笔（神笔马良）。	1	
		3. 叠罗汉（跪撑）。	2	
9年级	压力应对	1. 太极减压。	1	4
		2. 谁是卧底。	1	
		3. 空中单杠。	1	
		4. 断桥。	1	
12年级	笑对挑战，永不放弃	1. 压力伴我行。	1	4
		2. 减压有方法。	1	
		3. 挑战不可能。	1	
		4. 20 个我。	1	

（二）奥林匹克教育（见表3-29）

表3-29 3—12年级奥林匹克教育学习内容与课时分配

年级	主题	内容要点	建议课时	
			小计	合计
3年级	认识和参与奥运	1. 奥运家族。	1	2
		2. 观看比赛（3—4项）的文明行为。	1	
4年级	奥运项目基本规则	1. 夏季奥运会比赛项目基本规则。	1	2
		2. 冬季奥运会比赛项目基本规则。	1	
5年级	奥运科技与文化	1. 夏季奥运会场馆、吉祥物及奥运火炬传递。	1	2
		2. 冬季奥运会场馆、吉祥物及奥运火炬传递。	1	
6年级	奥林匹克精神	1. 奥林匹克精神的定义及意义。	1	2
		2. 励志的奥运小故事。	1	
7年级	奥运发展史	1. 古代奥运会的兴衰。	1	2
		2. 现代奥运会的发展。	1	
8年级	奥运项目与规则演变	1. 古代奥运会规则演变的主要特征。	1	2
		2. 现代奥运会项目演变的主要特征。	1	
9年级	奥林匹克价值观	1. 古代奥林匹克价值观的内涵及启示。	1	2
		2. 现代奥林匹克的核心价值观体系及教育意义。	1	
10年级	奥林匹克文化的发展	1. 奥运会开闭幕式与奥运口号的意义。	1	2
		2. 奥林匹克的文化继承、发展与体现。		
11年级	奥运科技的进步	1. 奥运基础设施中的科技含量。	1	2
		2. 科技奥运的创新发展对未来发展的影响。	1	
12年级	奥运经济的影响	1. 奥运周期中的经济发展与影响。	1	2
		2. 后奥运时代的经济影响。	1	

（三）运动项目体验（见表 3-30）

表 3-30　1—8、10—11 年级运动项目体验课学习内容与课时分配

年级	主　题	内容要点	建议课时 小　计	建议课时 合　计
1 — 2 年 级	风驰电掣话板羽球	1. 板羽球介绍。	1	4
		2. 板羽球握拍方法。	1	
		3. 板羽球正手发球。	1	
		4. 板羽球游戏体验。	1	
1 — 2 年 级	素质之王跳房子	1. 跳房子介绍。	1	4
		2. 简单的矩形房子的学习与体验。		
		3. 十字形房子的学习与体验。	1	
		4. 飞机形房子的学习与体验。	1	
		5. 圆形（蜗牛）房子的学习与体验。	1	
1 — 2 年 级	返璞归真滚铁环	1. 滚铁环介绍。	1	4
		2. 滚铁环工具制作方法。	1	
		3. 滚铁环技术技巧。	1	
		4. 滚铁环游戏与竞赛体验。	1	
1 — 2 年 级	民族自信斗鸡	1. "斗鸡"的起源，"脚斗娃"运动的发展与演变。	1	4
		2. 掌握"脚斗娃"的基本技术。	1	
		3. 巩固和提高"脚斗娃"的基本技术。	1	
		4. "脚斗娃"游戏和竞赛。	1	
3 — 4 年 级	奇妙无穷柔力球	1. 柔力球运动介绍。	1	8
		2. 项目礼仪与掌握正确握拍方法。		
		3. 摆绕类基本技术：左右摆动、正反绕环。	1	
		4. 抛接类基本技术：左右摆抛、正反绕抛。	1	
		5. 摆绕类进阶技术：上抱圆、下抱圆。	1	
		6. 摆绕类技术挑战：平旋转体、立旋转体。	1	
		7. 抛接类进阶技术与挑战：腿下摆抛与绕抛、背后摆抛与绕抛。	1	
		8. 隔网对抗竞技赛。	1	
		9. 简易组合套路展示。	1	

年级	主 题	内容要点	建议课时	
			小 计	合 计
3—4年级	喜闻乐见民间技艺踩高跷	1.踩高跷介绍。	1	8
		2.手拉绳踩高跷游戏体验。	1	
		3.手拉绳踩高跷前后左右及"十字步"走。	1	
		4.手持踩高跷的预备姿势、上跷、平衡、走动、下跷完整技术动作及保护帮助的方法。	1	
		5.独立完成手持踩高跷走直线练习。	1	
		6.自主挑战（走直线、后退走、十字步、交叉步等花式步，绕、跨、跳过障碍等）的练习。	1	
		7.小组合作设计多种形式组合的踩高跷游戏。	1	
		8.展演及评选"踩高跷达人""最佳配合奖"。	1	
3—4年级	律动中玩法多样跳皮筋	1.跳皮筋介绍。	1	8
		2.跳皮筋"点、迈"基本动作组合。	1	
		3.跳皮筋"顶筋"基本动作。	1	
		4.跳皮筋"摆压、摆勾、摆踩"基本动作。	1	
		5.跳皮筋"反绕、反掏、转"基本动作组合。	1	
		6.跳皮筋"正绕、正掏"基本动作组合（1）。	1	
		7.跳皮筋"正绕、正掏"基本动作组合（2）。	1	
		8.跳皮筋基本动作组合创编展示。	1	
3—4年级	斗智斗勇角力	1.角力的起源和发展变迁。	1	8
		2.及物类游戏：打石靶、护蛋。	1	
		3.及物类游戏：弹玻璃球、打方宝。	1	
		4.及物类游戏（室内）：挑木棍、手指拔河。	1	
		5.徒手类游戏：推人出圈、火车竞走。	1	
		6.徒手类游戏：四足爬行、跨步子。	1	
		7.徒手类游戏（室内）：掰手腕、抓手指。	1	
		8.创编新游戏与展示。	1	

年级	主 题	内容要点	建议课时	
			小 计	合 计
5—6年级	疾驰人生滑板运动	1.滑板运动介绍和基本动作体验。	1	6
		2.直线滑行和曲线滑行。	1	
		3.滑行技术和刹停技术。	1	
		4.转弯与变向技术。	1	
		5.脚分立后轮滑行与跳台滑行。	1	
		6.冲板滑行与板上跳转。	1	
5—6年级	"车轮上舞蹈"独轮车	1.独轮车的起源和发展。	1	6
		2.静态骑行基本姿势及失去平衡后的自我保护。	1	
		3.辅助上车及辅助直线骑行。	1	
		4.独立上车及辅助转弯骑行。	1	
		5.独立上车和行进间骑行。	1	
		6.独立骑行和绕桩。	1	
5—6年级	变幻多端溜溜球	1.溜溜球运动的介绍。	1	6
		2.识别溜溜球的类型、学习绳子装法、系结方法、绳的卷法,初步学习技巧"睡眠"。	1	
		3.复习初级技巧之"睡眠",学习"遛狗"。	1	
		4.学习初级技巧之"爬行""前抛"。	1	
		5.学习初级技巧之"摇篮"。	1	
		6.简单的溜溜球比赛与展演。	1	
5—6年级	步调一致板鞋运动	1.板鞋运动的起源与发展、运动形式、运动特点、社会价值。	1	6
		2.初步学习板鞋运动的基本动作:三人板鞋原地踏步走、齐步走。	1	
		3.继续学习板鞋运动的动作技术:三人板鞋原地转圈走、左右移动走、拐弯齐步走。	1	
		4.巩固学习板鞋运动的动作技术。	1	
		5.熟练掌握板鞋齐步走的动作技术。	1	
		6.拓展:多人板鞋齐步走比赛、跑步走比赛。	1	

年级	主 题	内容要点	建议课时 小 计	建议课时 合 计
7—8年级	齐心协力旱地龙舟	1. 龙舟介绍及旱地赛龙舟的区别。	1	6
		2. 简单上下肢协调游戏合作练习。	1	
		3. 多足蜈蚣走、跑配合练习。	1	
		4. 持器械旱地龙舟技术。	1	
		5. 持器械手脚配合技术。	1	
		6. 旱地龙舟教学比赛及展演。	1	
7—8年级	万众一心飞镖	1. 飞镖运动介绍。	1	6
		2. 握镖技术动作。	1	
		3. 投镖技术动作。	1	
		4. 准备姿势与投镖动作的连续练习。	1	
		5. 飞镖技术动作改进与提高。	1	
		6. 教学比赛与展示。	1	
7—8年级	团结一致绑腿跑	1. 绑腿跑比赛介绍与初步体验。	1	6
		2. 绑腿跑的动作方法与技巧。	1	
		3. 多人多足慢走、快走的协调性练习。	1	
		4. 多人多足快走、慢跑的协调性练习。	1	
		5. 绑腿跑的练习。	1	
		6. 绑腿跑的教学比赛及展演。	1	
7—8年级	民族风情跳竹竿	1. 学习跳竹竿知识。	1	6
		2. 学习打竿和尝试单人 2 拍跳法。	1	
		3. 学习 1 竿、2 竿的 3 拍动作。	1	
		4. 学习 1 竿、2 竿的 4 拍动作，学习 1 竿的纵向排列式集体跳法。	1	
		5. 学习 2 竿的集体并排式跳法。	1	
		6. 学习 7 拍打法和跳法；分组展示还原黎族热闹欢快的跳竹竿场景。	1	

年级	主 题	内容要点	建议课时	
			小 计	合 计
10—11年级	永不言弃马拉松	1. 马拉松运动介绍。	1	4
		2. "微马"比赛 DIY 设计。	1	
		3. "微型马拉松"赛事准备。	1	
		4. 班级"微马"比赛。	1	
	民族瑰宝珍珠球	1. 珍珠球运动介绍，了解珍珠球历史。	1	4
		2. 掌握原地运球及行进间运球方法。		
		3. 掌握传球方法，掌握抛接动作及落点动作的正确方法。	1	
		4. 掌握防守脚步，加强滑步和跳跃结合；掌握投球技巧，两人行进间配合投网练习。	1	
		5. 开展珍珠球比赛：半场三对二攻防练习；团队作战实践：全场五对五攻防练习。	1	
	"力拔山兮气盖世"拔河	1. 拔河运动的介绍：发展历史、基本规则、场地布置。	1	4
		2. 准备姿势：握绳方法、身体基本姿势。	1	
		3. 少人组拔河赛（一对一,二对二,三对三）。		
		4. 拔河的阵容安排、比赛中基本攻防技术，两队拔河比赛。	1	
		5. 三向（队）拔河比赛，四向（队）拔河比赛。	1	
	并肩作战的多人竹竿跑	1. 多人竹竿跑介绍和体验。	1	4
		2. 无障碍直线：多人竹竿跑。	1	
		3. 有障碍直线曲线结合：多人竹竿"旋风跑"。	1	
		4. 班级竞赛及评选"最佳配合奖"。	1	

二、综合拓展课教学策略选用

（一）综合拓展课整体教学策略

l. 关注学生，满足学生核心素养形成与发展的需要

本课程高度关注学生的发展需要，从发挥体育学科的育人价值出发，始终以促进学生

的身心发展为中心，在增强学生健康知识技能、体育文化素养的同时，发展他们良好的心理素质，促进学生健康行为的养成和体育品德的培养。

2. 重视实践，鼓励学生感受体验与实际操作

课程提倡理论学习与技能操练并重。教师在传授知识的同时，还要注重安全防护、卫生保健、项目体验等实践技能的掌握；注重学生的感受体验，引导学生将学到的知识与生活、锻炼实践相联系。

3. 强调整合，注重多学科知识的关联与融合

综合拓展课程融合了运动、生理、心理、卫生保健、环境、社会、安全、营养、文化等诸多领域的相关知识，表现为一个综合的、有序的体系，多种学科相互交叉、多元渗透、深度融合。

4. 注重效果，对行为表现和锻炼习惯进行评价

课程强调从行为养成和生活方式对学生学习效果进行评价，引导学生了解体育文化和项目特色，学会科学锻炼与健康生活，提升适应环境变化的能力，逐步形成关注自身发展的健康意识和锻炼行为。

（二）综合拓展课分类教学策略

1. 健康教育的教学策略指导

（1）健康知识与健康技能传授并重，在教授基础的、准确的健康知识的同时，注重培养学生的健康理念和健康行为；加强促进健康行为的个人价值观和集体规范；保持连续性以使学生获得所需的健康知识和技能，引导学生知行合一，在生活和锻炼实践中践行健康知识与技能。

（2）拓宽和丰富开展健康教育的形式。如以能够促进学生积极参与的、互动的、亲自体验的方式开展健康教育活动；以案例的方式让学生模仿和实践相关的社会健康技能；结合体育教学内容，选用运动实践渗透、情景模拟教学、针对课堂突发事件的随机教学等多种教学形式，如融入准备活动的关节操，在准备活动中可以让学生说出关节名称等。

（3）教师在教学过程中应与学生积极互动，处理好传授知识与培养能力的关系，引导学生质疑、调查探究，在实践中学习；关注个体差异，满足不同学生的需要，创设能引导学生主动参与的教育环境，激发学生的积极性。

（4）重视信息技术在教学中的应用，发挥其在教学内容呈现、学生学习、教师教学和师生互动等方面的优势；重视社会和媒体对学生行为产生的影响，开发和利用多种教育资源。

2. 奥林匹克教育的教学策略指导

（1）了解学生对奥林匹克文化的知识基础，从关注世界各国优秀运动员的典型事例开

始，提高学生对奥林匹克主义、宗旨、精神和格言内涵的理解。

（2）按照单元计划的安排，对不同学段的教学内容，设置不同的课前预习、提出问题、资料查询、研讨发言的教学策略，调动学生学习奥林匹克知识的主动性，带着问题去思考、去体验。

（3）组织学习小组，确定学习主题，鼓励学生开展合作和探究学习；结合包括冰雪项目在内的运动体验，将运动参与、体验乐趣、奥运教育进行有机整合。

（4）以班级或年级为单位，组织学生参观鸟巢或冬奥会等社会实践活动；鼓励学生积极参加赛事志愿者活动，了解相关项目的比赛知识及志愿者所承担的任务，为2022年的北京冬奥会做好担任志愿者的准备。

3. 运动项目体验的教学策略指导

（1）根据3—6年级小学生年龄特点和学生身体素质发展敏感期，以兴趣为导向，以游戏化方法为手段，以生活动作为基础，在锻炼中弘扬中华传统文化，进校园开展传承与融入活动。

（2）注重基本活动练习与知识拓展，在玩中练、在练中发展和提高，带给学生趣味性、挑战性与协作性的体验，寓教于乐，团队合作，拼搏进取，育体育心。

（3）通过民族、民间及新兴时尚运动项目体验，既感受到民族传统体育的魅力，又紧随时代运动的脉搏，同时安排组合式练习为主的健康体能和运动体能锻炼的练习内容。

（4）注重全身和整体性训练。科学安排锻炼强度和难度，提高学生柔韧性、灵敏性、稳定性，发展爆发力、速度和力量等，把体能融入项目技战术学练中，提升体能的同时促进技能的提高。

第四章 北京市中小学体育与健康课程的学业评价

学生学业质量标准是核心素养在学生学业上的具体体现，主要规定了学生在接受一定时间的体育与健康课程学习后必须或应该达到的能力水平和程度要求。北京市中小学体育与健康课程学业质量标准包括学生课程学习的过程质量和能力结果质量两个关键点。基于质量标准的学科核心素养是涉及知识、技能、情感态度与价值观等多方面能力的集合体，要通过课程、教学和评价来具体实现。本课程是以运动专项课、体能锻炼课、综合拓展课的学习表现水平（基本达成度）为主要维度，突出学业质量标准的双向评价，即学业质量标准（注重体育课堂学习评价）和运动能力测评标准（注重教师、学生指导自测达标）两种方式，是对学生通过学习取得学业成就进行总体刻画。凸显体育学科核心素养，是对《义务教育体育与健康课程标准（2011 年版）》和《普通高中体育与健康课程标准（2017 年版）》中相关标准的进一步细化，强化体育与健康课程学业质量评价的特性，是对学生身心健康、运动能力、健康行为、体育品德的表现和综合能力的评价。

第一节　学业质量标准的评价理念与制定原则

一、学业质量标准的评价理念

本课程学业质量标准是以体育学科核心素养发展为本，不仅关注单个运动技术和知识的习得，更关注学生对运动项目和文化的认知，评价学生参与体育学习、体育运动的方法和途径，对运动项目特征和规则的理解，以及欣赏比赛的能力；不仅关注知识技能的学习，更关注学生在复杂情境中知识技术运用能力的获得，评价学生主动思考、迁移运用、自主学练的学习过程，以及在游戏、比赛中的具体表现；不仅关注学生个体的学习结果，更要关注学生合作学习的能力和表现，评价学生能否在团队合作中进行有效沟通与交流，能否表现出接纳包容、相互学习等行为和态度。

二、学业质量标准的制定原则

（一）生本性原则

生本性原则是认真贯彻《国家中长期教育改革和发展规划纲要（2010—2020年）》（下文简称《纲要》）的具体体现，也是对《纲要》的进一步解读和深化。学校和教师都要尊重教育教学规律和学生身心发展规律，为每个学生提供合适的教育。要按照体育与健康学业质量标准对体育教学进行监控，始终坚持以学生为主体、教师为主导，始终把促进学生健康成长作为学校体育工作的出发点和落脚点。

（二）进阶性原则

学业质量标准应根据学生的身心发展阶段特点制定，体现体育与健康学习的进阶性。小学阶段的学业质量标准要关注学生的基本运动能力、学习习惯、学习态度等指标；初中阶段要体现学生的健康知识和运动能力水平、健康行为、价值观念以及体育品德等指标；高中阶段要突出学生运用健康知识和运动技能解决问题的能力、体育创新学习的实践能力等。

（三）操作性原则

学业质量标准具有导向、区分、反馈、参照、激励等多项功能，注重基础的同时关注个性发展。因此要可操作、可参照、可测量、可比较，标准描述要具体、准确，使学生、教师、家长等不同群体都能理解并正确使用，体现评价促进学生成长、教师发展和改进教学实践的功能。

第二节　三类课程的学业质量标准与应用指导

本课程学业质量标准是按学科的性质和特点、学科教育规律和原则，从教育理念、课程目标、内容标准和评价标准等方面系统考虑，融合了知识与技能、过程与方法、情感态度与价值观的综合要求，并与学科核心素养、学科知识体系、学生学习需求对接，进行整体规划和系统设计，是学生在完成小学、初中、高中各学段体育与健康课程学习时应该具备的基本素养，以及应该达到的具体表现水平的明确界定和描述，即学生在运动能力，健康行为和体育品德三个方面表现出来的学科核心素养发展水平，也是评价学生在完成运动专项课、体能锻炼课、综合拓展课各运动项目在不同学段关键指标的学习结果和具体表现。

本课程研制的学生学业质量标准主要是根据整体方案的要求，将其总体目标、内容转化为不同年级和项目的具体表现目标，细化成教学和评价中体现不同水平要求的、具有可测性的目标，同时强化和凸显运动能力、健康行为和体育品德。学业质量标准是在明确了"学什么""怎么学"后进一步明确"学到不同水平的不同表现是什么""如何评价学生学到相应的水平""如何解释和改进学生的学习"等问题。

一、运动专项课学业质量标准与应用指导

（一）运动专项课学业质量评价建议

1. 精心设计评价内容助力专项发展

运动专项课内容丰富，主要包括田径、体操、球类、民传体育、新兴体育等 26 个项目，同时结合 1—12 年级分别设计了相对应的学业质量标准。学业质量标准的设计依据三大课程目标的知识与技能、过程与方法、情感态度与价值观进行整体规划，并在认知、技能、情感三个方面进行精心设计，认知与技能评价内容中出现了数字量化标准，更加注重评价指标的精准性。依据学业质量标准的各项评价指标，教师要合理规划教学内容，科学制定单元与课时的评价标准，引导学生参照评价标准，组织学生进行有效的学练活动、游戏竞赛与评价总结，从而激发学生参与运动专项课的学练兴趣，提升学生的专项技术能力，知晓完整的评价内容，开展正确的评价活动，达成最佳的评价效果，促进学生运动专项课内容的继续学习与能力发展。

2. 实施多元评价标准促进专项发展

运动专项课的学业质量标准是通过选择多元评价内容与多种评价方法的有机结合，注重多元评价主体的共同参与。要依据运动专项课学习内容项目特点、运动技能形成规律、锻炼价值与竞赛价值等进行全面思考，系统建构运动专项课多元化评价标准。学习评价既要注重评价主体的科学、公正、准确，保证评价选用多样评价方法的有效性与可信度，又要注意发挥首都教育科技发展的新优势，通过大数据统计与人工智能设备的巧妙结合，提升科技监测设备服务体育教学的新范式。运动专项课的评价不仅注重过程性与终结性评价，而且还能够兼顾定性与定量的评价，同时参照相对性评价与绝对性评价，还融入了显性与隐性评价，从更多维度实施评价内容，促进了运动专项课学生评价方式的转变与发展。由于运动专项课内容涉及 26 个项目，所以在课堂教学实施评价的过程中要注意结合项目特性、技术要点与竞赛特点进行思考与设计。如 7 年级排球课的学业评价标准是：第一，可以描述排球运动的发球次序、不良行为等简单规则；能够判断一传、二传到位与否；说出上手发球、正面屈体扣球的动作要领；知道进攻过网是最基础、最有效的得分手段，可以

说出"中一二"进攻、"心跟进"防守简单战术方法。第二，两人相距 4—6 米，连续传垫球 20 次以上；端线外上手发球过网，4 号位正面屈体扣手抛球，成功率均达 40%，在侧重"中一二"进攻比赛中，一次攻配合的成功率达 40%，体现出力量、速度、柔韧、灵敏、协调等身体素质。第三，具有善于思考、主动参与的学习态度，具备团队合作意识，提高分析问题、解决问题的能力。此项评价指标不仅在认知目标中结合排球专项知识设计了简单规则，而且还增加了对感知思维层面评价的设计。技能评价指标能够结合技术在比赛中的应用效果进行评价指标设计，充分地体现了排球技术的学练价值与预期应用效果；情感评价指标设计指向排球项目属性，促进学生个人品质与团队意识的形成，增强了学生对问题的思辨能力与解决能力，突出了运动专项课的锻炼价值与育人功能。评价标准实施建议中小学要参考《义务教育体育与健康课程标准（2011 年版）》关于评价的实施建议，从运动参与、运动技能、身体健康、心理健康与社会适应四个方面进行思考；高中要参考《普通高中体育与健康课程标准（2017 年版）》中关于学业水平评价方案设计的实施建议。

3. 评价信息收集与综合利用加速专项发展

评价标准的制定、实施、收集是一个完整的闭合程序，学科核心素养与学业质量评价环环相扣、紧密相连，从而会产生多个维度的评价结果。其评价结果涉及运动认知、运动技能、心理状态、情意表现、社会适应、体育品德等方面信息，这些信息指标的收集、整理、比对、分析必定会对下一阶段的实施产生良好的促进作用，所以评价信息收集是评价结果升华的关键。此外，评价信息收集就像材料收集，如果没有进行条理性的整理与分析，评价信息就像荒弃的耕地毫无利用价值。评价信息的整理分析以及转化为结果的加工过程并不复杂，但评价结果的综合利用才是重中之重。教师要及时汇总评价结果，梳理思路，分析影响学生运动专项课知识学习、技术提升、体能增强、能力发展的因素，调整教育教学策略，有针对性地利用已转化的评价结果。此外，教师还要将具有延伸价值的评价结果，及时与家长进行反馈，获得家长的支持与协助，形成家校共育的教育氛围，实现学校体育与家庭体育的有机融合，促进学生专项运动能力的发展，培养学生终身体育的意识，形成健康的家庭生活习惯，建构和谐的家庭运动氛围。

（二）1—12 年级运动专项课学业质量标准

本课程对各运动专项课在 1—12 年级的学业质量标准做出规定。为了达到评价的效果，该学业质量标准是学生完成 36 课时学习所要达到的合格标准。如果学生连续学习同一运动项目，达到几年级学业质量标准即为达到相应等级。如果学生不是连续学习同一运动项目，需要经过测试后确定从哪一等级开始学习，具有一定的弹性，也为实施走班制与选项制教学提供一定的依据。

1.1—12年级田径专项课学业质量标准（见表4-1）

表4-1 1—12年级田径专项课学业质量标准

年 级	学业质量合格标准描述
1年级	1.知道多种姿势的走、单双脚跳、轻物投掷、30米快速跑等动作要领。 2.能够做出2—3种正确的走、跳跃、投掷等基本动作方法。在多种练习中提高投掷沙包的技能，男生达到13.1米，女生达到8.1米；提高学生立定跳远能力，男生达到1.13米，女生达到1.06米。在练习中发展学生的力量、协调性等素质，提高基本运动能力，培养良好的身体姿态。 3.在走、跑、跳和投的体验游戏与练习中，初步建立注意安全的意识和感受各种游戏活动所带来的乐趣。
2年级	1.简单说出所学动作的重点（如摆臂、前脚掌、肩上屈肘），熟悉短跑、各种形式的跳跃、原地持沙包掷远等动作过程，在游戏中体验正确的动作方法。 2.进行多种形式的跑、跳、投练习，提高短跑能力。在30米跑中男生达到6.4秒、女生达到6.5秒；能运用多种方式进行跳跃、立定跳远，男生达到1.30米，女生达到1.10米；学会原地沙包掷远的方法，发展学生投掷能力。 3.在学习30米短跑、跳和各种掷准的练习活动中，逐步形成主动遵守游戏比赛规则，在与同伴交流中建立友谊。
3年级	1.理解50米短跑、接力跑及障碍跑对提高反应速度的重要意义，做到跑姿正确、跑动快速，知道双脚连续跳跃中脚着地的方法，懂得在上步投掷沙包中上下肢动作协调、连贯。 2.在50米短跑中，男生达到10.1秒，女生达到10.4秒；在立定跳远中，男生达到1.43米，女生达到1.34米。在跑、跳、投的练习中，发展跑、跳、投的专项能力，增强上下肢力量及身体协调性和灵敏性。 3.在立定跳远、短跑等有挑战性的学习中，养成乐学、好学的学习态度，在与同伴较好的合作下完成接力比赛，初步建立团队合作的意识。
4年级	1.明确摆臂在跑动中的重要作用，体验中长跑中正确的呼吸节奏，学会上步投掷沙包技术，了解背后过肩、肩上屈肘的重要作用。 2.在50米跑中，男生达到9.5秒，女生达到9.9秒；在沙包掷远（上三步）中，男生达到22.7米，女生达到13.3米。 3.在跨越式跳高、沙包掷远等练习中，以目标引领的方式明确目标，形成乐学、好学的学习态度，能用发现和欣赏的眼光赞美同伴的点滴进步。
5年级	1.了解中长跑、跨越式跳高和助跑投掷垒球（沙包）、实心球的动作要领和练习方法，明确比赛规则，基本了解各个技术环节的动作原理及其意义和动作要领。 2.在测试中，50米短跑男生达到9.4秒，女生达到9.5秒；在跨越式跳高中，男生达到0.91米，女生达到0.85米。发展速度、灵敏、耐力、力量等身体素质，提高协调能力并学会相关练习方法。 3.面对中长跑等有挑战性的运动项目时，具有较好的自律、自控意识，在投掷实心球练习中，逐步养成安全的意识和一切行动听指挥的服从意识。

年 级	学业质量合格标准描述
6年级	1. 了解短跑、中长跑、蹲踞式跳远、实心球等技术要领，掌握快速有力起跳、上下肢协调配合、身体发力顺序等动作要点。 2. 进一步提升跑、跳、投的专项能力。在中长跑 50 米 ×8 测试中，男生达到 1 分 54 秒，女生达到 2 分 01 秒；在实心球（1 千克）测试中，男生达到 4.39 米，女生达到 3.68 米，提高速度、耐力素质及上下肢力量，提高身体的协调性。 3. 在各种短跑、中长跑、蹲踞式跳远和投掷练习中，逐渐养成自觉参加体育锻炼的意识，在各种田径比赛和活动中，逐步形成为班、校集体争得荣誉的责任感。
7年级	1. 在中长跑、跳的能力练习、跨越式跳高、原地侧向推实心球等项目的学习中，进一步了解跑、跳、投等项目的特性，掌握正确的动作方法和基本要领。 2. 在各种练习中，掌握田径运动的基本技术与技能，学会发展速度、力量等身体素质的方法。中长跑（男生 1000 米，女生 800 米）男生达到 5 分 15 秒，女生达到 4 分 52 秒的标准；跨越式跳高男生达到 1.00 米，女生达到 0.93 米。 3. 通过中长跑练习，逐渐突破畏难情绪；通过跨越式跳高和实心球练习，锻炼学生洞察动作细节、提高其分析动作原理的能力。
8年级	1. 学习短跑、接力跑、中长跑、蹲踞式跳远等技术动作，具备快速奔跑的能力，明确下压式与上挑式接力棒技术概念。理解中长跑的基本技术动作和项目特点。加深对蹲踞式跳远、跨越式跳高运动项目的理解与认识。 2. 掌握田径运动的基本技术与技能，学会增强速度、灵敏、耐力、力量和柔韧等身体素质的锻炼方法。短跑男生达到 16.2 秒，女生达到 17.7 秒；中长跑（男生 1000 米，女生 800 米）男生达到 5 分 01 秒，女生达到 4 分 45 秒；蹲踞式跳远男生达到 3.54 米，女生达到 2.97 米。 3. 通过快速跑、中长跑、接力跑的练习，树立面对枯燥练习时思维的稳定性和必胜的坚定信念，进一步巩固同伴之间的团队配合能力；通过蹲踞式跳远练习，体验腾空的快乐，发展学生灵活的思维转换能力和不断超越自我的精神追求。
9年级	1. 掌握障碍跑、中长跑、双手头上前掷实心球、侧向滑步推实心球技术的基本原理和知识，了解障碍跑的动作分类。 2. 掌握障碍跑、中长跑、双手头上前掷实心球和侧向滑步推实心球技术动作和多种练习方法，能积极参与到项目的体育锻炼和竞赛中。中长跑（男生 1000 米，女生 800 米）男生达到 4 分 53 秒，女生达到 4 分 40 秒；双手正面投掷实心球，男生达到 6.2 米，女生达到 4.3 米的标准。 3. 通过中长跑、障碍跑和实心球练习培养坚强的品格、果敢的精神，牢固树立安全意识和社会责任感，养成终身体育锻炼的行为习惯。
10年级	1. 理解短跑、中长跑、挺身式跳远及投掷能力发展的技术原理，能够区分蹲踞式跳远、挺身式跳远、走步式跳远的技术区别，能够合理制订自我练习计划，明确项目锻炼价值。 2. 强化 100 米跑、中长跑、挺身式跳远及投掷能力等技术动作。在 100 米跑测试中男生达到 15.3 秒以内，女生达到 17.5 秒以内；男生 1000 米跑测试达到 4 分 35 秒，女生 800 米跑测试达到 4 分 30 秒；在跳远测试中男生达到 3.80 米，女生达到 3.35 米，掌握科学练习的方法。 3. 在短跑、中长跑的学习中能调控自己的情绪，正确对待比赛的胜负结果。在跳远合作学习中感受分工协作的重要性，胜任裁判角色，理解所学项目的比赛规则，具有公平竞争的意识和行为。

年　级	学业质量合格标准描述
11 年 级	1. 理解跨栏跑和背越式跳高的技术原理与练习方法，能够合理制订自我练习计划，明确项目锻炼价值。 2. 掌握跨栏跑和背越式跳高技术。在跨栏中，男生栏高 0.84 米，起跑线至第一栏距离为 13.72 米，栏间距 8.5 米，全程放置 4 个栏架；女生栏高 0.762 米，起跑线至第一栏距离为 13 米，栏间距 8 米，全程放置 4 个栏架。男生成绩达到 11.3 秒，女生成绩达到 14.3 秒。背越式跳高测试男生达到 1.26 米，女生达到 1.05 米，提高跨越障碍和越过一定高度的能力。 3. 在跨栏跑学习中，发展克服障碍的自信和勇气；在跳高学习中不断挑战自我、奋发向上，在展示和比赛中自觉遵守运动规范和比赛规则，积极处理比赛中产生的问题。
12 年 级	1. 理解侧向滑步推铅球和接力跑的技术原理，合理制订自我练习计划，明确项目锻炼价值。 2. 在 4×100 米跑测试中，成绩要比 4 人 100 米成绩之和快；男生 1000 米测试达到 4 分 25 秒，女生 800 米跑达到 4 分 26 秒；强化侧向滑步推铅球和接力跑专项技术，掌握科学练习方法，铅球测试男生 5 千克成绩达到 7.4 米，女生 4 千克成绩达到 5.2 米，发展力量、速度、灵敏、协调等体能。 3. 在铅球学习中，强化安全意识，自律自制，有效预判和应对运动中的危险；在接力跑、中长跑学习中发挥团队合作的精神，同学间相互鼓励，共同进步，将在体育运动中形成的良好品德迁移到学习和日常生活中。

2.1—12 年级体操专项课学业质量标准（见表 4-2）

表 4-2　1—12 年级体操专项课学业质量标准

年　级	学业质量合格标准描述
1 年 级	1. 了解快速爬行及滚动成直线的动作要领，模仿各种动作并学会保护自己，躲避危险，能够完成前滚翻拓展动作练习。 2. 能够快速爬行 30 秒，攀爬 60—80 厘米的障碍，滚动成直线及跳跃动作重复三次不失误的技能，重点发展学生身体的力量和灵敏素质。 3. 形成善于观察、乐于模仿的学习态度，展现出敢于创新的能力。
2 年 级	1. 了解滚翻、跳跃核心技术，学会在不同情境中使用双脚跳跃技术保护自己，能够完成翻越动作。 2. 在保护、帮助下能够完成攀爬、倒立坚持 1—3 秒，跳跃动作重复 3 次不失误，重点发展学生身体的协调和灵敏素质。 3. 形成乐于锻炼、善于观察的学习态度，展现出敢于挑战自我的精神。
3 年 级	1. 了解体操技巧、跳跃的动作方法，能够说出 2—3 个滚翻、跳跃动作名称，知晓保护与帮助的正确方法。 2. 能够在保护与帮助下手倒立保持 5 秒，完成 3 节箱的跳跃，连续滚翻不失误，重点发展学生的身体柔韧、协调、平衡能力，结合保护自己并躲避危险的方法，增强控制身体的能力。 3. 形成认真、刻苦、进取的学习态度，展示出对同伴信任、乐于助人及对他人负责的意识。

年　级	学业质量合格标准描述
4 年级	1. 了解体操倒立类的动作方法，能够说出 2—3 个"倒立类"或"支撑类"动作名称，知晓保护与帮助的正确方法。 2. 能够在保护与帮助下有人扶持手倒立 10 秒，顺利跳过 3—4 节跳箱，完成单杠支撑、悬垂 3—5 秒，连续完成动作不失误，重点发展身体力量、灵敏素质和协调能力，结合自我保护的方法，增强身体控制能力。 3. 形成认真、刻苦、守纪的学习态度，展示出相互理解、互助合作及对他人负责的责任意识。
5 年级	1. 了解体操规定组合动作，成功完成山羊分腿腾跃，增强身体的平衡能力和时空感，顺利完成三次单杠支撑动作。 2. 能够完成"蹬墙"手倒立 10 秒，悬垂时间保持 10 秒，移动前移 4 步，成功翻越 4—5 节儿童箱。重点发展上肢及腰腹的力量、灵敏、协调等身体素质，增强身体控制能力。 3. 体验互相激励、团结互助的合作意识，展现出敢于挑战自我、战胜困难的体育精神。
6 年级	1. 可以完成 2—3 套创编组合动作的展示，学会创编技巧。了解单杠规定动作，知道保护与帮助的方法。 2. 能够使杠上支撑保持 5—10 秒，靠墙手倒立保持 20 秒，成功跳过 5 节儿童箱，重点发展学生肩带、胸部、腰腹部及上肢的力量，增强柔韧、灵敏、协调等身体素质。 3. 形成团队意识，互帮互助，积极向上，展现出勇于克服困难、挑战自我的精神。
7 年级	1. 了解体操和双杠规定动作及其分值，可以从动作的难度与完成情况进行评分；能够判断出保护与帮助的时机，说出体操、双杠规定动作的技术要领，掌握正确控制身体姿态和提高体能的方法。 2. 掌握前后滚翻、鱼跃前滚翻、肩肘倒立、燕式平衡、挺身跳等体操技术动作和支撑摆动、分腿骑坐前进、支撑后摆转体 180 度成分腿坐、前摆下、支撑后摆挺身下等双杠技术动作和两个项目的组合成套动作。在侧重衔接和巩固小学阶段掌握的体操技能基础上，注重规定单个动作和成套动作的掌握、完成质量，发展力量、柔韧、协调、灵敏、速度等身体素质。 3. 展现勇敢、果断、克服困难的精神风貌，养成观察、分析和相互保护帮助的学练习惯，发展团队协作、人际交流能力。
8 年级	1. 了解支撑跳跃和单杠规定动作及成套动作的分值，知道单个技术动作组合为成套动作的方法，能从动作的编排与完成情况互评；能够说出支撑跳跃、单杠规定动作的技术要领，知道在动作学练中运用正确的站位、准确的时机和得当的手法是保护与帮助同伴重要的手段。 2. 掌握"横箱"分腿腾跃、屈腿腾跃等支撑跳跃技术动作和一足、双足蹬地翻身上及支撑单腿摆越成骑撑动作、支撑后摆转体 90 度下等单杠技术动作和组合成套动作。在侧重规定单个动作和成套动作的掌握与完成质量基础上，运用跳箱、山羊、单杠等体操器械进行拓展练习和体能练习，发展力量、柔韧、协调等身体素质。 3. 展现果断、顽强、勇于克服困难的意志品质和善于思考、乐于交流的学习态度，养成安全、互助的学练赛习惯。

年　级	学业质量合格标准描述
9 年级	1.知道体操和单杠规定动作、成套动作分值，懂得创编成套动作和评价方法。能够说出体操、单杠拓展动作的技术要领，知道体操和单杠的锻炼价值及提升体能的运用方法。 2.掌握头手倒立、手倒立、侧手翻等技巧动作和双足蹬地翻身上、支撑单腿摆越成骑撑动作、支撑后摆转体 90 度下等单杠技术动作和组合成套动作。侧重规定动作外的拓展技术练习和创编运用，为高中体操内容的学习做好衔接准备，重点发展力量、柔韧、协调、灵敏等身体素质。 3.展现勇于克服困难的意志品质、善思乐学的态度，养成安全互助的学练习惯和意识。
10 年级	1.知道体操技巧、单杠规定动作及锻炼价值，体验身体在各种状态下的感受，建立体操意识，根据规定动作组合，感受体操运动的乐趣，培养自我创新能力。 2.掌握体操项目规定的成套动作内容，能够应用基本的体操运动技能，按照编排原则小组尝试创新、重新组合成新的动作组合，体验体操运动乐趣，且能在保护下发展上肢力量、协调性、灵敏性和柔韧性。能够完成 4—5 个单杠动作组合和再创造，能够在有人扶持下手倒立坚持 20—30 秒，男生连续俯卧撑 25—30 个，引体向上 20 个以上或单杠屈臂悬垂保持 60 秒；女生 1 分钟仰卧起坐 50 个，单杠仰卧悬垂臂屈伸 15 个以上。 3.主动获取体育与健康知识、锻炼的方法，迁移学习内容，灵活应用于实际生活；通过媒体了解重大的体操赛事，提高欣赏能力，养成勇敢、克服困难和相互合作等优良品质，形成坚持锻炼的习惯。
11 年级	1.知道支撑跳跃运动、双杠的技术特点与锻炼价值；掌握体操基本技术，能在日常生活中利用支撑器械进行身体锻炼。 2.学习体操规定项目，增强肩带、腰腹肌和关节、韧带的力量，发展身体的协调、灵敏、速度和力量素质，增进心肺功能，学会发展上肢力量的方法。学会 2—3 种支撑跳跃过跳箱的技术动作，女生双杠直臂支撑 50—60 秒，立定跳远达到 1.73 米；男生双杠臂屈伸 20 个以上，立定跳远达到 2.21 米。 3.具有勇敢、果断、顽强、克服困难的优良品质和精神，养成相互帮助、自主研讨以及认真负责的学习态度。
12 年级	1.掌握体操自选项目的基本知识、锻炼价值，能够较好地掌握一套自编动作，并能将所学基本的体操运动技能应用于日常锻炼，尝试自主学习与组合锻炼，感受体操运动的乐趣。 2.能够完成 4—5 个单杠动作组合并可以再创造，能够在有人扶持下手倒立保持 20—30 秒，男生连续俯卧撑 25—30 个，引体向上 20 个以上或单杠屈臂悬垂保持 60 秒以上；女生一分钟仰卧起坐 50 个，悬垂举腿 10 个以上；掌握 2 种利用器械进行锻炼的方法，身体素质得到全面的发展。 3.具有自我创新、自主练习的能力，展现坚持不放弃的体育精神。

3.1—12年级韵律舞蹈专项课学业质量标准（表4-3）

表4-3　1—12年级韵律舞蹈专项课学业质量标准

年　级	学业质量合格标准描述
1 年 级	1. 养成良好的舞蹈学习习惯，懂得舞蹈课堂常规要求，了解教室的8个方位，能用身体与同学、老师互相问好；认识身体部位，能与同伴配合，清晰队形、队列变化，正确识别教室的8个方位，能用优美的动作与同学问好。 2. 了解藏族的饮食、服饰、建筑以及道具，学会几个简单的步伐，并能用简单的词汇评价同学的舞蹈表演；了解傣族的生活、建筑、饮食等特点，体验傣族舞蹈风格，学会用身体捕捉孔雀形象，并能用身体表现形象。 3. 能跟随音乐律动，捕捉生活形象，安静地欣赏舞蹈作品；能够在情境中感受韵律舞蹈带来的动感，学会在欣赏中观察舞蹈动作，养成热爱生活、观察生活、懂礼貌的好习惯。
2 年 级	1. 在音乐情境中，学会用动作表现读书、剪刀、推子等动作，并能表现出欢快的情绪。能在音乐节奏中完成健美操单一的基本动作练习。听音乐或接受语言、生活形象等的提示，身体具有动作反应，能将想象力与生活经验相结合。初步形成上下身肢体配合的意识与能力。 2. 了解蒙古族人民的生活习俗与民族风情，掌握骑马、扬鞭、大雁飞行等基本动作，能表现出蒙古族的热情与欢快；通过对新疆维吾尔族舞蹈视频、图片的欣赏与体验，学会维吾尔族舞蹈中的男女手型与基本手位，以及维吾尔族舞蹈的基本动律。 3. 养成创新精神和自我表现意识，形成勇敢、果断、勇于克服困难的优良品质，以及善于合作的精神和集体意识。对所学韵律舞蹈的创作特点有进一步认知，增强责任意识与集体荣誉感。
3 年 级	1. 通过情境感知与体验，了解韵律舞蹈的内容与特点，体态挺拔自信，身体能表演出连贯的动作，对韵律舞蹈学习有积极性与主动性；通过身体基本能力训练，发展学生的力量、灵敏、柔韧、协调、平衡等身体素质。 2. 感受彝族的生活、服饰、色彩、配饰等特点，体验彝族舞蹈风貌，了解彝族节日，体验节日中音乐与舞蹈的风格；了解佤族舞蹈文化，体验与欣赏佤族舞蹈基本动作，掌握节奏特点与风格。 3. 养成积极乐观的生活态度和对美的感知，具有一定的身体修养，拥有开放的眼光，具有积极乐观的生活态度、团结互助的精神。
4 年 级	1. 了解并掌握不同风格的舞种，有表现力地参与舞蹈体验活动，能够表现出所学舞蹈风格元素特点。 2. 在特定情境中自主表现舞蹈内容，并根据学习主题内容发挥想象，用身体动作基本表现学习主题内容。 3. 具有基本的审美认知，个体能够对舞蹈艺术有基本评判。
5 年 级	1. 在不同节奏下肢体语言能表现出不同质感的动作，初步掌握所学舞蹈具有代表性风格的动作，根据舞蹈风格与特点进行队形变化。 2. 在特定情境中自主编创和组合，有表现力地呈现舞蹈内容，能够在情境中自主编创两个八拍以上的动作。 3. 用准确流畅的舞蹈语言描述不同种类舞蹈的特点，具备一定程度的艺术评论能力。

年 级	学业质量合格标准描述
6年级	1. 肢体具有一定的柔韧性与控制力，能够表现出不同舞蹈种类的风格与特征。 2. 能够依托学习主题发挥想象力，与他人合作，用肢体语言进行舞蹈呈现，并结合所学的舞蹈知识与表现形式，有情感地进行即兴表演。 3. 能够对艺术作品进行欣赏和评价，并具备一定程度的艺术评论能力。
7年级	1. 肢体有较高的柔韧性与控制力，能够自信并有情感地表现出不同舞蹈种类的风格与特征。 2. 能够依托学习主题发挥想象力，与他人合作，用肢体语言进行舞蹈呈现，能够结合所学的舞蹈知识与表现形式，有情感地进行即兴表演。 3. 能够对艺术作品进行欣赏和评价，并具备一定程度的艺术评论能力。
8年级	1. 了解东北秧歌的风格特点与韵律特征，学习东北秧歌的基本动律和组合动作，学会本单元所授舞蹈组合，能够掌握民族舞蹈基本动律。 2. 有一定的审美认知，了解东北秧歌的精髓所在，增强劳动意识，对舞蹈学练有兴趣。 3. 体验彝族舞蹈的风格特点，熟悉民族文化特点，提升学生审美与艺术体验。对所学内容有更深刻的文化认知与思考，在舞蹈中收获快乐。
9年级	1. 认识朝鲜族和爱尔兰踢踏舞的舞蹈文化及舞蹈风格特点。 2. 掌握朝鲜族舞蹈基本动作动律、阿里郎舞段和踢踏舞段，提高肢体协调能力。 3. 具备艺术审美能力和身体协调能力，在舞蹈中收获快乐，培养学生积极自信、勇于展现自我的心态。
10年级	1. 明晰现代舞理论知识、舞蹈语言、审美体系，对现代舞独特的"多元"又"统一"的艺术语境和传统文化积厚成器的艺术风貌有一定的认知；了解佤族的风土人情，思维先行延伸到肢体，开拓思维优势。明确现代舞和街舞的风格特点，在编创过程中不断打破固有思维，激发创新能力和知识应用能力。体会现代舞带给舞者身体上的美感和思维上的解构与重塑。 2. 明确现代舞和佤族民族舞蹈的属性，提升身体关节的灵活性和协调性、音乐感知力和身体肌肉控制力；能够运用小哑铃等轻器械与音乐的配合，塑造完美的形体；形成上下肢肌肉、关节、韧带的灵活性及身体协调性。 3. 掌握现代舞和民族舞蹈的内涵，注重舞蹈理念思维的形成过程和情感传达。在即兴过程中能够抒发自我情感，输出自我意识；掌握练习方法，能够在轻松、和谐、愉快的氛围中体验舞蹈的乐趣；了解街舞，喜爱街舞这种舞蹈形式，能够从历史文化出发思考街舞中国化的方式。
11年级	1. 能够从蒙古族舞蹈的文化背景、风土人情、宗教信仰和发展脉络，思考得出人文因素对舞蹈的影响，探究舞蹈与社会之间的关系；了解街舞、健美操的文化和起源。体验更多种类的舞蹈风格（Lockin、Kpop、Jazz、Hiphoh），从舞蹈技能和文化内涵两个方面提升对街舞的理解和掌握。 2. 舞蹈动作中能够具备对身体局部的单一控制，提高手脚协调、音乐感知的综合能力。关节灵活协调，可控力强。 3. 能够从舞蹈中发现本我价值，实现自尊、自爱、自强的优秀精神品质。培养优秀的艺术品德：自信、真诚、善良，等等。同时，鼓励主动表达、乐于表达，从街舞的Battle文化中懂得良性竞争。

年 级	学业质量合格标准描述
12 年级	1. 能够赏析现代舞优秀作品，列举掌握的现代舞流派，现代舞发展过程中的主要人物，并能进行舞蹈艺术鉴赏；了解华尔兹舞蹈的文化渊源，掌握风格特点。 2. 能够思考维吾尔族舞蹈热情奔放特点的成因。具备良好的身体核心控制能力、身体综合素养和技能。具备清晰的表达能力，双重开发身体和思维能力，具有创新思维模式。具有集体意识和凝聚力，能够团结协作，改善人际关系。创立现代舞舞蹈语言和审美体系，增进舞蹈知识的理解，整合知识构架。 3. 可以借编创培养舞蹈表现力，能够通过独立编创达到自我意识的输出，体会艺术的精神和人文内涵。能够编创融合声音、诗歌、文学等形式的舞蹈，依托传统文化进行舞蹈层面的分析和思考。感受华尔兹舞蹈的功能性和舞性美，喜爱华尔兹这种典雅优美的舞蹈形式。

4.1—12 年级足球专项课学业质量标准

表 4-4　1—12 年级足球专项课学业质量标准

年 级	学业质量合格标准描述
1 年级	1. 能够控制接触足球时脚的部位。 2. 形成良好的方向感，可以在 5 米距离内自如地运球，且提升不同的速度控球，掌握脚内侧传接球的基础动作，并能够与同伴进行 4 次以上的互传配合。 3. 能够知晓足球运动的常识，了解足球运动的基本规则。
2 年级	1. 可以自由运用两种以上运球方法进行 10 米内跑动中运球，至少达到两个方向的运球准确性和方向感。 2. 可以与 3 名以上同伴在小场地区域内进行脚内侧传接球配合 10 次以上，传球路线明确，接球部位准确。 3. 至少掌握一种行进间运球转身的方法，尝试非惯用脚的运球和踢球动作；在足球活动中养成器材收放和定期清理摆放足球器材的习惯与责任感。
3 年级	1. 可以在 20 秒内准确完成 10 米内的绕杆运球（至少 4 个标志物），并结合转身动作完成精确射门练习动作。 2. 可以在跑动中与队友完成传接球，并成功利用转身动作摆脱至少 2 名消极防守同伴后，准确射门。 3. 初步了解足球规则，可以准确认知"越位"的概念；在足球活动和小型比赛中有思维转化的能力，积极与同伴配合，形成良好的沟通能力。
4 年级	1. 在进攻情境中，至少使用两种以上转身、假动作过人（如：回拉转身、跨步转身、脚内侧回扣球），并可以精确传高远球给同伴或精确射门。 2. 在防守情境中，面对 2 人以上进攻时，可以成功卡位并控球（避免使用铲球的方式），尝试守转攻的战术转换。 3. 在小型比赛中可以与队友配合，在小组处于劣势情况下，顽强拼搏，具备良好的意志品质。

年　级	学业质量合格标准描述
5 年 级	1. 20 米距离向队友准确传高远球，可以熟练运用胸部或其他部位停球等技巧接高空球，控球后迅速进行反方向运球。 2. 在 3 人以上积极防守中，准确与同伴进行"2 过 1"配合，并成功得分。 3. 与同伴协同防守"2 过 1"进攻并成功拦截后，迅速发起进攻，结合比赛中不同的场景，与同伴协同尝试战术实施与组织。
6 年 级	1. 15 秒内完成 25 米运球绕杆运球（至少 5 个标志物），运球过程中至少完成 1 次转身绕杆；准确完成 15 米击准，传球目标区域半径小于 4 米。 2. 在 6 米 ×6 米区域内，至少完成 15 次颠球（除手外身体任何部位）；与 1 名同伴配合进攻，突破至少 3 名积极防守队员，在有守门员的情境中成功得分。 3. 在比赛中尊重裁判与对手，积极拼搏，具备团队意识。
7 年 级	1. 完整完成 20 米运球绕杆、至少 2 个转身过人动作，脚内侧传地面球至同伴，接底线球不停球射门得分。 2. 在 6 米 ×6 米区域内，完成不少于 20 次颠球；可以与同伴在小场地比赛中进行多次触球的配合，形成快速进攻能力，具备跑动中自由传接球能力。 3. 养成自律的运动习惯，懂得个人与团队利益的平衡。
8 年 级	1. 在 20 米区域内，自由切换不同运球方式，完成折线运球、曲线运球。 2. 准确与同伴传高远球，控球后用"2 过 1"配合射门得分。 3. 发现自己球性、球感的弱项并增强，敢于在比赛中运用组合技术，与队友进行配合得分；尝试守门员位置的接球、抛球练习。
9 年 级	1. 绕杆运球后，精确使用脚背正面射门方法成功得分。 2. 掌握投掷界外球的动作与高度、远度，可以在比赛中与队友进行界外球投掷与接球配合；尝试足球比赛中的不同位置，可以利用身体优势在进攻和防守时卡位，并成功创造进攻机会。 3. 掌握守门员位置中的接地滚球技术。
10 年 级	1. 在 15 秒内完成 20 米运球绕杆（至少 6 个标志物）后，脚背外侧射门得分。 2. 运用脚背正面踢球技术，准确踢高远球并至少传球距离在 25 米以上。 3. 在足球比赛中，熟知场上不同位置的作用，并熟悉规则；在比赛中胜任裁判第四官员工作。
11 年 级	1. 准确与同伴进行间接任意球的配合与得分。 2. 比赛中承担更多的角色，在模拟同伴出现非骨折类严重伤害时，可以实施伤病处理。 3. 在比赛中担任边裁工作并可准确判罚越位。
12 年 级	1. 准确与同伴进行角球战术的配合与得分。 2. 在比赛中担任主裁工作，并可以向身边的同伴普及足球规则；可以作为助理教练员指导本班比赛战术布置。 3. 可以独立组织比赛，并熟练比赛前、中、后的各项流程。

5.1—12 年级篮球专项课学业质量标准（表 4 – 5）

表 4-5　1—12 年级篮球专项课学业质量标准

年　级	学业质量合格标准描述
1 年级	1. 喜欢小篮球运动，知道参与小篮球运动的常规要求和注意事项，如穿专业的服装和鞋、做好准备活动等。 2. 感知小篮球，了解球性练习的方法，并能完成原地运球、传接球、投篮和脚步动作游戏。能够做出 3—5 种熟悉球性的练习方法，发展参与小篮球运动所需的速度、力量、协调等素质。 3. 享受小篮球运动的乐趣，愿意和同伴共同配合完成练习，具有团结协作的精神。
2 年级	1. 能够复述场地大小、器材规格、比赛人数和比赛方法（要得分，不要犯规），知道更多球性练习和基本技术游戏的方法。 2. 能够做出 4—6 种简单的熟悉球性的练习，对运球、传球、投篮的基本动作有更多理解，并在游戏中使用。 3. 感受小篮球运动不同游戏的乐趣，能与同伴合作完成游戏。
3 年级	1. 了解篮球国内外发展简史、发明人、技术的简单分类。 2. 可以进行头上传球、击地传球，能在有干扰的情况下传球 20 次，原地投篮动作协调，篮下投篮成功 5 次。两两技术组合成功率 ≥ 2/5 次，防守基本姿势与步伐使用成功率 ≥ 2/5 次。可以辨识几种 1 对 1 攻防技术的应用场景，能将所学技术简单运用到比赛和游戏中。 3. 在简单的 1 对 1 攻防中体验小篮球攻防的转化，能够随机应变，快速反应。
4 年级	1. 了解篮球发展史、具有里程碑意义的人物故事、中国篮球典型人物；可以初步对技术进行分类并知晓其如何应用，知道更多传接球、投篮、运球的动作方法和两两组合技术方法。 2. 体前变向运球动作流畅，在有防守干扰的情况下运球 30 次。单手胸前及体侧传接球动作准确，能在有干扰的情况下传球 20 次。原地投篮动作协调，罚篮线成功 5 次。前后滑步重心稳定，脚步移动快速，成功率 ≥ 2/5 次。能够运用所学攻防技术进行简单 1 对 1 攻防练习，将所学技术简单运用到比赛和游戏中。 3. 勇于面对困难，具备对抗中的观察能力和反应能力。
5 年级	1. 能够简述篮球发展趋势、世界不同篮球风格、世界著名人物的成长历程；对篮球技战术分类和多种应用有一定的认知，知道更多传接球、投篮、运球的动作方法和应用方法，以及两两组合技术方法。 2. 体前变向运球动作规范，在有防守的情况下 20 米运球成功 ≥ 3/5 次。半场局部两人传球有防守的情况下成功 ≥ 3/5 次。单手肩上投篮工作协调，罚篮线投篮成功 ≥ 3 次。防守步法灵活，成功率 ≥ 3/5 次。能够运用所学攻防技术进行有一定强度的 1 对 1 攻防，完成简化规则后的真实比赛。 3. 在简单局部配合中具备合作能力和交流意识，可以在 1 对 1 对抗中随机应变。

年　级	学业质量合格标准描述
6 年 级	1. 能够简要复述篮球文化发展、篮球与奥运会、篮球与世界杯、篮球与人类发展等相关知识；可以简述技战术小配合下的应用方法，复述传接球、投篮、运球的动作方法和应用方法，以及 2 人和 3 人组合技术方法。 2. 可以完成持球突破技术动作，应用成功率≥ 2/5，可以做出传接球、投篮、运球技术组合，实现局部 2 人或 3 人配合成功。能够熟练运用所学技术进行较高强度的 1 对 1 攻防，进行简化规则后的真实比赛。 3. 在局部配合中具有大局观和面对复杂环境时的思考能力。在 1 对 1 对抗中体验成功与失败的情绪，培养调整心理状态的能力。
7 年 级	1. 能够简单表述 4—6 种所学篮球动作的要领及练习方法，知道各位置的分工职责、特点；了解违例、犯规等常见比赛规则和多种篮球裁判手势；可以列举篮球运动的特点与价值。 2. 在有对手防守情况下连续完成两个转身运球并突破上篮，罚球线跳投命中率达到 30%以上；在半场攻防对抗中完成传接球、持球突破、投篮等组合技术，积极防守下全场 3 攻 2 成功率为 20% 以上；在比赛中灵活运用所学技战术，具有攻防快速转换意识、战术意识，具备灵敏、协调、速度、力量等身体素质。 3. 在高难度配合中具有大局观，养成善于钻研、团结拼搏的精神。篮球运动能够调控情绪，与对手队友关系和谐。
8 年 级	1. 列举场上篮球规则判定情况，并做出对应的裁判手势；列举各项基本组合技术的动作要领、练习方法。 2. 能够在五点中距离投篮至少 10 进 3，掌握篮球基本技术，能够将其运用到技术组合当中，在对抗情境运传投组合技术中成功 3 次及以上，掩护配合完成 2 次及以上。针对场上不同的情况，灵活判断使用技术组合，具备攻防转换意识、战术意识。 3. 对不断变化的攻防配合形式，有观察和思考能力，能够在恰当时机做出反应。在快速对抗中展示合作意识和行动。
9 年 级	1. 能简要画出篮球攻、防技术体系图，描述运用时机；说出篮球运动的半场人盯人防守、进攻半场人盯人防守技战术方法；描述赛事组织和临场指挥的方法和比赛基本规则与判罚；列举篮球运动意外伤害预防与紧急处置方法。 2. 掌握传、运、投等复杂组合技术，并能够将进攻、防守简单技战术运用到实战中，且比赛中组合技术应用能够达到≥ 3/5 以上。发展灵活、机敏、反应快捷，以及速度、力量、耐力等身体素质。 3. 对不断变化的攻防配合形式，具有观察和思考能力，能够在恰当时机做出反应。在复杂快速对抗中具有合作意识和行动。
10 年 级	1. 了解篮球文化、规则，能说出所学篮球技战术名称，复述篮球简单技战术的动作要领，说出其在实战中的应用时机。 2. 复述篮球基本技术的组合应用及简单战术的动作要领、运用时机、配合方法（进攻配合方法与防守对应的方法），能在比赛中应用所学习的进攻技战术创造得分机会，应用所学的防守技战术限制对手得分。 3. 在快速变化的比赛中具备随机应变的创造能力，培养不同位置的篮球意识，敢于对抗。

年　级	学业质量合格标准描述
11年级	1.评述篮球文化、规则，能准确说出篮球简单的技战术名称及其应用价值，准确复述篮球简单技战术的动作要领，列举其在实战中的应用时机。 2.掌握篮球基本技术的组合应用，简单描述战术的攻防策略、运用时机、配合方法[快攻、防快攻；区域联防（2—3联防）、进攻区域联防（2—3联防）]，能在比赛中应用所学习的进攻技战术创造得分机会，应用所学的防守技战术限制对手得分。 3.在快速攻守转化中具备整体配合意识和团队意识，随机应变。
12年级	1.可以评述篮球文化、规则，熟练复述篮球技术动作要领、战术应用策略。 2.评述篮球基本技术的组合应用策略，攻防战术的行动策略运用时机、配合方法，比赛中体现技术组合战术策略。 3.形成较高篮球意识，培养团队合作意识，形成个人思考能力，提升勇于进取的意志品质。

6.1—12年级排球专项课学业质量标准（表4-6）

表4-6　1—12年级排球专项课学业质量标准

年　级	学业质量合格标准描述
1年级	1.了解准备姿势与移动对学习其他动作所产生的作用，能够简单说出2—3种抛接球的动作要领，描述正面垫球的要领。 2.能够完成2—3种抛接球动作，在30秒内完成自垫球2—3次，结合抛接球动作参与隔网抛接球游戏，在抛接球游戏中得1—2分，具备灵敏、协调、柔韧等身体素质。 3.具有乐学、乐练的学习态度和学习行为。
2年级	1.描述准备姿势与移动在排球游戏中的应用价值，在引导下说出正面垫球的1—3个动作要领，在游戏中能够知道应用所学动作。 2.能够完成3—4种双人配合的抛接球动作，30秒内利用正确垫球部位，完成连续自垫球3—4次，两人相隔2—3米，30秒内完成合作性抛接球5次以上，结合抛接球动作参与隔网抛接球游戏；运用已学排球知识与技能，参与排球运动专项嘉年华活动；体验排球运动的文化和乐趣。 3.具备主动学练、乐于参赛的学习态度。
3年级	1.能够说出移动、垫球、发球、接发球在比赛中的应用方法，简单说出正面下手发球与接发球的3—4个动作要领，在隔网垫球比赛中能够结合比赛主动与同伴交流。 2.30秒内利用正确垫球部位，完成连续自垫球5次以上；距离球网4米，正面下手发球过1.8米高球网，成功率40%以上，展示出协调、灵敏、柔韧等身体素质。 3.具有勤学苦练、善于思考的学习态度，具备积极进取、奋勇争先的优良品质。
4年级	1.能够说出正面垫球、下手发球、接发球、正面传球在比赛中的实际应用价值，能够简单说出正面垫球、下手发球、接发球、正面传球等的3—4个动作要领，能够列举几条简单的排球比赛规则。 2.两人相距2—3米，30秒完成连续抛垫球5次以上，30秒完成连续抛传球5次以上；距离球网4米，正面下手发球过2米高球网，成功率40%以上；在隔网尝试性比赛中，能够自主判断、主动移动成功接发球2—3次，展现出灵敏、反应、柔韧等身体素质。 3.具有主动交流、积极合作的学习态度，具备勇于挑战、顽强拼搏的体育精神。

年　级	学业质量合格标准描述
5年级	1. 能够认识到排球垫球、发球、传球、扣球是实现进攻与防守的关键技术，能够较为详细表述3—4种技术的动作要领；能简单说出发球与接发球的关系，能说出扣球的动作要领与在进攻中的作用。具备基本控球能力，人球位置关系保持合理范围。 2. 两人相距2—4米，完成连续对垫球4次以上，完成连续抛传球6次以上；距离球网6米线后上手发球过网，扣球过1.8米高球网，成功率均在40%以上；在比赛中运用垫传扣发技术，并能够获得1—2分，体现出力量、速度、协调等身体素质。 3. 具有刻苦学练、主动探究的学习态度，体现出勇于挑战、团结奋进等优良品质。
6年级	1. 可以明确说出垫球、传球、扣球与拦网等技术在比赛中的攻防价值，能够简单表述4—6种所学排球动作的要领；能够辨识出界、界内、站位等简单的裁判规则，能够在比赛中渗透侧重"中一二"进攻和"心跟进"防守，展现简单攻防战术。 2. 两人相距2—4米，连续垫传球6次以上，体会完成两人打防2次以上，在7米线后上手发球过网、接发球成功率达到40%以上；面对2米高网，做出单人拦网动作。在比赛中运用垫传扣发拦技术，并能够获得3—4分。移动中可以把球控制在自己舒适的位置。体现出力量、反应、协调等身体素质。 3. 具有自主创新、合作探究的学习态度，在比赛中体现出顽强拼搏、勇争第一的体育精神。
7年级	1. 可以描述排球运动的发球次序、不良行为等简单规则；能够判断一传、二传到位与否；说出上手发球、正面屈体扣球的动作要领；知道进攻过网是最基础、最有效的得分手段，可以说出"中一二"进攻、"心跟进"防守简单战术方法。 2. 两人相距4—6米，连续传垫球20次以上；端线外上手发球过网，4号位正面屈体扣手抛球，成功率均达40%。在侧重"中一二"进攻比赛中，一次攻配合的成功率达40%，体现出力量、速度、柔韧、灵敏、协调等身体素质。 3. 具有善于思考、主动参与的学习态度，具备团队合作意识，提高分析问题、解决问题的能力。
8年级	1. 可以简述中国排球发展史及女排精神；能够判断触网和过网击球犯规，说出上手飘球、背传球技术和单人拦网技术的动作要领和在比赛中的作用；画出"中一二"进攻阵形和"心跟进"防守阵形的示意图。 2. 两人连续打防2—3次；后排不同位置垫球至2号位、3号位、端线外上手发飘球过网，3号位接垫球传向4号位且高于网2米成功率均达40%，4号位扣球过网（2.2米网高、扣教师抛球）成功率达60%，面对隔网4号位扣高球，单人拦网起跳时机、位置正确且成功率达20%。在对抗比赛中，能够展示"中一二"进攻和"心跟进"防守技术，展现出力量、速度等身体素质。 3. 具备勤学苦练、严格律己的学习习惯，具有团队意识、规则意识，提高合作能力、沟通能力，发展刚毅、果敢等良好品质。

年　级	学业质量合格标准描述
9年级	1. 能说出排球位置错误、过中线等裁判规则；说出传、扣近体快球等动作要领；画出"边一二"进攻、"边跟进"防守阵型示意图；简述近体快球在进攻战术中的应用时机。 2. 后排6号位接隔网掷球垫至2号位、3号位之间，3号位接垫球传向4号位且高于网2米，以及在对抗比赛中，展示出"边一二"进攻和"边跟进"防守技术，一次攻配合成功率达60%；3号位扣球过网，以及面对隔网4号位扣球，起跳双人拦网，起跳时机、位置正确，成功率均达40%，展示出爆发力等身体素质。两人连续打防完成3次为合格。 3. 体验参与配合带来的乐趣和成功感，在对抗比赛中展示出团结配合、彼此包容、永不放弃的体育精神。
10年级	1. 能熟练说出排球规则，做出部分裁判手势，能在技战术分析中准确说出"中一二""边一二"进攻战术及"心跟进""边跟进"防守战术的运用时机，并在比赛中体现出来。侧重快球进攻与防守，熟练运用体侧垫球、下插垫球、传半高球、吊球、近体扣球的技术动作，能准确判断来球及扣球，做好接发球及单人拦网。 2. 在对抗比赛中，隔网接上手发球成功率达50%。不同位置传、垫球至2号位，成功率达40%，2号位扣球成功率达40%，发跳飘球成功率达40%，两人连续打防4次以上。熟练运用快球进攻或防守，能胜任1个比赛角色和1个裁判角色，体现出跳跃、快速移动、协调等身体素质。 3. 具有善于思考、主动参与的学习习惯，体现出组织纪律性，拥有团结协作的集体主义精神及良好的竞争意识。
11年级	1. 能利用排球规则及裁判方法组织比赛、现场裁判，能在赏析过程中评述针对快攻中拦网的时机及技术动作要领；准确说出传调整球的准备姿势和动作方法、扣调整球的取位和挥臂时机；能判断不同进攻与防守的移动方法与站位。 2. 在对抗比赛中，后排接发球起球率达60%以上，不同位置接球传4号位调整球、扣调整球均在40%以上；跳飘球的成功率达50%以上，两人连续打防5次以上，熟练应用多种战术，"边跟进"防守起球成功率达40%以上，重点发展跳跃、快速移动等身体素质。 3. 具有团队观念、互相包容等良好品格，有参与团队合作的主动意愿及展示自我的信心，有良好的竞争意识。
12年级	1. 在教学比赛中，能运用主要规则进行判罚并且做出裁判手势动作，组织教学比赛；通过技战术分析的知识与能力能够初步点评比赛、完成技术统计与分析。 2. 在教学比赛中，使用单手垫球接球，传调整球、扣球等技术成功率均在60%以上；根据自己的身高、技术特点确定自己在比赛中的角色位置；针对不同的情境，选择相适应的技术组合与战术配合，重点发展快速移动能力与核心力量。 3. 具有团队观念，学会互相支持与包容，积极主动参与团队合作，在团队中展示出自信心及良好的竞争意识。

7.1—12年级乒乓球专项课学业质量标准（表4-7）

表4-7　1—12年级乒乓球专项课学业质量标准

年　级	学业质量合格标准描述
1年级	1.可复述乒乓球出界、界内等简单规则及基本知识，说出正手平击球的技术要领，简单说出发球技术的重要性。 2.可复述正手平击发球和平挡技术动作方法；能够利用球拍多种形式颠球，30次以上不失误；托球绕桌单圈10秒以内完成不失误，体现出灵敏性、协调性及注意力集中。 3.具有善于思考、主动参与的学习态度，在练习中加强安全意识。
2年级	1.能够复述乒乓球正手攻球发力顺序及基本规则。 2.基本掌握平挡技术，能够利用平挡技术接住对方平击发球。正手平击发有效球10个成功5个，利用平挡接固定点球10个成功3个，展现出灵敏性、协调性及注意力集中。 3.表现出善于思考、勇于征服困难的信心，克服惰性，在练习中具有安全意识。
3年级	1.能够说出正手攻球和反手推或拨球的技术动作方法。 2.熟练掌握乒乓球三种步法与平挡技术。接固定点正手攻球有效球20个成功8个，接固定点反手快推有效球20个成功8个，展示出速度、力量及注意力集中。 3.具有勇于克服惰性，不怕失败的精神。在练习中有安全意识。
4年级	1.复述乒乓球简单战术知识，体会反手快推技术发力顺序并能简要概括要领。 2.基本掌握正手平击发球及正手快攻技术，利用正手攻球回接对方平击发球。正手攻球接正手平击发球20个成功15个，接固定球快推有效球20个成功10个，重点发展学生的速度、力量，集中注意力。 3.具有竞赛意识，"胜不骄，败不馁"，在练习中能够注意安全。
5年级	1.了解发下旋球的技术动作，能根据来球的旋转方式判断接球方法。 2.初步体验接下旋球的搓拉技术。固定点摆速30个成功10个，发下旋球有效球20个成功6个，正手拉弧圈球20个成功5个，展现出速度、力量及注意力集中。 3.能同其他学生相互学习、相互帮助、不畏强手，勇于挑战。
6年级	1.了解接发下旋球的方法，能根据来球长短判断搓拉方式。 2.能够在比赛中初步应用所学技术，快推有效球30个成功20个，发下旋球20个成功15个，正手拉弧圈球20个成功10个，展现出灵敏性、协调性、速度、力量、耐力及注意力集中。 3.具有脚踏实地的品质和良好的比赛心态，"友谊第一，比赛第二"的体育精神。
7年级	1.能概括乒乓球运动的文化知识、运动特点、锻炼价值和比赛规则，理解运动技术的多样性；掌握乒乓球技术学习的方法，自主学习能力得到提高。 2.在"喂"多球的情况下，能够较好地完成推挡动作中加力推和减力挡的技术；能够基本完成正手弧圈球和拉下旋的技术动作；掌握单打比赛的一些裁判规则并能够现场执裁；正手拉弧圈球：在多球练习的情况下，能够完成20个攻球。在陪练的情况下完成10次合理的攻球、连续拉下旋球10次；推挡：在多球的情况下，加力推15个，减力挡15个。 3.对乒乓球运动有兴趣，可以概括技术中的美。不畏困难、坚持不懈，促进终身体育习惯的养成。

年　级	学业质量合格标准描述
8 年 级	1. 掌握乒乓球的基本技术和战术，具备完成反手弧圈球的能力，在比赛中能够运用所学的技术；能概述弧圈球的力学原理和旋转，了解弧圈球在比赛中的重要性，并有意识地进行反手弧圈球的技术练习。 2. 在比赛中能够较好地运用弧圈球技术和拉下旋球的技术。在多球的练习中能够完成反手弧圈球 25 个，在陪练下能够完成 15 个弧圈球，击球部位准确；正手拉弧圈球：在多球练习的情况下能够完成 25 次攻球，在教师陪练的情况下完成 15 次合理的攻球。 3. 具有集体责任感以及互帮互学、团结协作的团队意识。
9 年 级	1. 能够评述乒乓球比赛的一些技术，体验双打中配合的重要性，并逐步掌握双打的一些技巧。 2. 能够运用所学的发球和接发球技术参与到比赛中。在多球的练习中能够完成反手弧圈球 30 个，在陪练下能够完成 20 个弧圈球，击球部位准确；双打的移动，两个人一组，相互配合完成左右移动、前后移动和曲线移动，并能够初步在比赛中应用。 3. 能够在双打练习和比赛中彼此信任、互相鼓励、互相帮助，在比赛中担当重任。
10 年 级	1. 掌握乒乓球高抛发球的技术，并能够在比赛中运用，具有比赛中关键分时的应变能力。 2. 根据对方高抛发球旋转、长短和落点的情况，合理地利用接发球技术进行抢攻；正确对待比赛的胜负关系，比赛时诚实守信、公平竞争；完成 10 次高抛发球，包含侧上旋、侧下旋、直线和斜线；了解乒乓球比赛规则并在比赛中运用；在教学比赛中，根据场上情况，合理运用自己掌握的技术。 3. 具有集体责任感、观察能力和应变能力。
11 年 级	1. 掌握乒乓球的相关知识和裁判的相关规则，简述双打的站位和移动方法，并在比赛中运用；在教学比赛中，能够根据场上对手的特点和长处，选择自己的战术。 2. 学生发球，教师回球，学生能够根据教师回球的性质进行抢攻 20 次；教师发不同性质的球，学生有效接发球抢攻 20 次（成功率在 80% 以上）；在教学比赛中，发球抢攻成功率在 50% 以上，接发球抢攻成功率在 50% 以上。 3. 具有协作精神和正确对待比赛的态度；在比赛中，表现出积极进取、顽强拼搏的意志品质；遵守比赛规则，尊重裁判，尊重对手。
12 年 级	1. 提高乒乓球理论知识和加强裁判规则的意识，并能在比赛中进行裁判工作。 2. 学生发球，教师回球，学生能够根据教师回球的性质进行抢攻 30 次；教师发不同性质的球，学生有效接发球抢攻 25 次（成功率在 80% 以上）；在教学比赛中，发球抢攻成功率在 60% 以上，接发球抢攻成功率在 60% 以上；能够进行乒乓球比赛的裁判工作，裁判失误率在 5% 以下。 3. 正确认识比赛胜负关系，顽强拼搏；根据对手的特点，合理安排战术，正确处理好比赛中的人际关系；比赛中能遵守比赛规则，尊重裁判，尊重对手。

8.1—12 年级网球专项课学业质量标准（表 4-8）

表 4-8   1—12 年级网球专项课学业质量标准

年 级	学业质量合格标准描述
1 年级	1. 了解网球运动的动作模式、击球形式以及网球装备等基础常识，复述参与网球运动过程中的常规要求和注意事项。 2. 拍球、颠球连续 10 次以上。掌握网球原地正手、反手的握拍方式和挥拍轨迹动作技术。能够原地正手、反手击固定球过网进靶框 10 次进 4 次。 3. 展现出对网球运动的热爱，感受网球带来的乐趣，在游戏比赛中积极向上。
2 年级	1. 了解网球的起源与发展，提升网球文化底蕴，能复述参与网球运动过程中的常规要求和注意事项，能够积极愉快地上好网球课。 2. 学习网球原地正手、反手击反弹球的动作技术，体会人球的位置关系，知道甜点击球等常识。能够原地正手、反手击反弹球过网进靶框 10 次进 4 次。 3. 能够克服困难，永不服输。
3 年级	1. 可以列举参与网球比赛时需要注意的礼仪问题和常识，知道在网球运动中出现紧急情况的处理方法。 2. 下手发球进靶框 10 次进 4 次，移动正反手击球进靶框 10 次进 4 次，两人反弹网交替正反手击球 4 个回合以上，小场地双人对拉球 4 个回合以上。 3. 能够参与网球游戏与比赛体验网球带来的乐趣，更加热爱网球，具有集体配合的意识以及挑战者精神。
4 年级	1. 学习网球竞赛规则，能概括网球的锻炼价值；了解 4—6 种球性与移动击球结合的练习方法，说出原地、移动正反手打直线和斜线的动作方法，能够说出正反手截击、正反手削球的动作方法，知道发球后随球上网、发球后中场回球等战术方法。 2. 移动正、反手打直线球落在界内的概率不低于 50%，两人反弹网对击球达到 15 回合及以上，网前 2 米正、反手抛球截击过网率不低于 80%，正反手截击不确定方向来球进入界内的概率不低于 30%，发球后随球上网截击过网率不低于 50%，正反手削球进入对面场地概率不低于 40%。提高基本底线、网前的回球准确率，展现力量、速度、灵敏、耐力等素质。 3. 在游戏和比赛中感受网球带来的喜悦，具有团结协作的优良品质。
5 年级	1. 能简述"网球名人"击球特点以及励志经历，了解 4—6 种脚步移动与击球结合练习的方法，说出正反手回击高球的动作方法，知道底线、中场、网前、左右移动、前后移动组合击球的练习方法，能够说出上手发球的动作要点。 2. 前后、左右移动正反手击球和回击高球进入对面有效场地的概率不低于 50%，10 次底线、中场、网前组合正反手击球全部进入对面有效区不低于 3 次，能够使用底线与网前截击结合技术在比赛中至少得到 1 分，能够在双打比赛中使用双底线站位至少得到 2 分，移动回击高球进入对面有效区的概率不低于 50%，上手发球成功率不低于 40%，与队友进行反弹网对击球连续超过 20 回合。提高击球和回球准确率，展现出灵敏、协调、速度、力量等身体素质。 3. 享受网球带来乐趣，具备互助合作能力，展现果断、勇敢的体育精神。

年　级	学业质量合格标准描述
6年级	1. 了解网球常规的打法，能够尝试根据模拟对手的技战术水平制定自己的战术，说出不同位置正反手结合击球的注意事项，了解发球随球上网的动作战术方法。 2. 底线正反手击来球、正反手截击进入对面有效区域概率不低于60%，底线、中场、网前结合击球成功率不低于40%，发球后底线、中场、网前回球进入对面有效区概率不低于50%，上手发球成功率不低于50%，能够在比赛中使用截击至少得到1分，双打比赛中能够使用双网前站位至少得到1分。能够自行设计年级循环赛并进行比分的记录等工作。提高组合移动击球准确性，发展速度、力量、灵敏、耐力等素质。 3. 在网球活动和比赛中，具有自信、诚信、与人交流的习惯，具有战术意识、竞争精神和社会适应性。
7年级	1. 能概述网球起源与发展，了解网球的项目特点以及促进身体健康的作用，列举网球项目的锻炼价值。在运用所学技术简化规则的网球比赛中，初步认识网球场地和一些网球比赛基本规则。 2. 学习并掌握网球正手反手击球，达到能够稳定动作击隔网来球，基本掌握截击和发球动作并在多球练习中保持技术稳定。参与各技术的多球测评以及用减压球的各种对拉球比赛，进行正手和反手多球考核（隔网喂球正反手各10次，打进有效区域6次）。 3. 能够感受网球带来的乐趣，具有勇敢、自信、坚持不懈的精神。
8年级	1. 能够评述正反手技术，知道几种网球单打的基本战术，知道抢十的计分规则，以及团体赛的组织方法。 2. 基本掌握正手打直线球、斜线球等技术，以及几种单打战术组合，通过所学技术和战术在比赛中赢得分数。运用所学正反手各种技术进行减压球连续对拉击球的正反手连续考核（对拉连续8次）、截击考核（底线喂球的网前截击正反手10次，截进有效区域6次）和发球考核（左右区发球10次，进有效区域6次）。 3. 具有研究性学习能力以及互助合作的精神。
9年级	1. 感受并评价网球难度技术，如高压球技术等，战术方面了解双打战术的意义和应用方法。在穿插四大满贯赛事介绍中，列举网球文化、魅力和价值。在学习网球比赛信任制规则、比赛的编排中评述网球比赛理论内容，复述网球正规比赛的组织方法。 2. 基本掌握网球高压、上手侧旋球等难度技术，在单打比赛中能够运用所学技术和战术赢得比分，在双打比赛中能够根据自身特点进行站位选择以及和同伴进行技术配合，融入比赛。能基本完成侧身攻对方反手、移动正手打斜线、移动反手至底线、中场正手高位球制胜和双打一前一后站位的战术考核（双打一前一后套路1基本完成底线相持、网前寻求机会截击，套路2基本完成底线相持变线、运动员交换位置找机会赢分）。 3. 具有坚强的意志品质和永不言败的精神。
10年级	1. 概括网球的起源，探索发展方向。能说出基本技术的动作要领，对错误动作进行判断和纠正。 2. 掌握移动正反手击球和上手发平击球的动作要领，能运用所学战术进行小场地单打比赛，并能用正确的方法赛前热身、赛后拉伸。能够在小场地正反手对拉球连续10拍以上。 3. 感受学会网球技术的成就感，具有网球运动自我效能感。

年　级	学业质量合格标准描述
11 年 级	1. 举例说明网球运动对身心健康的影响，能根据自身情况制订练习计划。 2. 掌握发球和正反手截击技术，能在比赛中运用上手发球，并能运用到网前战术中，在比赛中赢得分数。正反手截击有效击球个数 6/10，单人战术组合 2 种。 3. 乐于比赛，具有体育精神。
12 年 级	1. 了解网球的竞赛规则，能与同伴自主进行热身练习和战术配合演练，能根据不同的对手制定比赛战术并取得胜利。 2. 掌握移动正反手发球和截击等技术，并能在比赛中适时运用。自选 4 项基本技术，每项技术的有效击球个数 6/10，参与单双打积分赛，个人积分在 5 分以上。 3. 体验合作带来的乐趣，坚持不懈、永不言败。

9. 1—12 年级武术专项课学业质量标准（表 4-9）

表 4-9　1—12 年级武术专项课学业质量标准

年　级	学业质量合格标准描述
1 年 级	1. 了解武术基本常识，能做出基本的手型手法、步型步法、腿法及武术基本功。 2. 发展力量、灵敏、柔韧、协调、平衡等身体素质，能够做出 3 种手法、4 种步型及简单的转换、3 种腿法动作。 3. 做到积极参与武术学练，从中体验活动过程中的乐趣，从而发展观察力、表现力等能力，具有安全活动的意识，以及敢于竞争、与同伴友好合作等品质。
2 年 级	1. 初步掌握各象形拳的动作组合，能够根据动作特点准确识别象形拳类别，基本掌握各种象形拳的动作要点，了解和获得武术的基础知识与方法。 2. 发展身体素质、运动感觉和知觉能力，培养身体的正确姿势。能够在教师提示下基本把握并简单概括出不少于 3 种象形拳动作要素，并在规定时间内根据提示做出象形拳动作组合。 3. 体验参加武术活动的乐趣，对体育有兴趣并形成体育行为习惯。
3 年 级	1. 了解和获得武术基本活动的基础知识和方法，具有观察力、表现力，体验套路的连贯性。 2. 学会初级套路动作，把握套路运动的节奏，完成个人演练整套考核，做到形神兼备，动作标准不晃动，动作完成率为 80% 以上，展现力量、灵敏、柔韧、协调、平衡等身体素质。 3. 具有安全活动的意识，以及敢于竞争、与同伴友好合作等品质。
4 年 级	1. 能够积极主动参与套路内容的学习，可以深入理解并说出技术环节的动作原理及其意义，对武术文化有自己的理解与认知。 2. 能够独立流畅做出完整的初级二路套路动作，准确把握武术套路动作风格，明确理解套路比赛规则。 3. 能够对武术课程产生兴趣，在学习过程中建立自己果断、勇于挑战自我的精神和规则意识，清楚认知团结协作的集体主义精神的重要性。

年　级	学业质量合格标准描述
5 年 级	1. 了解太极推手，初步掌握基本的推手方法，熟记动作含义，并能够说出基本的太极推手规则。 2. 能够准确做出 6 种以上的太极推手方法，在两人一组的配合练习中能够准确做出不少于 3 种的太极推手方法。 3. 积极参加太极拳学习，乐于参加推手游戏和比赛，在合作学习中具备认真学习和刻苦练习的态度与精神品质。
6 年 级	1. 学会花棍基本的刀法、剑法、棍法、枪法等攻防招式及实战对练技法。 2. 能够准确做出 80% 以上的棍法，在两人一组配合中能够流畅做出 2—4 种攻防技击动作，发展柔韧、力量、灵敏的专项能力，提高速度、耐力等素质及身体的协调性。 3. 体验活动过程中的乐趣，具有安全活动的意识，以及勇于竞争、与同伴友好合作等品质。
7 年 级	1. 了解长拳与南拳的项目起源、技术特点，能够分辨出两个拳种，知道健身长拳与健身南拳全套技术动作的动作要领、练习方法与攻防含义。 2. 掌握长拳与南拳的基本技术与技法，能够独立完成健身长拳与健身南拳全套动作，体现不同拳种的技击特点与演练风格，发展力量、速度、灵敏、协调等身体素质。 3. 具有勤学苦练、自尊自信、尊重和爱护同伴等优秀品质，有武德修养、民族自尊心、自信心以及认同感。
8 年 级	1. 学习掌握健身短棍全套技术动作和刀术部分技术，激发学生学习武术的兴趣，能认真、积极、自觉地参与武术锻炼。 2. 学生掌握 80% 以上健身短棍和部分刀术的基本技术、技能，提高灵敏、快捷、力量等身体素质，体现武术的技击特点和风格。 3. 具有武德修养，勤学苦练，自尊、自信，尊重和爱护同伴，具备民族自尊心和自信心等优良品质。
9 年 级	1. 深入体验和认识刀术的运动风格，了解各种刀法的运用方法，体会刀术套路的节奏特点。 2. 能够说出并准确做出 5 种以上刀法，能够基本完成成套刀术套路动作，准确率达到 80% 以上。 3. 能认真完成学习任务，明确刀术学习中的安全隐患，并能在教师安排下安全练习，具有民族自尊心、自信心以及认同感。
7 年 级 （ 中 国 跤 ）	1. 能复述中国跤的技术特点、力学原理和基本常识。 2. 掌握中国跤的倒地法、基本功及抢手、抱腿、手别、踢等跤绊配合练习。能够完成 4 分钟基本功间歇体能训练、2 分钟抢手比赛和三项以上跤绊的攻防配合演练。展现力量、协调、柔韧和灵敏等身体素质，具有防身自卫能力。 3. 体验双人对抗过程中斗智斗勇、较技较力带来的运动乐趣，形成勇于运用智慧、敢于把握时机的良好作风和坚韧不拔、不惧对抗、敢于挑战自我的意志品质；具有爱护器材、尊重对手、服从裁判的良好行为习惯。

年 级	学业质量合格标准描述
8 年级 （中国跤）	1.能复述摔跤的技术特点、技术动作要领和练习方法，基本熟悉比赛规则。 2.基本掌握中国跤各项基本功、练习方法，能够利用所学技术进行简单的攻防练习，能利用所学技术进行条件实战。具备力量、协调、柔韧和灵敏等身体素质，具有防身自卫能力。 3.具有坚韧不拔、敢于挑战自我的意志品质和良好武德修养，具备科学锻炼的能力。
9 年级 （中国跤）	1.了解摔跤的技战术知识，能列举比赛规则、中国跤文化和流派。 2.基本掌握中国跤10种摔法，并能够在同伴配合下完成各种技术的攻防练习，利用所学技术进行实战。发展力量、协调、柔韧和灵敏等身体素质，提高防身自卫能力。 3.具有坚韧不拔、敢于挑战自我的意志品质和良好武德修养，具备科学锻炼的能力。
10 年级	1.了解武术运动的起源、文化、特点与价值，能评价欣赏武术比赛。 2.掌握形神拳、初级棍术动作要领，提高动作速度以及身体协调性和灵敏性，能熟练完成所学拳术、棍术套路动作方法，并能在锻炼、展示、比赛等情境中运用，发力完整、劲力顺达、步法灵活，而且手眼身法步、精神气力功协调配合、形神合一。 3.具有不以强凌弱、积极进取、坚持不懈、自尊自信、乐于助人、文明礼貌和尊重他人的良好品德。
11 年级	1.了解初级棍术第一、二段技术动作特点和要求，动作协调连贯，力点准确、节奏鲜明，体现棍术风格特点。 2.学会初级棍第一、二段动作，完成度为80%以上，并能够说出动作名称。发展速度、力量、灵敏、协调等身体素质，提高身体综合能力。 3.团队合作学习中，具有团结协作能力，通过课上安全距离教学，具有安全防范意识。
12 年级	1.了解棍术、八段锦、太极拳八法五步的运动特点、理论构成、锻炼基本法则等相关知识，对民族民间传统体育有一定认知，具备运动欣赏能力。 2.熟练掌握初级棍术、八段锦、太极拳八法五步的动作要领，掌握所学项目的动作方法并能在锻炼和比赛等特定的运动情境中运用，具备身体协调性、柔韧性和力量。 3.具有乐观开朗的情绪和积极向上的生活态度，磨炼意志，弘扬民族文化，具备民族自信和文化自信。
10 年级 （散打）	1.能概括散打常用拳法、腿法和摔法的动作要领和练习方法。 2.掌握散打常用拳法、腿法和摔法的技术动作，能够利用所学技术动作进行空击、打靶和简单的攻防练习，有一定的击打力度；能在1分钟的空击练习中展示出所学的拳法、腿法和摔法技术，在2分钟的拳法、腿法攻防练习中有明显的得分动作，有一定攻防意识，具备力量、协调、速度等身体素质。 3.具有坚韧不拔、敢于挑战自我的意志品质和良好武德修养，具备科学锻炼的能力。

年　级	学业质量合格标准描述
11年级（散打）	1. 了解散打拳腿组合技术动作的要领和练习方法，举例说明拳腿组合技术在实战中的重要作用。 2. 掌握5种以上常用拳腿组合技术动作和常用技战术，能够做到拳腿组合空击连贯，在1分钟打靶练习中至少做出5种不同组合动作，有较好的击打力度；能够在2分钟的拳腿摔实战中有明显得分动作，做到攻防兼备；发展力量、协调、速度、灵敏、柔韧等身体素质，提高抗击打能力。 3. 具有坚韧不拔、敢于挑战自我的意志品质及良好武德修养，具备科学锻炼的能力及自主锻炼的习惯。
12年级（散打）	1. 了解武术散打的比赛规则和技术特点，会欣赏散打比赛，更深层次地认识到中国武术的博大精深。 2. 掌握常用擒拿格斗技术和散打常用技战术，技击能力和实战能力得到提升，能够在一定条件下做出3种以上擒拿格斗动作；能够运用散打技战术进行散打实战，在一局比赛中成功做出2种以上战术打法；具备力量、协调、速度、灵敏等身体素质，防身自卫能力得到提升。 3. 具有坚韧不拔、敢于挑战自我的意志品质和良好武德修养，具备科学锻炼的能力及自主锻炼的习惯。

10.1—12年级游泳专项课学业质量标准（表4-10）

表4-10　1—12年级游泳专项课学业质量标准

年　级	学业质量合格标准描述
1年级	1. 理解游泳健康卫生常识、安全事项，完成游泳的课前必要准备。 2. 掌握水中呼吸、漂浮、身体的平衡技能，能独立入水，闭气3—5秒，蛙泳腿部动作连续游进15—25米。 3. 熟悉水性，初识游泳，享受游泳带来的乐趣。
2年级	1. 能简单阐述游泳健康卫生常识、安全事项，完成游泳的课前必要准备，简单阐述蛙泳腿部动作的技术要点。 2. 采用蛙泳腿和呼吸配合技术持续2个周期，能游进25米。 3. 展现勇敢乐观、面对困难不畏惧的精神，能够相互帮助协同完成学练。
3年级	1. 准确说出游泳活动中需要注意的健康卫生常识、安全事项，完成游泳课前必要准备，知道并遵守游泳运动的相关赛事和比赛规则，能简单阐述蛙泳配合的技术要点。 2. 采用蛙泳完整动作，能够按照1：1：1的节奏持续游进25米以上。 3 能积极愉快地参加游泳学习，展现勇于克服困难的精神，能够与同伴互帮互助完成学练。

年　级	学业质量合格标准描述
4 年级	1.明确游泳课前、课中、课后的安全卫生赏识以及注意事项，能够简单表述出 3 项以上安全卫生常识的注意事项，能概述游泳的比赛规则。 2.掌握蛙泳完整技术动作，能够采取蛙泳的姿势快速游进 50—100 米。连续完成自由泳腿 25—50 米，运用所学技术完成游戏和比赛。体验拓展项目浮潜，加强对水的感知能力，能阐述蛙泳完整配合的技术要点。提高蛙泳腿的蹬腿实效性，具备腿部力量、反应、协调等身体素质。 3.感受学会游泳技术的成就感，具有自我效能感。展现刻苦学练、追求卓越的学习态度，以及顽强拼搏、持之以恒的体育精神。
5 年级	1.了解游泳的起源和发展，知道赛事的规则，牢记安全第一。明确游泳健康卫生常识、安全事项和必要准备，并掌握水中急救的小常识，阐述蛙泳完整动作技术及自由泳配合分解练习技术要点。 2.掌握蛙泳完整技术动作，能用蛙泳完整配合技术连续游进 100 米，自由泳连续游进 50 米。加强对水的感知能力，能阐述自由泳完整配合的技术要点。提高自由泳腿的打腿实效性，发展腿部力量、反应、协调等身体素质。 3.具备规则意识，能与同学相互帮助完成学练任务，展现勇于克服困难的精神、团结互助的意志品质。
6 年级	1.列举游泳的运动形式和运动种类，了解游泳中出现应急事件的处理，并能简单表述出 3 项以上应急事件的处理方法，初步了解游泳的比赛规则。 2.能采取蛙泳的姿势快速连续游进 200 米，自由泳 50 米以上，仰泳打腿完成 25 米，掌握长划臂式浮潜的动作方法。运用所学技术完成游戏和比赛。体验拓展项目浮潜，加强对水的感知能力，能阐述蛙泳完整配合的技术要点。蛙泳腿的蹬腿具有实效性，具备腿部力量、反应、协调等身体素质。 3.感受学会游泳技术的成就感，享受浮潜和游泳项目带来的乐趣、自信心。
7 年级	1.明确游泳活动中需要注意的健康卫生常识、安全事项和做好课前必要准备，能阐述蛙泳配合的技术要点和动作节奏特点。 2.采用出发、转身、触壁技术完成 100 米蛙泳比赛，学会并能自主练习游泳专项体能的练习方法，提升游泳竞速能力。 3.享受浮潜、游泳项目的乐趣，设计和参与比赛，在比赛中具有规则意识。
8 年级	1.明确游泳健康卫生常识、安全事项，做好课前必要准备，能阐述仰泳的技术要点，掌握正确的出发、转身、到边及交接棒技术。 2.能用蛙泳及自由泳完整动作连续游进 100 米及以上，具备一定的冲刺能力，学习掌握仰泳技术动作，能持续游进 50 米及以上。 3.设计和参与比赛，在比赛中养成规则意识，同时享受公平竞争、努力拼搏获得的成就感和荣誉感。
9 年级	1.明确游泳健康卫生常识、安全事项，做好课前必要准备，熟悉游泳比赛规则和裁判法，运用正确的出发、转身及到边技术参加比赛。 2.用仰泳标准动作连续游进 100 米以上，学习并掌握蝶泳完整技术动作，并连续游进 25 米以上。 3.设计和参与比赛，在比赛中养成规则意识，同时享受公平竞争、努力拼搏获得的成就感和荣誉感。

年　级	学业质量合格标准描述
10年级	1. 了解游泳的起源，明确游泳健康卫生常识、安全事项和必要准备，知道游泳专项身体素质的练习方法，并能自主完成练习。 2. 强化蛙泳、自由泳、仰泳完整动作的技术，能对错误动作进行判断和纠正，掌握蝶泳动作要领，能运用所学技术独自完成50米蝶泳并进行比赛，能运用四种泳姿的技术动作和转身动作在规定时间内完成100米混合泳比赛，学习掌握游泳专项素质练习方法，提升游泳竞速能力。 3. 能独立设计和组织比赛，变换角色参与比赛，感受成就感、荣誉感。
11年级	1. 明确游泳健康卫生常识、安全事项和必要准备，掌握游泳专项身体素质的练习方法。 2. 能运用四种泳姿的技术动作和转身动作在规定时间内完成200米混合泳比赛，掌握不同专项素质练习提高身体素质，提升四种泳姿的竞技水平，具备一定的比赛能力，掌握救生常识与水中自救能力，完成15米及以上距离的负重游。 3. 能独立设计和组织比赛，变换角色参与比赛，感受成就感、荣誉感。
12年级	1. 了解游泳竞赛规则，掌握救生常识与水中自救能力，知道潜水的意义及价值，掌握游泳专项身体素质的练习方法并可以独立完成练习。 2. 改进并加强四种泳姿完整配合动作，并在比赛中可以熟练运用，掌握多种专项素质练习方法，提升游泳竞技水平，掌握间接救护、自我救护、岸上急救等技能，完成25米及以上距离的负重游。 3. 能独立设计和组织比赛，变换角色参与比赛，感受成就感、荣誉感。

二、体能锻炼课学业质量标准与应用指导

（一）体能锻炼课评价建议

1. 成绩共享，明确优化评价内容

体能锻炼课包含基本运动能力、基础体能和综合考试类三方面内容，并分别制定相应的学业质量标准。学业质量标准的实施应关注学生知识与技能、过程与方法、情感态度与价值观的整体发展。依据学业质量标准，学校和教师选择安排丰富的体能锻炼课内容和相关评价内容。在实施体能锻炼课学业质量标准的过程中，学生相同体能的测试成绩可以实行共享，既可以作为《国家学生体质健康标准》的成绩，也可以作为体能锻炼课的基本运动能力、运动体能、健康体能学业质量标准的评价成绩。体能锻炼课学业质量标准的实施，应做到对学生认知、体能、情感表现评价的兼顾，在提高学生体能的同时，提高学生对健康的认识和意识，掌握科学锻炼方法，养成坚持锻炼习惯，为终身体育奠定基础。

2. 依据内容，选用多元评价方法

体能锻炼课学业质量标准是学生体能锻炼课的学习评价的重要依据。学生不但是体能锻炼课的学习主体也是参与评价的主体。体能锻炼课的学生学业评价应依据体能锻炼课学

业质量标准的内容，选用适宜的评价方法。学生体能锻炼课的学业质量标准评价中，体能和身体素质方面的内容建议采用定量评价，观察学生的提升幅度；态度表现方面的质量标准评价可以通过学生行为表现采用定性评价。在评价的主体多元化方面，既可以采用教师评价，也可采用学生自评，还可以选用生生互评。评价手段可以采用实践测验，也可以采用书面测验，还可以采用观察法进行评价。建议依据评价内容综合选择评价方法和手段，避免评价方法和评价主体单一。建议参考《义务教育体育与健康课程标准（2011 年版）》关于评价的实施建议、体育与健康学习评价参考用表和《普通高中体育与健康课程标准（2017 年版）》中关于学业水平评价方案设计的实施建议。

3. 发挥评价作用，合理运用评价结果

标准的制定目的在于引领学生发展而并非评价本身。教师要明确体能锻炼课评价的目的，发挥体能锻炼课学业标准评价的多种功能，帮助学生提高体能、掌握锻炼方法、提高科学锻炼意识、养成锻炼习惯。发挥评价诊断功能的同时，更应注重评价的兴趣激发等激励功能，从而培养学生坚持锻炼的毅力，提高学生锻炼的自信心。教师应处理好体能锻炼课学业质量评价与《国家学生体质健康标准》测试、"体育中考"和"体育会考"等之间的关系，做到相互融合、相辅相成、相互促进，避免体能锻炼课应试化倾向，影响体能锻炼课学业质量。

（二）1—12 年级体能锻炼课学业质量标准

1. 1—2 年级基本运动能力锻炼课学业质量标准（见表 4-11）

表 4-11　1—2 年级基本运动能力锻炼课学业质量标准

年　级	学业质量合格标准描述
1年级	1. 能够说出走、跑、跳跃、投掷的动作要领及健身价值。 2. 双人或者多人能够根据实际情况（如场地的大小、器材的轻重、走或跑的路况、天气情况等）运用合理的方式走、跑、跳跃、投掷。 3. 做出 4—5 种单人、双人或多人合作，提高走、跑、跳跃、投掷运动能力的方法。 4. 能够主动地将所学运动知识与他人分享，并积极参加体能锻炼，如和家长健身时可以适当展示自己的运动知识、利用小区里的健身器材锻炼等。
2年级	1. 说出人和各种动物不同方式的攀、爬、钻等知识。 2. 能够完成攀、爬、钻、翻滚及支撑的动作，完成 5—10 米的爬行及各类动作的组合练习。 3. 能够安全练习，遵守规则，不管输赢都能全力以赴完成练习和比赛，能关爱、帮助同学。

2.3—12 年级基础体能锻炼课学业质量标准（见表 4 - 12）

表 4-12　3—12 年级基础体能锻炼课学业质量标准

年　级	学业质量合格标准描述
3 年级	1. 了解体能相关知识，能说出增强基础体能的动作名称和简单要领，了解基础体能测试和诊断方法，知道关注自己身体的变化。 2. 掌握 3—5 种发展基础体能的方法，能够在人体活动中得到速度、灵敏、柔韧等素质和身体形态等改变，增强速度、灵敏、柔韧、力量等身体素质。 3. 具有科学锻炼的意识，能迁移到日常生活中与同伴和家人共同锻炼，逐步形成安全体能锻炼的习惯。
4 年级	1. 继续了解体能相关知识，能说出增强基础体能的动作名称和简单要领，了解基础体能测试和诊断方法，建立身体自我概念。 2. 掌握 5 种以上发展基础体能的方法，能够在规定时间内完成单个动作的多次重复，具备灵敏、速度、耐力、力量等身体素质。 3. 具有身体锻炼的意识，迁移到日常生活中与家人共同锻炼，具有安全、科学体能锻炼的意识。
5 年级	1. 说出多种体能练习的手段，掌握基础体能的基本知识，说出并能完成发展练习身体素质的一般方法。 2. 能够在一定时间内保持特定运动强度或动作质量，或者能长时间重复练习同一动作，表现出灵敏、速度、耐力、力量等身体素质。 3. 掌握测评诊断基础体能的方法，迁移到日常生活中与家人共同锻炼，逐步形成安全体能锻炼的习惯。
6 年级	1. 继续了解基础体能的概念，了解自身体能基础和感知锻炼后的身体变化，能够说出 6—8 种符合年龄段的基础体能动作名称和练习方法。 2. 能够运用克服身体阻力或轻器械等组合方法发展体能，体现出灵敏性、力量、速度和心肺耐力等身体素质。 3. 掌握测评诊断基础体能的方法，并能将科学锻炼的意识和方法迁移到日常生活和课外锻炼中，逐步养成体能锻炼的习惯。
7 年级	1. 能说出基础体能正确练习方法和技术动作，基本掌握基础体能初级阶段训练方法并在生活中学以致用，能测评诊断自我和他人的基础体能。 2. 展现健身能力，具备灵敏、速度、力量、耐力等身体素质，心肺机能处于该年龄段的合理区间。 3. 表现出身体锻炼的决策能力及勇于挑战、不怕吃苦、能坚持的体育精神。
8 年级	1. 继续加强基础体能的练习方法和技术动作学练，进一步掌握基础体能初级阶段训练方法并在生活中学以致用，能测评诊断自我和他人的基础体能。 2. 展现健身能力，具备灵敏、速度、力量、耐力等身体素质。 3. 锻炼中表现出果断的决策能力及勇于挑战、不怕吃苦的意志品质。

年 级	学业质量合格标准描述
10年级	1. 知道发展体能的基本原理，以及有效控制体重与改善体型的方法，能对个人和同伴进行体能测量与评价，并能科学制订个人体能锻炼计划。 2. 展示出心肺耐力、肌肉力量、肌肉耐力、柔韧性、速度、爆发力、灵敏等各项素质，具备加速度、最大速度以及跑步技术等田径专项能力，运动表现良好。 3. 在锻炼过程中包容豁达、乐观开朗、善于合作，有责任担当，能够对训练效果做出客观公正的评价，展现勇敢顽强、积极进取、挑战自我、追求卓越的体育精神。
11年级	1. 能运用基础体能和足球、篮球专项体能训练的方法与手段进行自主锻炼。 2. 在具备基础体能的同时，能展现加速度、变向能力、爆发力、敏捷性等专项体能，足球、篮球运动表现良好。 3. 在锻炼中具有科学方法，逐步形成锻炼习惯，善于交流合作，表现出担当意识、责任意识和善于合作的品质。
12年级	1. 能运用基础体能和排球专项体能训练的方法、手段进行自主锻炼。 2. 发展基础体能，掌握发展排球专项体能的方法和手段，展现出直线与多方向加速度、力量、爆发力和敏捷性等素质，排球专项运动表现良好。 3. 在锻炼中具有科学方法，逐步形成锻炼习惯，善于沟通交流，表现出奉献精神和自律、担当、责任意识，以及善于合作的品质。

3. 综合考试类体能锻炼课学业质量标准（见表 4-13）

表 4-13 综合考试类体能锻炼课学业质量标准

年 级	学业质量合格标准描述
1—6 年级体测类体能	
1年级	1. 说出小学 1 年级《国家学生体质健康标准》的内容和测试方法。 2. 通过各种方式的练习，95% 以上达到《国家学生体质健康标准》的合格水平，40%—50% 达到良好水平，30%—40% 达到优秀水平；展现下肢力量、速度、灵敏、协调、柔韧素质和控制身体的能力。 3. 表现出刻苦锻炼和积极进取的行为，具有体能锻炼兴趣，具有安全体能锻炼习惯。
2年级	1. 说出小学 2 年级《国家学生体质健康标准》的测试方法和评价标准。 2. 通过各种方式的练习，95% 以上达到《国家学生体质健康标准》的合格水平，40%—50% 达到良好水平，30%—40% 达到优秀水平；展现下肢力量、速度、灵敏、协调、柔韧素质和控制身体的能力。 3. 表现出刻苦锻炼和积极进取的行为，具有体能锻炼兴趣，具有安全体能锻炼习惯。
3年级	1. 说出小学 3 年级《国家学生体质健康标准》的内容和测试方法。 2. 通过各种方式的练习，95% 以上达到《国家学生体质健康标准》的合格水平，40%—50% 达到良好水平，30%—40% 达到优秀水平；展现下肢力量、速度、灵敏、协调、柔韧素质和控制身体的能力。 3. 表现出积极进取、勇于拼搏的行为，具有安全体能锻炼的习惯。

年 级	学业质量合格标准描述
4年级	1. 说出小学 4 年级《国家学生体质健康标准》的测试方法和评价标准。 2. 通过各种方式的练习，95% 以上达到《国家学生体质健康标准》的合格水平，40%—50% 达到良好水平，30%—40% 达到优秀水平；展现下肢力量、速度、灵敏、协调、柔韧素质和控制身体的能力。 3. 表现出积极进取、勇于拼搏的行为，具有安全体能锻炼的习惯。
5年级	1. 说出小学 5 年级《国家学生体质健康标准》的内容和测试方法。 2. 通过各种方式的练习，95% 以上达到《国家学生体质健康标准》的合格水平，40%—50% 达到良好水平，30%—40% 达到优秀水平；展现下肢力量、速度、灵敏、协调、柔韧素质和控制身体的能力。 3. 表现出积极进取、勇于拼搏、追求卓越的行为，具有安全体能锻炼的习惯。
6年级	1. 说出小学 6 年级《国家学生体质健康标准》的测试方法和评价标准。 2. 通过各种方式的练习，95% 以上达到《国家学生体质健康标准》的合格水平，40%—50% 达到良好水平，30%—40% 达到优秀水平；展现下肢力量、速度、灵敏、协调、柔韧素质和控制身体的能力。 3. 表现出积极进取、勇于拼搏、追求卓越的行为，享受奋斗的乐趣，具有安全体能锻炼的习惯。
9年级中考类体能	
9年级	1. 掌握提高上肢、肩带力量和引体向上的方法，并能选择 1—2 种器械进行练习。 2. 引体向上能分阶段完成 10 个、13 个以上。 3. 表现出积极向上、挑战自我与同伴的优秀品质。
9年级	1. 掌握提高力量素质及投掷能力的方法，并能根据自身条件选择练习方法。 2. 发展力量素质和投掷能力，用头上前掷实心球的方法能将 2 千克实心球分阶段投到 9.4 米和 10 米以上。 3. 表现出果断、挑战自我的优秀品质。
9年级	1. 掌握发展速度的练习方法和要求，并能选择 2—3 种方法进行自我锻炼。 2. 50 米能分阶段跑到 7.5 秒、7.2 秒以内。 3. 表现出积极、勇敢向前的优秀品质。
9年级	1. 掌握如何发展耐力素质的练习方法，并选择 2—3 种方法进行自我锻炼。 2. 发展有氧耐力，提高持续跑的能力，尤其是最后的冲刺能力，1000 米跑能分阶段达到 3 分 40 秒、3 分 37 秒以内。 3. 表现出坚韧、吃苦耐劳的优秀品质。
9年级	1. 掌握发展核心力量的练习方法，并能针对性地进行自主练习。 2. 1 分钟仰卧起坐能分阶段做 45 个、49 个以上。 3. 表现出坚持不懈的优秀品质。
9年级	1. 掌握提高灵敏、协调素质的相关知识和方法，并能针对性地进行自主练习。 2. 提高身体的控制能力，并能分阶段在 12.5 秒、12.1 秒以内完成 17 米篮球运球绕杆折返跑。 3. 表现出积极、勇敢的优秀品质。

年　级	学业质量合格标准描述
	12 年级会考类体能
12 年级	1. 发展力量素质，掌握提高投掷能力和引体向上的方法以及提高力量素质的方法，并能根据自身条件选择 2—3 种方法进行练习。 2. 提高投掷能力和引体向上水平，用头上前掷实心球的方法能将 2 千克实心球投过 11 米线，引体向上能做 12 个以上。 3. 表现出勇敢、果断、挑战自我的优秀品质。
12 年级	1. 发展耐力素质，掌握发展耐力素质的练习方法，并选择 2—3 种方法进行自我锻炼。 2. 重点发展速度耐力，提高持续跑的能力，尤其是最后的冲刺能力，800 米跑能达到 3 分 35 秒以内（女生）。 3. 表现出坚韧不拔、吃苦耐劳的优秀品质。
12 年级	1. 发展核心力量，掌握发展核心力量的练习方法，并能有针对性地进行自我练习。 2. 1 分钟仰卧起坐能做 36 个以上。 3. 表现出积极参与、坚持不懈的优秀品质。
12 年级	1. 发展灵敏、协调等素质，掌握灵敏、协调等素质的相关知识和方法，并能进行针对性练习。 2. 提高身体的控制能力，并能在 7.2 秒以内完成全场篮球运球绕杆接行进间投篮。 3. 表现出积极、勇敢的优秀品质。

三、综合拓展课学业质量标准与应用指导

（一）综合拓展课评价建议

传统体育课程学习评价体系在综合拓展课程评价上存在很大的局限性。综合拓展课程学业质量评价以表现性和过程性评价为主，以终结性评价为辅；以定性评价为主，定量评价为辅；以学生自评互评为主，教师评价为辅，突出发展性，关注学生的情感、身体、认知等多方面的成长。

教师可以根据综合拓展课的学业质量标准，依据图 4-1 的流程，从以下四方面进行设计和实施。

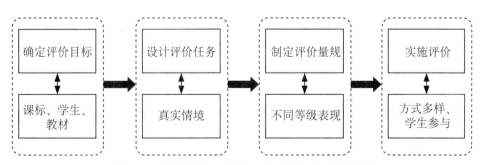

图 4-1　综合拓展课学业质量标准设计与实施流程

1. 明确、分解、细化评价目标

在实施综合拓展课学业质量评价时，要有清晰、明确且与学习目标一致的评价目标。学业标准中仅提供了"合格"表现，教师要在全面了解综合拓展课程特征与教学目标的基础上，根据学生的不同表现进一步细化评价目标，用具体的行为动词进行不同等级的表现描述，用词要明确、具体、可测，且与学习目标相一致。例如：健康教育专题的评价指标中包括学生健康意识的建立、基本知识和技能的掌握、卫生习惯和健康行为的形成这三个方面，我们可根据学习目标和已有的学业质量标准，来设计评价目标和学习内容（见表4-14）。

表4-14　一年级"健康教育"专题的目标、标准与内容细化

学习目标	质量标准	评价目标	学习内容
知道个人卫生习惯对健康的影响，了解保护牙齿的重要性和方法，了解道路交通和游戏中的安全常识，掌握简单的自我保护方法。	1. 能够了解饮食、用眼、口腔卫生等个人卫生常识。 2. 会用正确的刷牙方法，并知道龋齿预防方法。 3. 能够了解和掌握地震发生时的避险措施和自救方法。 4. 乐于参加户外活动，外出时自觉遵守交通秩序。 5. 能够自觉遵守规则，并提醒同伴遵守规则。	1. 了解与知道：表现出对个人卫生常识的识记能力。 2. 理解与应用：表现出对不同情境下自我保护方法的选择和应用能力。 3. 区分和对比：表现出对于秩序、规则等相关行为的辨别能力。	1. 良好的个人卫生习惯。 2. 蛀牙的形成与预防。 3. 安全过马路。 4. 地震时的应对措施。 5. 做诚信自律的小学生。

从表4-14可以看出，学习目标旨在指导对学生的培养，包括所具备能力、知识和态度，是综合性的目标；质量标准是对行为表现的描述，能帮助我们制定评分细则；评价目标是对学生所具备的能力进行考查，更具操作性；学习内容则是目标达成的载体。

2. 设计能引发特定表现行为的评价任务或活动

评价任务是为了引发与学习目标相关的学习表现而设计的一系列活动，例如回答提问、展示表演、游戏竞赛、方案设计、小组讨论等。综合拓展课程的内容超越了教科书的限制，更关注现实生活情境下知识技能的拓展和运用，教学中要为学生设计新颖、有挑战性的学习任务，在完成任务的过程中搜集证据、评估学生的表现。根据学习内容的特点，学习任务或活动可以多种多样，包括教师的讲解、引导、答疑解惑和学生的说一说、练一练、小组讨论、分组比赛、课外拓展等。

设计学习任务时需要注意以下几点：一是情境要真实，且是学生熟悉的。知识技能的获得是在原有经验基础上的再构建，因此任务要指向真实的事件或任务，符合常理。例如，为自己的父母设计一份健身计划、向同学介绍你最喜爱的运动、评析比赛中的队员表现等。二是任务内容要指向评价目标和学业目标，要与期望的学业目标相符合，能够激发学生的充分表现。例如，要评价学生的团队合作能力，就一定需要安排小组才能

完成的学习任务；要评价学生的分析判断能力，就要为学生提供有价值冲突的事例素材。三是任务要安全、可行、有价值，规则要清晰、明确，所有人都能看懂。教师要保证学生有足够的时间和资源来完成任务，将评价标准、要求、规则（时间、器材、场地、人数等）规定清楚。四是所有学生都能参与进来，有平等表现的机会。减少独立作业，增加团队任务型活动，减少封闭式任务，增加开放式任务，对有学习障碍的学生，要适当调整学习任务。表 4-15 为四年级奥林匹克教育专题的学习任务和评价要素。

表 4-15　四年级奥林匹克教育专题的学习任务和评价要素

学业标准	学习任务	评价指标及表现	
能举例说明 1—2 个田径项目的规则。	1. 查一查田径项目都有哪些？是如何分类的？ 2. 选择一个你感兴趣的田径项目，向大家介绍它的比赛规则。	1. 信息收集	能通过多种渠道收集信息；并对信息进行筛选。
		2. 作品质量	PPT/ 手抄报制作美观，内容丰富，便于阅读。
能举例说明 1—2 个球类项目的规则。	1. 选择一个你感兴趣的球类项目，向大家介绍它的比赛规则。 2. 画一画这个项目的比赛场地。 3. 向大家展示 2—3 个裁判手势。	3. 讲解示范	讲解时声音洪亮，示范动作正确。
		4. 合作	小组分工明确，每个人都贡献了力量。

3. 开发评价工具，优化评价方式

评价工具有核查表、等级量表、评价量规、表现清单、PTA 量表等多种类型，体育课中最常用的是核查表、等级量表以及评价量规。

（1）核查表。

核查表是最简单的评分记录工具，是包含了学生表现的各种特征的简单列表，用"是"与"否"即可回答，可用于学生自评，尤其是情感态度与价值观方面的自评（见表 4-16）。

表 4-16　学生游戏表现自评核查表

评价内容	做到了	没做到
按照规则进行游戏和比赛		
不和他人争吵		
分担团队责任		
听从教师的安排		
尊重队友、对手的努力		
为队友鼓掌		
接受裁判的判决，承认比赛结果		

（2）等级量表。

等级量表是在核查表的基础上增加了分值或等级，比核查表更为细致，教师可以给重点评价的内容增加分值或权重，起到引导作用（见表 4-17）。

表 4-17　心理拓展"我和我的团队"活动评价等级量表

评价内容	分　值	自评分	互评分	师评分
方案规划合理，分工明确，实施过程顺畅	6 分			
每个成员都有发言机会	4 分			
互相鼓励、包容同伴失误	5 分			
严守规则	5 分			

（3）评价量规。

在综合拓展课教学中，学生面临的是各种开放式的问题和学习任务，没有唯一正确答案或解决过程，因此对学生学业水平的评价需要依据指标进行判断。清晰和恰当的指标能够帮助我们明确希望评价的"关键能力"，并在评价过程中保证一致性和公平性。量规是基于指标的评分指南，我们将学生的表现水平划分为三级、四级或五级，对每一个级别表现特征进行详细描述（见表 4-18）。评价量规不仅能评价学生"做得怎么样"，更重要的是指导学生"怎样做得更好"（见表 4-19）。

表 4-18　评价量规示例

评价目标	评价指标	1 分	3 分	5 分
理解与应用：小组成员能够合作解决问题。	团队分工	小组内没有分工。	小组内分工比较明确，但只有部分同学有分工。	小组内分工明确，所有同学都有分工。
	团队参与	没有参与小组活动。	比较积极参与小组活动，有部分时间会做任务之外的事。	全程积极参与小组活动。
	交流沟通	没有与队友交流。	不能认真倾听意见，只表达自己的看法，出现分歧没有协商解决。	能认真倾听意见，积极表达看法，出现分歧协商解决。
	任务成果	没有在规定时间内完成任务。	在规定时间内完成任务，基本合格。	用较短的时间完成任务，遵守规则，质量高。

（备注：教师可根据任务内容，进一步细化任务成果的要求，从完成时间、完成质量、展示方式、创意思维等方面撰写具体表现。）

表 4-19　十二年级心理拓展"突出重围"活动评价量规示例

评价目标	评价指标	优　秀	良　好	要努力
理解与应用：在外界压力下表现出积极乐观的态度以及良好的适应能力。	判断和决策	能够冷静观察环境，综合各种因素做出合理判断。	能够比较全面地观察环境，做出合理判断。	做判断时比较轻率。
	韧性	遇到困难能够反复尝试，不断总结经验，为团队提出建设性意见。	遇到困难能够坚持尝试，有时候会依赖他人帮助。	遇到挫折容易放弃，丧失斗志。
	情绪控制	活动中一直保持积极乐观的情绪，不断鼓励他人和自己。	活动中的大部分时间能够保持积极乐观的情绪。	面对失败、压力会出现焦躁不安和沮丧的表现。

4. 引导学生参与评价

学生在评价过程中的角色并不是单纯的被评价者，他们应该成为评价过程的主动参与者。要实现学生高质量参与评价活动，教师需要提供明确、简洁、易懂的评价标准，并对标准进行解读，确保师生达成共识（见表 4-20）。还可以鼓励学生参与评价标准的制定，共同制定的标准能够得到更好的执行。

表 4-20　七年级健康教育专题学业质量标准与评价指标、内容和方式

学业质量标准	学习主题	评价指标		评价内容	评价方式
表现出较强的集体荣誉感，在集体活动中能够处理好个人与集体的关系。	个人与团队	活动参与	学习态度	自觉遵守课堂纪律，无迟到、早退、旷课现象，全程保持较高的积极性。	师评、互评、自评
			团队合作	团队合作顺畅，能正确处理合作与竞争的关系。	师评、互评、自评
			创意思维	积极思考，能提出新观点和新方法，较好地完成任务。	互评、自评
		总结提炼	活动反思	对活动中获得的体验进行总结，乐于交流。	师评、自评
			活动评价	对个人和他人的表现能做出比较客观的评价和比较深刻的分析。	师评、互评、自评
		综合表现	个人表现	有良好的身体素质和心理素质，吃苦耐劳、乐于助人、不抱怨、不埋怨，积极向上，有良好的安全意识。	师评、互评、自评
			团队表现	有明确的集体观念和荣誉感，同学之间能互相帮助、鼓励。	师评、互评

（二）1—12 年级综合拓展课学业质量标准

1. 1—12 年级健康教育专题学业质量标准（见表 4 - 21）

表 4-21　1—12 年级健康教育专题学业质量标准

年　级	学业质量合格标准描述
1年级	1. 能够了解饮食、用眼、口腔卫生、文明如厕等个人卫生常识。 2. 会用正确的刷牙方法，并知道龋齿预防方法。 3. 能够了解和掌握地震发生时的避险措施和自救方法。 4. 牢记常用急救电话号码，在紧急情况下能够拨打正确的求救电话求助。 5. 能够说出科学锻炼的好处，乐于参加户外活动。 6. 与同学活动时能自觉遵守规则，外出时遵守交通规则。
2年级	1. 能够认识体育锻炼对健康的重要性，主动参与课外体育活动。 2. 能够按时进餐，不挑食、不偏食，知道牛奶、豆类等食物的作用。 3. 能够说出身体的主要结构名称，了解男女在生理上的差异。 4. 知悉正确的坐立行走姿态，并能在生活中保持。 5. 能够说出雾霾等恶劣天气下的危害和防护措施。 6. 愿意和同伴共同完成体育活动，能够主动爱护和帮助同学。
3年级	1. 注意保持良好的体形，矫正不正确的身体姿态。 2. 能够合理用眼，注意用眼卫生，定期检查视力，会正确做眼保健操。 3. 初步树立保护生命的意识，认识到吸烟对健康的危害。 4. 具备保护环境的初步意识，懂得如何进行垃圾分类。 5. 能够说出烫伤等常见伤害的处理方法。 6. 了解自律的重要性，遇到困难能够积极应对。
4年级	1. 能够说出人体所需的主要营养素（脂肪、糖、蛋白质等）及其功能。 2. 能够说出常见疾病的危害与预防知识。 3. 具备食品卫生意识，能识别不洁、腐败变质、超过保质期的食品。 4. 能够主动配合教师完成《国家学生体质健康标准》测试。 5. 能够概述动物蜇、咬伤后的处理方法。 6. 在体育活动中保持稳定的情绪，乐于交流与合作。
5年级	1. 能够说出科学锻炼对健康的作用，通过体育运动进行积极性休息。 2. 能够说出运动系统的基本构成，简述判断和预防超重与肥胖的方法。 3. 能够复述青春期的生长发育特点与保健知识。 4. 能够复述火灾来临时的逃生方法。 5. 在发生肌肉急性损伤时能够正确应对和简易处理。 6. 在体育活动中能够调节自己的情绪，在团队活动中较好地履行自己的职责。
6年级	1. 理解生活方式对健康的影响，积极参与校内外体育锻炼。 2. 具备网络安全意识，不轻易泄露个人信息。 3. 能够说出日常生活中的疾病预防与食品安全常识，并运用到实践中。 4. 能够说出洪水来临时的避险措施和自救方法。 5. 正确认识和对待身体条件与运动能力的差异，尊重相对弱者。 6. 发生不同意见能够通过沟通进行交流，协商解决问题。

年 级	学业质量合格标准描述
7 年 级	1. 正确理解健康的内涵与健康三维观，简单列举影响健康的各种因素。 2. 比较全面地掌握安全运动、保护他人和自我保护的方法。 3. 了解近视、远视等的原理，在生活中自觉采用保护视力的行为。 4. 正确认识青春期心理的变化，出现心理问题及时与教师和家长沟通。 5. 知悉食物中毒的症状与急救措施。 6. 表现出较强的集体荣誉感，在集体性活动中能够处理好个人与集体的关系。
8 年 级	1. 能够养成体育锻炼习惯，能够制订简单的锻炼计划并付诸实施。 2. 初步掌握运动损伤及常见意外伤害的预防与简易处理办法。 3. 能够说出营养、睡眠、吸烟、饮酒等与健康的关系，养成良好生活习惯。 4. 认识到电气火灾的危害，在生活中践行节约用电和安全用电行为。 5. 掌握膝部、手部、手臂出血后的加压包扎方法。 6. 能够分析体育学习和锻炼中遇到挫折与失败的原因，保持稳定、积极的情绪和良好的心态。
9 年 级	1. 形成积极的体育态度，能够对体育锻炼的效果进行相对客观的评价。 2. 基本掌握运动强度和密度、靶心率、心率测定和运动量控制等基本知识和方法，会自我测试。 3. 知道常见传染病的预防方法，不歧视乙型肝炎患者和病毒携带者，了解艾滋病的基本知识及预防方法。 4. 掌握打绳结和搬运伤员的方法。 5. 在体育运动中表现出良好的体育道德，并迁移到日常生活中。 6. 了解压力的来源，遇到压力时能够自我疏导。
10 年 级	1. 注意自觉、主动地进行科学的体育锻炼，初步养成锻炼习惯，努力学会积极休息和劳逸结合、动静结合，具备健康的生活方式。 2. 在运动、学习和生活中面对困难和挫折，能调控自己的情绪，保持良好的心态。 3. 能够自然、大方、适度地与异性同学相处。 4. 具有一定的协作能力和团队精神，对自然环境变化适应能力较强。 5. 能够说出肌腱、筋膜发炎的发生原因和缓解方法。 6. 具备一定的心理弹性，具有较强的压力应对和缓解能力。
11 年 级	1. 积极、主动地参与课内外和校内外的体育活动，根据锻炼效果调整自己的体育锻炼方案。 2. 能够对自己的健康状况做出适当评价。 3. 了解艾滋病的危害、传播途径和预防方法，做好自身防控。 4. 能够掌握发生骨折、骨裂后的处理方法。 5. 具有较强的自制力、良好的团队意识和合作能力。 6. 能够将所学的健康知识综合运用到自己的生活中，基本形成健康的生活方式。
12 年 级	1. 能够自觉坚持有规律的体育锻炼习惯，形成健康的生活方式，并能组织和指导他人进行体育锻炼。 2. 较为深刻和全面地了解膳食平衡对健康的影响，并能够指导自己和家人合理膳食。 3. 对非传染性疾病的成因、危害和预防方法等有全面的理解，并能指导自己、家人和周围人群采取合理措施预防非传染性疾病发生。 4. 了解健康相关的设施、机构与职业，愿意成为一名社区健康志愿者。 5. 能够掌握休克的急救措施和心肺复苏术的操作方法。 6. 热爱生活、尊重生命、精力充沛、积极向上、乐观开朗，对自然和社会环境适应能力强。

2.3—12年级奥林匹克教育专题学业质量标准（见表4-22）

表4-22　3—12年级奥林匹克教育专题学业质量标准

年　级	学业质量合格标准
3年级	1. 能够说出奥运家族的成员、举办过奥运会的代表性城市名称，并能列举出奥运会的主要竞赛项目。 2. 能够举例说明观看比赛（3—4项）的文明行为，并能对观赛中的不文明行为做出评价。
4年级	1. 能简述夏季奥运会2—3个比赛项目的基本规则。 2. 能简述冬季奥运会2—3个比赛项目的基本规则。
5年级	1. 能简介1—2届夏季奥运会场馆、吉祥物或奥运火炬传递途径。 2. 能简介1—2届冬季奥运会场馆、吉祥物或奥运火炬传递途径。
6年级	1. 能举例说明奥林匹克精神的定义与体现奥林匹克精神的典型事例。 2. 能讲述1—2个励志的奥运小故事及代表人物。
7年级	1. 能简述古代奥运会的兴衰原因。 2. 能简述现代奥运会的发展历程。
8年级	1. 能举例说明古代奥运会竞赛规则的主要特征。 2. 能举例说明现代奥运会项目发展的主要特征。
9年级	1. 能够举例说明古代奥林匹克价值观的具体体现及意义。 2. 能够列举现代奥林匹克核心价值观并说明其含义。
10年级	1. 能描述1—2届奥运会开闭幕式场景与奥运口号的内容和意义。 2. 能举例说明奥林匹克的文化继承、发展与体现。
11年级	1. 能举例说明奥运基础设施中的科技含量。 2. 能举例说明科技奥运的创新发展对未来发展的影响。
12年级	1. 能够分析奥运周期中的经济发展与影响（举例说明）。 2. 能够分析并举例说明后奥运时代的经济影响。

3. 1—8、10—11年级运动项目体验专题学业质量标准（见表4-23）

表4-23　1—8、10—11年级运动项目体验专题学业质量标准

年　级	学业质量合格标准
1 — 2 年 级	1. 可以复述板羽球的起源和发展及锻炼价值和竞赛规则。 2. 掌握正反手握拍方法和正手高远发球动作，两人一组练习与对打至少5个回合。 3. 对板羽球运动表现出兴趣，懂得欣赏，愿意主动参与。
	1. 追溯跳房子运动的起源与发展、游戏特点、运动价值与文化意义。 2. 掌握跳房子运动最常见的几种图形、玩法，并能创造性地设计简单的房子，制定游戏规则。 3. 对跳房子表现出兴趣，愿意主动参与其中，愿意为了自己的团队拼尽全力。
	1. 复述滚铁环的起源、锻炼价值和竞赛规则。 2. 掌握滚铁环的技术动作，保持铁环平衡滚动，试着控制铁环的速度。 3. 对滚铁环运动表现出兴趣，懂得欣赏，愿意主动参与。
	1. 复述从"斗鸡"游戏到"脚斗娃"竞赛的演变过程，理解项目的锻炼价值与文化内涵。 2. 学会"脚斗娃"项目的基本站姿，并能长时间保持平衡和进行简单的移动，左右腿协调发展，柔韧、平衡、协调能力得到锻炼和提升。 3. 提高身体的控制能力，根据需要向不同的方向移动，速度和变向能力进一步加强。 4. 能独自或与同伴一起完成游戏和竞赛，在竞争过程中保持好身体姿态，不轻易落地或放弃。
3 — 4 年 级	1. 复述柔力球运动的诞生与发展、技术特点与项目种类、运动价值与文化意义。 2. 掌握柔力球运动的基本技术原理、简单竞赛规则、基本项目礼仪以及柔力球12种基本技术动作，能够自行完成一场11分制简单隔网对抗比赛，以及包含6个以上技术动作的简单组合演练，对柔力球运动有一定体验。 3. 懂得如何欣赏柔力球表演与比赛，愿意主动参与。
	1. 复述跳皮筋的起源、发展、现状及锻炼价值等。 2. 掌握跳皮筋"点、迈、绕、掏、顶、摆压、摆勾、摆踩"等基本动作，并能运用不同的基本动作，创编出简单的基本动作组合，进行体验和展示。 3. 有主动参与跳皮筋游戏的兴趣、团结协作的意识、善于展示自我的品质。
	1. 复述踩高跷的起源、发展、现状及锻炼价值等。 2. 学会制作简易高跷器材的方法和掌握三种以上形式的踩高跷技能展示。 3. 对踩高跷表现出兴趣，懂得欣赏，愿意主动参与。
	1. 复述角力运动的起源、发展、变迁及锻炼价值。 2. 掌握角力的基本技能、方法，学会做一些简单的角力组合的动作。 3. 增强身体力量和灵敏素质，培养对抗能力，提高交际协调和合作能力，锻炼想象能力和创造力，增强解决问题和适应环境的能力。

年　级	学业质量合格标准
5 — 6 年 级	1. 复述滑板的起源、发展、功能与特点及基本知识装备、场地、注意事项等。 2. 完成站姿、基本滑行、刹停、变向、难度滑行和基本跳跃技术，自主滑行 20 米往返距离，体验滑板运动的乐趣。 3. 对滑板运动表现出兴趣，懂得欣赏，愿意主动参与。
	1. 复述板鞋运动的起源、发展、运动形式、运动特点及社会价值。 2. 通过多样练习激发学生学习兴趣，熟练掌握板鞋运动的基本方法和运动技巧。 3. 在学练过程中让学生养成良好的安全意识及团队协作的观念，发展学生的身体协调能力，培养学生的自信心，体会民族传统体育带来的乐趣。
	1. 复述溜溜球的起源、发展及锻炼价值。 2. 能够掌握"睡眠""遛狗""爬行"等 7 个初级技巧并挑战自己学习更高的技巧。 3. 对溜溜球运动表现出兴趣，愿意主动参与，欣赏比赛，了解比赛规则。
	1. 复述独轮车的起源、发展、功能与特点等。 2. 复述独轮车的基本技术知识、装备、场地等注意事项。 3. 学习独轮车基本技术骑行姿势、辅助上车、辅助骑行、辅助转弯、独立上车骑行和绕桩技术，体验独轮车运动的乐趣。 4. 在实践中培养积极、自信、坚定、敢于实践的意志品质，提高自身的协调性、灵敏性、平衡能力等，同时满足青少年探索、冒险和好胜的心理。
7 — 8 年 级	1. 复述飞镖的起源、发展、场地、器材、装备、运动保护（安全）和规则事项。 2. 掌握飞镖技术基本动作，动作自然放松、舒适准确和保持身体平衡。 3. 能够进行飞镖技术动作展示与比赛，并且愿意主动参与。
	1. 复述绑腿跑的锻炼价值及基本知识、场地、注意事项等。 2. 掌握多人配合跑的技巧与方法，知道关于绑腿跑的协调性练习方法。 3. 对绑腿跑的比赛表现出兴趣，善于参与团队竞赛，体验团队配合的力量与价值。
	1. 复述端午赛龙舟的起源、发展、历史渊源等及旱地龙舟运动的基本知识、装备、场地、注意事项。 2. 掌握旱地龙舟技术，学会手脚配合及掌握比赛中的相关技巧，完成 20 米内的集体游戏和比赛，体验运动及比赛的乐趣。 3. 对旱地龙舟表现出兴趣，懂得欣赏，愿意主动参与。
	1. 复述跳竹竿的起源、发展、功能与特点等。 2. 复述跳竹竿的基本知识、装备、场地、注意事项。 3. 学习跳竹竿的基本功打竿、跳竹竿，体验跳竹竿运动的乐趣。 4. 在实践体验中提高协调能力、平衡能力、表现能力，增强意志品质，促进学生下肢肌肉关节、韧带的发展，对于发展弹跳力、灵敏性、协调性等都有显著作用。

年　级	学业质量合格标准
10 | 11 年 级	1. 复述马拉松的起源、文化、规程、赛事运行、装备及场地等。 2. 掌握马拉松跑的基本知识与技术，完成马拉松班级 5 千米"微马"比赛实践体验。 3. 懂得马拉松比赛，愿意主动参与其中，选择适合自己的岗位（环节）。
	1. 了解拔河运动的起源和发展、基本规则，能完成拔河比赛的基本场地布置。 2. 掌握拔河中基本攻防技巧和注意事项，能积极地参与拔河比赛并能与队友团结协作，坚持完成比赛。 3. 能在比赛中融入团队并表现出顽强参赛的意志品质，具备一定程度欣赏专业拔河赛事的能力，能够组织基本的拔河比赛。
	1. 复述多人竹竿跑的意义和价值。 2. 掌握多人竹竿跑的手脚协同摆动、有节奏地喊着口号前进的方法，并且能有序前进，提高同伴间的团结配合。 3. 通过学习多人竹竿跑，可以让学生在出现失误的情况下保持耐心和信心，发现问题和改正问题。
	1. 复述珍珠球的起源、文化、规程、赛事运行、装备及场地等。 2. 掌握珍珠球基本知识与技术，完成珍珠球 3 对 2、5 对 5 比赛实践体验。 3. 懂得珍珠球比赛，愿意主动参与其中，选择适合自己的岗位。

第三节　运动能力测评标准与应用指导

运动能力测评标准包括专项运动能力等级标准和中小学生体能水平标准，主要提供给体育教师用于教学考核和学生自测达标，为学生的运动技能掌握和体能发展提供具体测评项目、内容、方法与指导。

一、专项运动能力等级标准与应用指导

专项运动能力等级标准，主要是把运动项目最核心的能力进行达标测试，教师和学生可使用一些简单的方法进行测试，评价自己达到等级标准的成绩。同时教师可激励学生或学生自我做运动技能掌握情况的基础评价。不同运动项目的专项运动能力等级标准，打破了学段的界限，以运动项目的发展规律为依据，从开始接触这个项目逐渐到基本掌握这个项目分为九级，从入门到熟练掌握依次递进。

专项运动能力等级标准整体上采用三档九级制，测试内容涵盖了各专项的基本技战术及其实战运用能力，其中一至四级为入门档，五至七级为提高档，八九级为专业档。本标

准的评价对象是 3—11 年级学生，原则上是对应着单元教学方案中 3—11 年级学业质量评价标准中的技能评价关键要素。评价表中的 2/5 次，指的是给学生 5 次机会，完成 2 次以上即为通过。本标准强调运动能力等级标准评价，而非单个运动技能的评价，强调凸显比赛的概念，并和每个年级单元教学方案中的主题比赛相结合。以排球为例，如对垫球比赛，一次攻尝试性比赛，中一二、边一二、近体快攻等。原则上达到入门档四级水平就说明具备进行多个回合的比赛能力，达到提高档七级水平就说明具备进行有战术运用的对抗比赛能力，达到专业档九级水平就说明具备可以进行复杂情境的实战比赛能力。本标准强调教学环境下的教、学、评一体化，如排球的连续对垫球是教与学的主要内容，也是评价的关键指标；专项运动能力等级标准突出学生自评，方法和要求一目了然，易操作。

本标准沿用运动教育模式的三要素：条件、行为、标准，条件就是测试情境，行为基本等同于内容，标准是量化指标，如排球的发球在 6 米线、8 米线、断线外，扣球、拦网的网高等情境。本标准是作为考核学生某专项运动能力的一个参考方案，在实际操作过程中，各区各校可根据学生能力水平进行适当调整。

（一）田径专项运动能力等级标准（见表 4-24）

表 4-24 田径专项运动能力等级标准

等级	科目一 内容	科目一 标准	科目二 内容	科目二 标准	科目三 内容	科目三 标准	科目四 内容	科目四 标准	科目五 内容	科目五 标准
一	50 米	男：10.1 秒 女：10.4 秒			立定跳远	男：1.43 米 女：1.34 米			沙包掷远（250 克）	男：19.4 米 女：10.3 米
二	50 米	男：9.5 秒 女：9.9 秒	50 米 ×8	男：2 分 07 秒 女：2 分 09 秒	立定跳远	男：1.53 米 女：1.45 米			沙包掷远（250 克）	男：22.7 米 女：13.3 米
三	50 米	男：9.4 秒 女：9.5 秒	50 米 ×8	男：2 分 03 秒 女：2 分 05 秒			跨越式跳高	男：0.91 米 女：0.85 米	助跑（走）投掷垒球（沙包）	男：23.3 米 女：15.2 米
四			50 米 ×8	男：1 分 54 秒 女：2 分 01 秒	蹲踞式跳远	男：2.96 米 女：2.64 米			双手头上前抛实心球（1 千克）	男：4.39 米 女：3.68 米
五			1000 米（男） 800 米（女）	男：5 分 15 秒 女：4 分 52 秒			跨越式跳高	男：1.00 米 女：0.93 米	实心球（2 千克）	男：3.4 米 女：3.2 米
六	100 米	男：16.2 秒 女：17.7 秒	1000 米（男） 800 米（女）	男：5 分 01 秒 女：4 分 45 秒	蹲踞式跳远	男：3.54 米 女：2.97 米			实心球（2 千克）	男：5.6 米 女：5.4 米
七			1000 米（男） 800 米（女）	男：4 分 53 秒 女：4 分 40 秒	挺身式跳远	男：3.80 米 女：3.35 米	背越式跳高	男：1.26 米 女：1.05 米	实心球（2 千克）	男：6.2 米 女：4.3 米
八	100 米	男：15.3 秒 女：17.5 秒	1000 米（男） 800 米（女）	男：4 分 35 秒 女：4 分 30 秒						

等级	科目一		科目二		科目三		科目四		科目五	
	内 容	标 准	内 容	标 准	内 容	标 准	内 容	标 准	内 容	标 准
九	跨栏跑（50米栏）	男：11.3秒 女：14.3秒	1000米（男）800米（女）	男：4分25秒 女：4分26秒					铅球（男5千克，女4千克）	男：7.4米 女：5.2米

（二）体操专项运动能力等级标准（见表4-25）

表4-25 体操专项运动能力等级标准

等级	科目一 基本体操		科目二 技巧		科目三 支撑跳跃		科目四 单杠		科目五 双杠	
	内 容	标 准	内 容	标 准	内 容	标 准	内 容	标 准	内 容	标 准
一	原地队列练习	1.在教师的口令下完成各种队列动作。2.动作准确不失误。	1.各种方式滚动 2.攀爬障碍	1.滚动成直线，快速爬行30秒。2.攀爬障碍60—80厘米。						

等级	科目一 基本体操		科目二 技巧		科目三 支撑跳跃		科目四 单杠		科目五 双杠	
	内容	标准	内容	标准	内容	标准	内容	标准	内容	标准
二	行进同队列队形	1.在教师的口令下完成各种队列动作。2.动作准确。	1.后滚翻 2.倒立攀爬	1.滚动圆滑，推手翻臀成蹲撑。2.倒立攀爬保持3—5秒。	1.跳上、跳下 2.跳跃障碍 3.攀爬有坡度的障碍	1.高度20—30厘米。2.高度30—40厘米。3.长度80—100厘米。				
三	少儿广播体操2套	1.在音乐的伴奏下独立完成2套规定广播体操。2.动作连贯，失误不超过3次。	1.滚翻组合动作 2.爬墙手倒立	1.滚翻组合动作连贯、连续滚翻不失误。2.爬墙手倒立保持5秒。	跳上成跪撑向前跳下	高度30—50厘米。	1.直臂悬垂 2.跳上成正撑前翻下	1.直臂悬垂保持3—5秒。2.跳上成支撑并保持3—5秒。		
四	校园团体操1套	在音乐的伴奏下完成校园团体操。	1.肩肘倒立 2.蹬墙手倒立	1.肩肘倒立10秒。2.蹬墙手倒立保持10秒。	跳上成蹲撑起立挺身跳下	高度60—80厘米。	1.跳上成正撑接后摆下 2.单挂膝悬垂摆动	1.正撑保持5—10秒，杠上支撑摆动4次。2.悬垂摆动3次。		

続表

等级	科目一 基本体操 内容	标准	科目二 技巧 内容	标准	科目三 支撑跳跃 内容	标准	科目四 单杠 内容	标准	科目五 双杠 内容	标准
五	行进间队列队形练习	在教师的口令下完成各种队列动作不出错。	1.蹬墙手倒立接前滚翻下 2.规定组合动作练习	1.蹬墙手倒立保持20秒。2.完成2—3套技巧类组合动作。	山羊分腿腾跃	高度80—90厘米。	一足蹬地翻身上	杠上支撑保持5—10秒。		
六	武术操	1.动作有力、连贯。2.不得有三个以上错误动作（包括三个）。	1.燕式平衡 2.肩肘倒立接前滚翻成蹲立（女）3.鱼跃前滚翻（男）4.规定成套动作	1.燕式平衡保持5秒。2.肩肘倒立保持5秒接前滚翻成蹲立（女）。3.鱼跃前滚翻越过20—30厘米的障碍。4.完成4—5个组合动作（成套）。	1.横箱分腿腾跃动作（男）2.横箱屈腿腾跃动作（女）	1.箱高1.15—1.20米（男）。2.箱高1.00—1.15米（女）。	1.支撑单腿摆跃成骑撑 2.双足蹬地翻身上	1.引体向上10个（男）。2.直臂悬垂保持30秒（女）。	1.分腿坐前进一次 2.外侧坐越两杠下（女）3.支撑前摆挺身下 4.规定成套动作1套	1.有分腿、滑杠动作。2.有弹杠腾空、推手动作。3.支撑摆动10次、有推手腾空动作。4.完成4—5个组合动作（成套）。
七	轻器械体操	1.在音乐的伴奏下完成。2.动作准确，不得出现3次及以上错误。	1.头手倒立（男）2.经单肩后滚翻成跪撑平衡（女）3.侧手翻 4.手倒立	1.头手倒立10秒（男）。2.动作正确，跪撑平衡保持5秒。3.手倒立保持30秒。4.仰卧起坐45个（女）；俯卧撑30个（男）。	1.横箱分腿腾跃（男）2.横箱分腿腾跃（女）	1.箱高1.15—1.25米（男）。2.箱高1.15—1.20米（女）。	支撑后摆转体90度挺身下	1.引体向上12个（男）。2.直臂悬垂保持45秒（女）。	1.支撑后摆转体180度成分腿坐 2.支撑后摆挺身下 3.自编1套动作	1.双杠臂屈伸10个（男）。2.直臂支撑保持30秒（女）。3.自编4—5个组合动作（成套）。

等级	科目一 基本体操		科目二 技巧		科目三 支撑跳跃		科目四 单杠		科目五 双杠	
	内容	标准	内容	标准	内容	标准	内容	标准	内容	标准
八	自编啦啦操	1.成套动作1分30秒至2分30秒。2.有4次队形变换。	1.直腿后滚翻 2.侧手翻 3.有人扶持倒立或独立完成手倒立。	1.直腿后倒、滚动圆滑。2.独立完成侧手翻动作。3.有人扶持倒立保持20—30秒，独立完成3—5秒。	1.侧腾跃（男）2.斜向助跑直角腾跃（女）	1.箱高1.15—1.25米（男）2.箱高1.15—1.20米（女）	1.单挂膝后回环一周半（男）2.一足蹬地翻身上（女）	1.仰卧悬垂臂屈伸15个。2.引体向上15个（男）。	1.挂臂摆动（男）2.挂臂前摆上成分腿坐（男）3.外侧坐越两杠下（女）	1.双杠臂屈伸15个（男）。2.直臂支撑保持50秒（女）。
九	自编士或轻器械体操一套	1.1套自编操2分30秒。2.有双人互动动作。	规定动作1套	1.完成含有舞蹈动作4—5个技巧动作组合的成套动作。2.仰卧起坐50个（女）。3.俯卧撑30个（男）。	1.纵箱分腿腾跃（男）2.横箱分腿腾跃（女）	1.箱高1.15—1.25米（男）2.箱高1.15—1.20米（女）	1.支撑后回环（男）2.骑撑前回环（女）	1.悬垂举腿10个以上（女）2.引体向上20个以上（男）。	1.杠上前滚翻成分腿坐 2.支撑前摆向内转体180度下 3.自编4—5个动作组合1套	1.双杠臂屈伸20个（男）。2.直臂支撑保持60秒（女）。

（三）韵律舞蹈专项运动能力等级标准（见表 4-26）

表 4-26　韵律舞蹈专项运动能力等级标准

等级	科目一 身体形态训练 内容	标准	科目二 传统舞蹈学练 内容	标准	科目三 国际舞蹈体验 内容	标准	科目四 舞蹈作品欣赏 内容	标准	科目五 即兴舞蹈创编 内容	标准	科目六 有氧舞蹈练习 内容	标准
一	《木兰出征》	1. 节奏准确。2. 动作标准。3. 清晰认识身体部位与方向。	《洗手绢》	1. 节奏准确。2. 动作规范。3. 表演流畅。								
二					《熊猫会功夫》	1. 节奏准确。2. 动作有力度。3. 情绪饱满。			《我的身体是画笔》	1. 动作有创意。2. 表现自信。3. 动作连贯。		
三	踢腿（前旁后）	1. 身体直立。2. 踢腿90度以上。3. 具有爆发力。	《只要妈妈露笑脸》	1. 风格把握准确。2. 保持情绪饱满。3. 双人配合协调。					《身体与气球的对话》	1. 动作设计有创意。2. 围绕学习主题来表现。3. 状态能保持。		
四	站立 体前屈	1. 动作中区分大腰、胸腰、旁腰。2. 体前屈90度。3. 动作表现出柔美。	《格桑花开》	1. 准确完成内容。2. 节奏准确。3. 动作表现活泼。					《出彩腕鼓》	1. 捕捉形象准确编创2个动作。2. 动作有创意。3. 姿态优美。		

等级	科目一 身体形态训练		科目二 传统舞蹈学练		科目三 国际舞蹈体验		科目四 舞蹈作品欣赏		科目五 即兴舞蹈创编		科目六 有氧舞蹈练习	
	内 容	标 准	内 容	标 准	内 容	标 准	内 容	标 准	内 容	标 准	内 容	标 准
五	跳（小跳、中跳）	1. 节奏准确。2. 发力部位准确。3. 小跳连贯完成跳跃4×8拍，中跳8次。	跳（小跳、中跳）《烟盒声声》《爱的华尔兹》《奔跑在辽阔的草原上》《雁阵》《青春舞动》《奔跑在辽阔的草原上》	1. 腕部动作准确。2. 情绪饱满。3. 小组整齐划一。	《爱的华尔兹》	1. 动作舒展。2. 富有韵律感。3. 与音乐配合融洽。			《鼓相》《手绢花舞起来》《五彩云霞》《唐三彩的奇思妙想》	1. 捕捉形象准确编创3个动作。2. 有表现地完成4×8拍动作。3. 与同伴配合默契协调。		
六	把杆上蹲	1. 动作准确。2. 节奏均匀。3. 重心稳定。	《阿里郎》	1. 准确地处理民族节奏。2. 呼吸与动作配合协调。3. 持续保持情感状态。			《红色娘子军》	1.完成500字的作品分析。2. 设计5个动作。3. 用舞剧音乐学习主题方案。	《杨柳轻扬》	1. 创编4个动作。2.4个动作连接流畅。3. 音乐中流畅的表现。		

等级	科目一 身体形态训练 内容	标准	科目二 传统舞蹈学练 内容	标准	科目三 国际舞蹈体验 内容	标准	科目四 舞蹈作品欣赏 内容	标准	科目五 即兴舞蹈创编 内容	标准	科目六 有氧舞蹈练习 内容	标准
七	现代舞训练	1. 动作连贯。2. 呼吸配合自然。3. 动作有质感。	《瓦山火》	1. 风格把握。2. 动作有力度。3. 热情有活力。	Let's Funky	1. 动作有力度。2. 腕部动作准确。3. 活力有激情。	《春之祭》	1. 完成评价500字。2. 口述作品风格。3. 独立完成学习主题动作表演。			哑铃操创编	1. 动作有创意。2. 队形有变化。3. 音乐中表现流畅。
八	现代舞训练	1. 动作连贯。2. 呼吸配合自然。3. 动作有质感。	《蓝天碧草间》	1. 风格把握。2. 动作有力度。3. 热情有活力。	《星光之城》	1. 动作有力度。2. 腕部动作准确。3. 活力有激情。	《蓝印》	1. 完成评价500字。2. 口述作品风格。3. 独立完成学习主题动作表演。	维吾尔族舞蹈片段创编		哑铃操创编	1. 动作有创意。2. 队形有变化。3. 音乐中表现流畅。
九	重心训练	1. 动作连贯。2. 双人配合默契。3. 身体有控制力。	《石榴树下》	1. 风格把握。2. 手位准确。3. 热情有活力。	《浪漫者圆舞曲》	1. 动作准确。2. 双人配合默契。3. 动作流畅，表演有情感。	走进大师	1. 完成500字评价。2. 备选其一口述分析。3. 学习主题性动作表演。		1. 风格把握准确。2. 动作有创意。3. 找到中西舞蹈融合点。		

（四）足球专项运动能力等级标准（见表4-27）

表4-27 足球专项运动能力等级标准

等级	科目一		科目二		科目三		科目四		科目五	
	内容	标准	内容	标准	内容	标准	内容	标准	内容	标准
一	冲刺跑	4.9~5.0秒	颠球	3个	往返运球	11.2~11.9秒	踢准	5分	小场地比赛	5分
二	冲刺跑	4.7~4.8秒	颠球	4个	往返运球	10.1~11.1秒	踢准	6分	小场地比赛	6分
三	折线跑	10.0~10.2秒	脚背正面颠球	12个	绕杆运球	12.9~13.9秒	踢准	5分	小场地比赛	5分
四	折线跑	9.7~9.9秒	脚背正面颠球	16个	绕杆运球	11.7~12.8秒	踢准	6分	小场地比赛	6分
五	绕杆跑	男：6.6~6.7秒 女：6.9~7.0秒	行进颠球	5次	绕杆运球	男：11.5~12.4秒 女：13.2~13.9秒	运球踢准	5分	小场地比赛	5分
六	绕杆跑	男：6.4~6.5秒 女：6.7~6.8秒	行进颠球	4次	绕杆运球	男：10.8~11.4秒 女：12.4~13.1秒	运球踢准	6分	小场地比赛	6分
七	多向绕杆跑	男：16.9~17.2秒 女：18.6~19.2秒	头颠球	6个	折线运球	男：12.5~12.9秒 女：14.23~14.7秒	定位球踢准	8分	比赛	5分
八	折返跑	男：34.3~34.6秒 女：38.5~39秒	多部位颠球	1套	折线运球	男：12.0~12.4秒 女：12.9~13.8秒	运球射门	5分	比赛	5分
九	折返跑	男：33.9~34.2秒 女：37.9~38.4秒	多部位颠球	2套	折线运球	男：11.8~11.9秒 女：12.4~12.8秒	运球射门	6分	比赛	6分

（五）篮球专项运动能力等级标准（见表4-28）

表4-28 篮球专项运动能力等级标准

等级	科目一 内容	标准	科目二 内容	标准	科目三 内容	标准	科目四 内容	标准	科目五 内容	标准
一	行进间直线往返运球15米	无失误 ≥4趟	原地4米双手传接球	≥10次/人	原地双手胸前投篮（篮下）	≥3个/10个				
二	行进间急停急起运球20米	无失误 ≥3杆	原地4米单手传接球	≥10次/人	原地双手胸前投篮198（4米）	≥3个/10个				
三	行进间曲线往返运球20米	无失误 ≥3杆	阵地二人传接球应用	≥8轮	原地单手肩上投篮（3米）	≥3个/10个	运传球组合技术	≥3分		
四	行进间变向换手往返运球20米	无失误 ≥3杆	阵地三人传接球应用	≥6轮	单手肩上投篮（罚篮线）	≥2个/10个	运传投组合技术	≥3分		
五	行进间背后、转身运球运用	无失误 ≥3杆	阵地四人传接球运用	≥6轮	行进间单手198肩上投篮	≥2个/5个	以传为主运投组合技术	≥3分		
六	顺步持球突破运用	无失误 ≥3次			行进间低手投篮	≥3个/15个	以运为主运投组合技术	≥3分	二攻一	2次/15次
七	运球转身+突破上篮	≥3分			罚篮线跳投	≥3个/10个	简单情境运投组合技术	≥3分	三攻二	1次/15次
八					五点中距离投篮	≥3个/10次	对抗情境运投组合技术	≥3次/15次	掩护配合	2次/15次
九					中距离投篮自投自抢	≥4次	综合运用运投组合技术	≥3次/15次	进攻2-3联防	2次/15次

（六）排球专项运动能力等级标准（见表 4-29）

表 4-29 排球专项运动能力等级标准

等级	科目一 内容	标准	科目二 内容	标准	科目三 内容	标准	科目四 内容	标准	科目五 内容	标准
一	连续自垫球	≥5次	低网下手发球	≥2次/5次						
二	连续抛垫球	≥5次	连续抛传球	≥5次	下手发球	≥2次/5次				
三	连续对垫球	≥4次	连续抛传球	≥6次	低网上手发球	≥2次/5次				
四	连续垫传球	≥6次	上手发球	≥2次/5次	两人连续打防	≥2次				
五	连续垫传球	≥20次	4号位扣球	≥2次/5次	正面上手发球	≥2次/5次	一次攻配合	≥2次/5次		
六	向固定区域垫球	≥2次/5次	传4号位高球	≥6次/10次	4号位扣球	≥6次/10次	正面上手飘球	≥4次/10次	单人拦高球	≥1次/5次
七	向固定区域垫球	≥6次/10次	传4号位高球	≥4次/10次	3号位扣球	≥2次/5次	双人拦网	≥2次/5次	一次攻配合	≥6次/10次
八	接发球起球	≥4次/10次	传2号位高球	≥4次/10次	2号位扣球	≥4次/10次	跳飘球	≥4次/10次	两人连续打防	≥4次
九	接发球起球	≥6次/10次	传4号位调整球	≥4次/10次	扣调整球	≥4次/10次	跳飘球	≥5次/10次	两人连续打防	≥5次

表 4-30 乒乓球专项运动能力等级标准

等级	科目一 内容	标准	科目二 内容	标准	科目三 内容	标准	科目四 内容	标准	科目五 内容	标准
一	正手快攻	≥10个/30个	平挡、快推	≥20个/30个						
二	正手发球	≥15个/20个	平挡、快推	≥20个/30个						
三	正手发下旋球	≥10个/20个	正手快攻	≥20个/30个	摆球	≥20个/30个	正手弧圈球	≥5个/15个		
四	正手发下旋球	≥15个/20个	快推	≥20个/30个	正手弧圈球	≥10个/20个				
五	加力推	≥15个/20个	反手快攻	≥10个/20个	正手弧圈球	≥20个/30个	拉下旋球	≥10个/20个		
六	正手快攻	≥25个/30个	反手快攻	≥25个/30个	拉下旋球	≥15个/20个	反手弧圈球	≥25个/30个		
七	加力推	≥20个/25个	正手快攻	≥40个/50个	反手快攻	≥30个/40个	正手弧圈球	≥20个/30个		
八	高抛发球	≥10个/15个	正手弧圈球	≥25个/30个	反手弧圈球	≥30个/40个	拉下旋球	≥20个/30个	反手弧圈球	≥30个/40个
九	高抛发球	≥15个/20个	接高抛发球	≥15个/20个	正手弧圈球	≥25个/30个	反手弧圈球	≥35个/40个	接发球抢攻	≥10个/20个

（八）网球专项运动能力等级标准（见表 4-31）

表 4-31 网球专项运动能力等级标准

等级	科目一 内容	标准	科目二 内容	标准	科目三 内容	标准	科目四 内容	标准	科目五 内容	标准
一	持拍拍球	≥10次	持拍颠球	≥10次						
二	原地正手击球反弹球进靶框	≥5次/10次	原地反手击球反弹球进靶框	≥5次/10次						
三	原地正手击球进靶框	≥6次/10次	原地反手击球进靶框	≥6次/10次	双人反弹网	≥5次				
四	移动正反手击球进靶框	≥5次/10次	移动反手击球进靶框	≥5次/10次	下手发球	≥4次/10次	对拉球	≥4回合		
五	移动正反手结合击球击靶	≥5次/10次	截击进固定区域	≥4次/10次	上手发球	≥4次/10次	竞赛	能进行标准场地比赛，熟悉规则和站位。		
六	移动正反手结合击球打斜线	≥5次/10次	移动截击进固定区域	≥5次/10次	上手发平击球	≥5次/10次	竞赛	比赛中能运用直线和斜线的变化。		
七	底线移动正反手结合击球	≥5次/10次	移动截击进后场打球	≥5次/10次	反手下旋球	≥5次/10次	竞赛	能运用落点深浅的变化调整节奏。		
八	底线移动正反手击球进固定区域	≥6次/10次	截击（随球上网）	≥6次/10次	接发球	≥6次/10次	发上旋球	≥5次/10次	竞赛	比赛中能够找准时机抢网得分。
九	中速对拉球	≥10次	双人网前对截击	≥10次	高压球	≥5次	上手发侧旋球	≥5次/10次	竞赛	击球有一定速度，能够调整节奏运用各种技术得分。

（九）武术专项运动能力等级标准（见表 4-32）

表 4-32 武术专项运动能力等级标准

等级	科目一		科目二		科目三		科目四		科目五	
	内容	标准	内容	标准	内容	标准	内容	标准	内容	标准
一	基本功、基本动作	拳法、掌法各做出5种，勾法2种，动作准确。								
二	少年拳	动作标准，错误动作少于3次，动作衔接连贯，明显停顿少于2次，手眼配合动作不少于3次。								
三			太极推手	按照口令准确做出5种以上推手手法，在两人对练中准确用出不少于3种手法。						
四					花棍	连续完成花棍成套动作，明显停顿少于2次，正确做出3—4种攻防技击动作。				
五	健身拳	熟练完成整套动作，错误动作少于3次，明显停顿少于2次，手眼配合动作不少于4次。								
六					健身棍	做出5种以上单个棍法，熟练完成整套动作，且错误动作少于3次。				

等级	科目一		科目二		科目三		科目四		科目五	
	内容	标准	内容	标准	内容	标准	内容	标准	内容	标准
七							刀术	做出5种以上单个刀法，熟练完成整套动作，且错误动作少于3次。		
八	形神拳	流畅完成全套动作，错误动作不超过少于3次，明显停顿少于2次，且动作完成度达到85%以上。								
九					棍术	正确做出7种以上单个棍法，流畅完成整套动作，明显停顿少于2次，且错误动作少于2次。				
八（中国跤）	基本腿功和徒手跤绊	4分钟8种基本功体能训练。	两分钟抢手比赛	抢手和蹩手合理有效。					模拟实战	把位、步法、时机合理到位。
九（中国跤）	基本功	摔假人5次，动作方法正确。	基本摔法配合	攻防配合合理有效，动作连贯到位。					实战、技战术	两分钟一局实战赛。
八（散打）	立定三级蛙跳	≥7.5米（男）≥5.0米（女）	拳腿组合	≥6分/10分	拳腿打靶	≥6分/10分			实战能力	≥7分/10分
九（散打）	立定三级蛙跳	≥8.0米（男）≥6.0米（女）	拳腿跤组合	≥7.5分/10分	拳腿打靶	≥8分/10分			实战能力	≥7分/10分

（十）游泳专项运动能力等级标准（见表 4-33）

表 4-33　游泳专项运动能力等级标准

等级	科目一		科目二		科目三		科目四		科目五	
	内容	标准	内容	标准	内容	标准	内容	标准	内容	标准
一	抱板踩水	≥10 秒	蛙泳	≥25 米						
二	抱板踩水	≥30 秒	蛙泳	≥50 米						
三	徒手踩水	≥45 秒	蛙泳	≥100 米	自由泳	≥25 米				
四	徒手踩水	≥1 分	蛙泳	≥200 米	自由泳	≥50 米				
五	负重踩水	≥30 秒	100 米蛙泳	≤2 分 30 秒	100 米自由泳	≥100 米				
六	负重踩水	≥1 分	100 米蛙泳	≤2 分 20 秒	100 米自由泳	≤2 分 20 秒	仰泳	≥50 米		
七	负重踩水前行	≥15 米	100 米蛙泳	≤2 分 10 秒	100 米自由泳	≤2 分 10 秒	仰泳	≥100 米	蝶泳	≥25 米
八	负重踩水	≥1 分 30 秒	100 米蛙泳	≤2 分	100 米自由泳	≤2 分	100 米仰泳	≤2 分 20 秒	蝶泳	≥50 米
九	负重踩水前行	≥25 米	100 米蛙泳	≤1 分 50 秒	100 米自由泳	≤1 分 50 秒	100 米仰泳	≤2 分 10 秒	蝶泳	≥100 米

二、中小学生体能水平标准与应用指导

体能锻炼课的学生体能评价，鉴于《国家学生体质健康标准（2014年版）》所选用的指标可反映与身体健康关系密切的身体成分、心血管系统功能、肌肉的力量和耐力以及关节和肌肉的柔韧性等要素的基本状况（见表4-34）。基于不增加学校和学生负担的原则，体能锻炼课的体能水平评价以学校每年一度的《国家学生体质健康标准（2014年版）》测试结果为依据，通过测试结果大数据，进行基于学生体能水平的综合评价。

表4-34　测试项目及指数

组　别	评价指标	分　值
所有年级	身体质量指数（BMI）	15
	肺活量	15
小学1—2年级	50米跑	20
	坐位体前屈	30
	1分钟跳绳	20
小学3—4年级	50米跑	20
	坐位体前屈	20
	1分钟跳绳	20
	1分钟仰卧起坐	10
小学5—6年级	50米跑	20
	坐位体前屈	10
	1分钟跳绳	10
	1分钟仰卧起坐	20
	50米×8往返跑	10
初中、高中	50米跑	20
	坐位体前屈	10
	立定跳远	10
	男生引体向上、女生1分钟仰卧起坐	10
	男生1000米、女生800米跑	20

体能锻炼课的体能测试诊断（见表4-35至表4-38），主要是通过学期初对学生健康体能和运动体能进行前测，让教师了解学生、学生了解自己的基础体能状况，帮助学生正确认识和建立身体自我，在此摸底基础上确定锻炼的起点；通过学期末对学生健康体能和运动体能的后测，让教师和学生了解身体改变和体能改进情况，清晰体能锻炼的进步幅度，给予教师和学生体能锻炼的信心。以测代练了解健康体能和运动技能，可让教师掌握测评的动作和方法，同时可以用以测代练的方法在学期初恢复学生体能、学期末强化学生体能。

表 4-35　健康体能测试诊断（小学）

你的年级：	姓名：	学号：	平均等级：	
内　容	测评方法和要求	诊断要点		级　别
BMI	BMI = 体重（kg）/ 身高（m）^{2} 【体重除以身高的平方。】	【身体质量指数】 1级：< 18.5（体重过低） 2级：18.5—24（正常范围） 3级：24—27（体重过重） 4级：28—32（肥胖） 5级：> 32（非常肥胖）		
肩部旋转	 【双手始终握拳（大拇指在内），肩部最大限度地外展内旋在背后，测量双拳之间的距离。】	【肩关节柔韧性】 1级：超出1.5个手掌长、小于2个手掌长 2级：距离在1—1.5个手掌长 3级：距离在1个手掌长以内		
抱头深蹲	 【双手十字交叉置于头后，双脚开立与肩同宽，慢慢做下蹲姿势，下蹲过程中脚后跟不离地，抬头挺胸。】	【髋、膝、踝关节柔韧性】 1级：大腿高于水平线，膝与脚不成一条直线，腰弯曲 2级：抬起足跟的前提下能完成动作 3级：大腿低于水平线，膝与脚成一条直线		
平屈深蹲	 【双臂交叉平屈在胸前，腰背挺直，下蹲时大腿与地面平行，起身时双腿伸直或微屈。】	【下肢耐力测试】 一口气完成动作的次数，间隔不超过5秒。 　　　　女　　　　男 1级：15以下　　20以下 2级：15—25　　20—30 3级：26—30　　31—35 4级：31—35　　36—40 5级：35以上　　40以上		

表 4-36　运动体能测试诊断（小学）

班级：　　　　 姓名：　　　　 学号：　　　　 最终平均级别：			
内　容	**测评方法和要求**	**诊断要点**	**级　别**
左右横跨跳跃	【按照双脚向右移动、返回原地、向左移动、返回原地的顺序进行，双脚分别跨越，双脚不得同时跳跃；双脚移动至右侧、返回中间、移动至左侧、再返回中间各记 1 回合。】	【速度测试】 记录 20 秒时间内完成的次数：双脚移动完成 1 次记 1 回合。 　　　　　　　男　　　　　女 1 级：9 以下　　　　9 以下 2 级：10—19　　　　10—19 3 级：20—30　　　　20—30 4 级：31—41　　　　31—39 5 级：42 以上　　　　40 以上	
异侧触脚	【单脚站立，同侧手臂向外平举，保持平衡，向下俯身，用异侧手触及脚背，俯身时保持腰背挺直。】	【平衡能力测试】 左、右测试，最多重复 3 次，测试间隔 10 秒，取最好成绩，记录较差一侧成绩。 1 级：0—1 次 2 级：2—3 次 3 级：4—6 次 4 级：7—10 次 5 级：11 次以上	
前后交叉摸脚	【前侧触脚时手掌依次触及异侧的脚背；后侧触脚时手掌依次触及异侧的脚心，快速交替摸脚练习。前侧触脚＋后侧触脚＝完成 1 次动作。】	【协调能力】 记录完成 30 秒内前后交叉摸脚的次数。 1 级：0—3 次 2 级：4—6 次 3 级：7—10 次 4 级：11—14 次 5 级：15 次以上	
立定跳远	【跳时两腿稍分，膝微屈，身体前倾，两臂预摆，迅速蹬地，展髋跳起，落地后屈膝缓冲，上体前倾。测量预备姿势时两脚尖中点与跳跃后较靠后一只脚的脚后跟间的直线距离。】	【下肢爆发力测试】 测试 2 次，取最好成绩。（单位：厘米） 　　　　　　　男　　　　　女 1 级：104 以下　　　97 以下 2 级：105—129　　　98—120 3 级：130—155　　　121—146 4 级：156—179　　　147—169 5 级：180 以上　　　170 以上	

表 4-37　健康体能测试诊断（中学）

内　容	测评方法和要求	诊断要点	级　别
BMI	BMI= 体重（kg）/ 身高（m）^{2} 【体重除以身高的平方。】	【身体质量指数】 1 级：＜ 18.5（体重过低） 2 级：18.5—24（正常范围） 3 级：24—27（体重过重） 4 级：28—32（肥胖） 5 级：＞ 32（非常肥胖）	
肩部旋转	 【双手始终握拳（大拇指在内），肩部最大限度地外展内旋在背后，测量双拳之间的距离。】	【肩关节柔韧性】 1 级：超出 1.5 个手掌长、小于 2 个手掌长 2 级：距离在 1—1.5 个手掌长 3 级：距离≤ 1 个手掌长	
平屈深蹲	 【双臂交叉平屈于胸前，腰背挺直，下蹲时大腿与地面平行，起身双腿伸直或微屈。】	【下肢耐力测试】 一口气完成动作次数，间隔不超过 5 秒。 　　　　女　　　　　男 1 级：15 以下　　20 以下 2 级：15—25　　20—30 3 级：26—30　　31—35 4 级：31—35　　36—40 5 级：35 以上　　40 以上	
俯卧撑	 【俯卧撑（男）：俯卧撑于垫上，腰背挺直，双手撑于胸部两侧，间距比肩略宽；屈臂俯身至肘关节略高于躯干，然后伸臂起身还原。跪姿俯卧撑（女）：双脚交叉屈膝，跪于垫上。】	【上肢力量】 俯卧撑（男）/ 跪姿俯卧撑（女） 　　　　初中　　　　高中 　　男　　女　　男　　女 1 级：10　　10　　20　　20 2 级：20　　20　　30　　30 3 级：30　　30　　40　　40	

你的年级：　　　　姓名：　　　　学号：　　　　平均等级：

内 容	测评方法和要求	诊断要点	级 别
卷腹	 【平躺于垫子上，屈膝、双腿分开与肩同宽，双脚踩实；双手抱于胸前，用腹肌力量将肩部和上背部卷离地面；下背部保持紧贴地面。】	【腹直肌力量耐力】 肩胛骨与上背离开地面再回到平躺姿势计数1次，1分钟时间内完成次数。 　　　　初中　　　　高中 　　　　男　　女　　男　　女 1级：40　35　45　40 2级：45　40　50　45 3级：50　45　55　50	
八级俯桥	【核心力量】 俯卧垫子上，以两手肘和前臂于胸部正下方支撑，两腿分开与肩同宽，两脚脚尖为另一支撑点，将整个身体撑起并与地面平行成一条直线，保持稳定，持续至规定时间。		

级别	动作规格和动作时间		标准分	评价
1级		稳定持续。	坚持30秒	1分	很差
2级		抬起右臂。	坚持15秒	3分	较差
3级		收回右臂，抬起左臂。	坚持15秒	5分	较差
4级		收回左臂，抬起右腿。	坚持15秒	6分	及格
5级		收回右腿，抬起左腿。	坚持15秒	10分	良好
6级		抬起右臂和左腿。	坚持15秒	15分	良好

内　容	测评方法和要求	诊断要点		级　别
7级	收回右臂左腿，抬起左臂和右腿。	坚持 15 秒	25 分	良好
8级	收回右臂左腿，回到 1 级。	坚持 30 秒	35 分	优秀
	你的测试结果			

表 4-38　运动体能测试诊断（中学）

班级：　　　　姓名：　　　　学号：　　　　最终平均级别：			

内　容	测评方法和要求	诊断要点	级　别
左右横跨跳跃	【按照双脚向右移动、返回原地、向左移动、返回原地的顺序进行，双脚分别跨越，不得双脚同时跳跃。】	【速度测试】记录 20 秒时间内完成的回合次数，双脚移动完成 1 次记 1 回合。 　　　　男　　　　女 1 级：15 以下　12 以下 2 级：16—25　　13—21 3 级：26—35　　22—30 4 级：36—49　　31—44 5 级：50 以上　45 回以上	
正六边形跳	【在边长为 0.6 米的正六边形中，测试者站立中间，快速跳过线，迅速回到中间，按顺时针方向以此进行，连续跳 3 圈。】	【灵敏性测试】 　　　　女　　　　男 1 级：＞ 21.8 秒　＞ 17.8 秒 2 级：≤ 21.8 秒　≤ 17.8 秒 3 级：≤ 18.5 秒　≤ 15.5 秒 4 级：≤ 13.5 秒　≤ 13.3 秒 5 级：≤ 12.2 秒　≤ 11.2 秒	

内　容	测评方法和要求	诊断要点	级　别
异侧触脚	【单脚站立，同侧手臂向外平举，保持平衡，向下俯身，用异侧手触及脚背，俯身时保持腰背挺直。】	【平衡能力测试】 左、右测试，最多重复3次，测试间隔10秒，取最好成绩，记录较差一侧成绩。 1级：0—1次 2级：2—3次 3级：4—6次 4级：7—10次 5级：11次以上	
立定跳远	【跳时两腿稍分，膝微屈，身体前倾，两臂预摆，迅速蹬地，展髋跳起，落地后屈膝缓冲，上体前倾。】	【下肢爆发力】 测试2次，取最好成绩。(单位：厘米) 　　　　　初中　　　高中 　　　　男　　女　　男　　女 1级：180　155　200　165 2级：200　165　220　172 3级：210　176　240　180 4级：225　185　250　188 5级：240　190　260　194	

第四节　学业质量评价的实施建议及需要注意的问题

体育与健康课程学业质量评价具有诊断、选拔、监测、反馈、激励和指导等多方面的功能。本课程的学业质量评价，关注评价内容、评价方法、评价主体的多元互补与深度融合。各区要组织骨干教师广泛开展调研，在此基础上参照运动专项课、体能锻炼课、综合拓展课的学业质量标准，制定本区体育与健康学业质量评价方案，具体建议如下。

一、学业质量评价的实施建议

（一）合理设置评价目标

体育与健康学业质量评价目标主要强调四个方面：第一，了解学生的体育与健康学习过程，以及学科核心素养形成情况；第二，对学生在学习中存在的困难进行分析判断，进而改进教学；第三，激发学生的学习兴趣，为学生提供展示自己的机会；第四，培养与提高学生自我认知、自我教育和自我发展的能力，促进学科核心素养的养成。

（二）科学优化评价内容

学业质量评价内容的选择要关注学生通过不同内容学习之后的收获与变化，每个评价内容的选择应根据不同的学习内容而有所侧重，紧扣运动能力、健康行为和体育品德三个方面的学科核心素养，依据学业质量标准对学生的学习态度和行为等给予积极的关注。对于一些难以量化的评价内容，如学生是否能够调控个人情绪、运动过程中个人在团队的合作意识等，可以通过行为观察和记录等，把健康行为和体育品德由隐性表现转化为显性表现，从而提高这些评价内容的可观测性和可操作性。它不仅关注学生"知道什么"，更关注学生"能做什么"。

（三）多元选用评价方法

依据学业质量标准，选择多元评价内容，注意多种评价方法的有机结合，强调多元评价主体的共同参与。同时，充分发挥北京科技创新中心的优势，探索基于大数据和人工智能的学生学业质量评价途径，有机结合多种评价方法，注重过程性评价与终结性评价、定性评价和定量评价、相对性评价与绝对性评价的结合。同时，学业质量评价要强调多元评价主体的参与，能够获取更为全面的评价信息。如可以通过学生自评与团队互评、家庭和社区反馈等方式，促进学生将体育与健康学习和日常生活相融合，形成健康的生活方式和良好的体育品德，从而突出体育与健康课程的育人功能。

（四）精准收集评价信息

学业质量评价应紧扣学科核心素养，通过不同方式收集学生在运动技能、运动认知、体能、锻炼习惯、心理状态、适应能力、体育品德等方面的表现信息，既要了解学生通过体育与健康学习已达到的程度，更要关注学生学习前后的进步幅度；既要关注学生对于运动知识和技能的掌握程度，更要关注学生对所学知识与技能的灵活运用能力；既要考评学生对健康知识的认知水平，更要关注学生健康行为和锻炼习惯的养成以及对他人健康行为产生的影响。

（五）综合利用评价结果

评价结果的运用是体育与健康学业质量评价的重要环节，也是学业质量评价对学生有效学习发挥作用的关键所在。教师负责最终确定评价结果，要全面了解学生原有的体育与健康知识、技能、体能、情意表现等方面的基础，分析影响学生体育与健康学业质量的关键因素，关注学生体育个性的成长差异，及时调整教育教学策略。另外，教师要及时将评价结果反馈给学生和家长，帮助学生分析学习中的优势与不足，并给予针对性的指导，激发学生的学习兴趣，加强家校协作，引导学生把体育与健康学习和日常生活有机融合，运用所学知识和技能促进自己健康发展。

二、学业质量评价的注意事项

（一）学业质量评价的实施要注意评价主体的多元性

对学生进行学业质量评价一定要注意将教师评价、学生自评、学生互评、家长和社会有关人员的评价结合起来。评价主体的多元性会畅通各方面的信息反馈力度，教师、管理者、学生、家长、专业人士共同参与，他们会站在不同的视角来审视学生的发展变化，评价的信息来源更为丰富，结果也更为接近真实。同时，也利于评价者发展自我评价、自我发展的能力，也有助于增强倾听接纳不同人的意见的能力，提高与他人合作的意识、技巧和能力。多元评价主体的参与，能够让评价的结果更客观，也能更好地增加反馈功能，提高评价的激励性，在促进学生发展中带动体育教师和学校体育教育工作的发展。

（二）学业质量评价的实施要注意评价的合理性

学生学业质量评价的合理性就是要求学校、教师在对学生进行学业质量评价时能与体育与健康课程标准和北京市中小学体育与健康课程改革的总体要求相一致，特别是要针对不同的项目类别、年级特点、学生类别有不同的可操作性的评价标准，针对评价内容从科学的角度来衡量。

评价的合理性首先要注意学生的个性差异，尊重学生对不同项目及内容的选择，不是以整齐划一的标准衡量所有学生的状况。在体育与健康学习内容的评价方面，不能把学生是否达到测试标准或运动技能的强弱作为唯一的内容标准，而要注意学生在体育运动学习过程中健康知识的掌握情况，以及学生在体育运动学习中的态度、体验、价值观等。

《义务教育体育与健康课程标准（2011年版）》和北京市中小学体育与健康课程改革方案是指导性文件，是国家、北京市对体育与健康教学的总体要求。它是教师明确教学目的、确定教学内容和考核标准的依据，也是广大体育教师进行教学和评价的依据。学生学业质量评价如果主要参照课标和改革方案进行，其弊端也是非常明显的。如：课标对教学内容和教学程度的规定不够明确和具体，在实施方案中有较为明确的内容和教学程度，但对于每位实施者，其理解程度存在差异。本研究给出的评价建议也是针对某一特定群体而言的，属于较为普遍的，对于具体的学校、具体的学生、具体的教学情境，需要体育教师将本研究中的评价建议转化成具体的、适合本校学生的评价实践行为。此外，在学生学业质量评价，尤其是体质健康测试中，都是依据百分位数对学生进行学业水平分类，这其实还是人与人进行比较，是横向的比较。这种横向的比较势必造成一些优等生，也能造成一些学困生。

（三）学生学业质量评价在实施中要注意实事求是，遵循规律

对学生进行学业质量评价要有科学严谨的态度，辩证地看待多元评价方法和手段，从客观实际出发，全面考虑制约学生体育学习的各个因素，因此定量与定性、过程与终结、总结与形成、他评与自评等方式的综合采用，就是要使我们对学生的体育学习情况进行全方位的掌控。

曾经追求客观化、量化是各学科学业质量评价的普遍趋势，但今天，我们认识到量化方式的固有缺陷，即量化评价的僵化、简单化、表面化很严重，学生的个性特点、学生的努力程度、学生的进步幅度都被达不达标湮没了。学生在体育学习中的态度、合作交流能力、对技能学习的敏锐程度、思考问题的深度和广度以及体育学习习惯等问题都很难用量化的指标说清楚。

因此，在对学生进行学业质量评价时要重视学生的思维发展，体现学生解决问题过程中的评价，始终牢记要为学生的终身体育奠定基础。评价的重心在于过程，定性与定量相结合、书面与口头相结合、课内与课外相结合、结果与过程相结合，这样的评价才是实事求是的。

一个要特别注意的方面就是，在实施学生学业质量评价时要实事求是、遵循规律。这不是要否定体质健康测试，体质健康测试等仍然是学业质量评价的重要组成部分。我们在这里讲的实事求是、遵循规律是说对定量评价的方式进行革新和调整，让评价变得更科学合理。

第五章 北京市中小学体育与健康课程的实施保障

北京市中小学体育与健康课程的推进和实施，需要市、区、学校多个层面的条件保障。这对课程学习目标的圆满达成、课堂教学过程的顺利进行，以及学生的全面健康发展都具有重要意义，因此各区、各学校应根据北京市中小学体育与健康课程改革的要求设立课程实施领导小组，制定体育与健康课程区域实施细则和校本课程计划，采取有效措施，提供保障条件。体育教师应根据北京市中小学体育与健康课程改革方案，做好选课走班、课程内容遴选，倡导教师按课程改革总体目标和要求上好体育课，结合学校实际情况自主选教，不断提高教学质量，促进学生学科核心素养的形成与发展。

从北京市学校体育的发展现状和中小学体育与健康课程实施的需要出发，本章主要涉及两方面的内容：首先，根据北京市中小学体育与健康课程内容分类，清晰地划分了必修必学、必修限学、必修选学三类内容，并提出了具体的实施要求；其次，为区县、学校制定各自层面的课程实施方案提出了要求和提供了参考案例。

第一节 北京市中小学体育与健康课程内容实施要求

本课程充分考虑了体育与健康学科的特点及北京市中小学生的实际情况，在注重普及的基础上，强调个性和多样化发展，满足学生的多样化学习需求，并据此构建了课程内容的整体结构和实施要求。

一、北京市中小学体育与健康课程结构与具体内容

中小学体育与健康课程属于必修课程，由国家根据学生全面发展的需要设置，所有学生必须全部完成。但相关课程内容可根据学生身心发展规律和运动技能学习发展规律有所区分，按照市、区、校三级，将课程内容分为必修必学、必修限学、必修选学三个部分。

必修必学部分是北京市全体中小学生必须学习的内容，包括体能锻炼课内容和综合拓展课中的健康教育、奥林匹克教育内容，以夯实学生体质基础。必修限学部分是各区结合本区的实际，选择运动专项课中的1—4个运动项目，要求本区学生学习的内容，可以每个水平单独学习一个项目，也可以连续性学习一个项目，水平一、二、三每个项目学习达到72课时，水平四每个项目学习达到36课时，与初中体育过程性考核项目内容相结合。必修选学部分是各校根据办学理念、办学条件、办学传统自行选择与安排的其他运动专项课和综合拓展课，由学生根据自己的兴趣和爱好，在本校开设的课程内容中，选择一个专项进行本学段内的连续性学习，有条件的可以实现小初高连续学习，通过不同运动项目与体育文化内容的体验性学习，以满足其形成运动爱好和专长以及个性发展的需要（见表5-1）。

表 5-1　北京市中小学体育与健康课程三类内容与实施要求

分　类	课程类型	课程内容	课　时		要　求
			小　计	合　计	
必修必学	体能锻炼课	全部内容	612	736	全体学生必须学习的内容。
	综合拓展课	健康教育	104		
		奥林匹克教育	20		
必修限学	运动专项课	球类、田径类、体操类、水上与冰雪类、中华传统体育类、新兴体育类运动项目	288	288	各区从六大运动技能系列中选择运动项目，要求本区学生学习的内容，且每个项目学习达到18课时。
必修选学	运动专项课	球类、田径类、体操类、水上与冰雪类、中华传统体育类、新兴体育类运动项目	738	794	各校根据师资、场地、学情等自主选择合适的内容，要求每个学生有一个学段内连续学习的专项。
	综合拓展课	运动项目体验内容	56		
合　计			1818		

二、必修必学、必修限学、必修选学三类内容的实施要求

在北京市中小学体育与健康课程整体定位为必修课程的基础上，根据课程具体内容的特点，分别对必修必学、必修限学和必修选学三类内容提出了具体的实施要求。

（一）必修必学内容的实施要求

1. 突出健康第一

要结合《国家学生体质健康标准测试》的要求，认真开展体能锻炼课教学，突出科学性和实效性，切实提升学生体质健康状况。要从中小学生的年龄特点出发，精选健康教育内容，为学生全面健康发展保驾护航。

2. 保证规定课时

参照北京市中小学体育与健康课程改革方案中对必修必学内容课时比例的规定，各校要制订体育与健康课程学年、学期、单元和课时教学计划，确保必修必学内容的课时，在此基础上提高教学实效性。

3. 注重激发兴趣

尊重学生身心发展规律，丰富教学组织形式，创设有层次、有挑战的学习活动。小学生应充分运用小游戏、小比赛等形式激发学生参与体能锻炼课的学练，中学生应采取生动有趣、丰富多样的内容和方式进行体能锻炼课教学，把理论知识的教学和体验性的实践练习有机结合起来，增强学生对体能重要性的认知和体验，使学生全面掌握各种体能的练习方法，提高学生的体能水平和学科核心素养。

4. 规范统一要求

必修必学是每个区、每个学校、每位教师必须按照统一要求和统一课时开展的课程内容。2022 年北京冬奥会，使北京成为唯一一个既举办过夏季奥运会又举办过冬季奥运会的城市，所以我们将奥林匹克教育作为必修必学内容，统一要求，整体设计，力争逐渐形成北京市特色体育与健康课程。

（二）必修限学内容的实施要求

1. 体现区市特色

北京市 16 个区差异较大，各区要在领会国家体育与健康课程标准目标内涵的基础上，按照北京市中小学体育与健康课程改革方案的整体要求，根据本区的体育传统、师资、资源与特色，有侧重、有区别地选择本区统一要求的必修限学内容。

2. 重视内容衔接

以学生终身体育和身心健康发展需求为逻辑主线，建构目标统一、纵向衔接的必修限学内容教学框架。小学、初中和高中阶段一体化衔接，避免重复教学，区内重点发展的项目要呈螺旋式上升，最终达到让学生真正掌握1—3项运动技能的目标。

3. 科学制订计划

在规定的区级限学课时比例范围内，结合所选运动项目的特点，深入研究教学内容，合理进行难度分级，设计本区必修选学内容的学年、学期教学计划模板，供学校参考使用。

4. 加强区域教研

必修限学内容的教学质量往往能够体现一个区体育管理部门的整体设计水平，要发挥区级教研部门的作用，组织开展区域内体育教研活动，组织一线教师研讨教材、钻研教法，采用师徒结对、共同教研、互动联盟等多种途径，不断提高必修限学内容的教学质量。

（三）必修选学内容的实施要求

1. 尊重学生需求

必修选学内容是针对学生发展个性化需要而设计的学习内容，各校在确定选学内容时应该充分尊重学生的学习意愿，再结合学校场地器材、师资情况来合理设置必修选学内容，尽可能给学生提供更大的选择空间，每个学生应有不少于3项的内容可供选择。

2. 关注专长形成

必修选学内容的教学应突出运动技战术的运用，要强调学生学习运动技能的系统性，避免"蜻蜓点水"式的浅层学习；基于学生的运动基础、兴趣爱好和个性发展需求，精心设计大单元教学，帮助学生掌握1—3项运动专长，形成持久稳定的运动兴趣。

3. 形成学校特色

鼓励学校结合自身特色，开展自己学校内的必修选学内容。除区整体特色外，学校应该有自己的体育特色项目。特别是九年一贯制学校，更有利于自身特色项目的发展，可以根据实际情况，积极引进社会资源，建构小初高一体化的特色项目课程体系。

4. 加强学校指导

在保证学校自主选择权的基础上，市区教研部门要加强对各校必修选学内容的引导、指导和监督，确保必修选学内容的教学质量，使每一名学生都能得到优质的体育教育。

第二节 制订不同类别中小学体育与健康课程实施计划

北京市中小学体育与健康课程改革的落实，需要通过市、区、校三级的共同努力。其中区级和学校层面的行动，是对《北京市中小学体育与健康课程实施方案》中文件要求明确化、具体化的过程，是北京市中小学体育与健康课程改革精神与要求落实到体育课堂，使广大首都中小学生受益的关键环节。因此，各区应建立"区级课程实施指南"，各校应制订"区级课程实施计划"。在制订各级各类学校课程实施计划的过程中，如何根据北京市中小学体育与健康课程改革方案的精神和要求，结合本学校的教育理念、优势特色、实施条件等，将运动专项课、体能锻炼课、综合拓展课三类课型和具体的运动项目、知识内容等落实到教学计划安排中，是重点和关键的工作。

完善的课程方案和学校一线体育教学如何有机地对接，一直是一个困扰体育工作者的难题。课程方案既要考虑到前瞻性、科学性，同时又要符合学校的实际情况，便于学校操作。我们将为学校提供一些可以借鉴的范例，让教师们理清整体思路以及如何落实。当然，这些范例并非让大家简单地照搬，每个学校都有自己的特点，都有自己的具体情况，可以根据范例结合自己学校的特点制定本学校的课程实施方案。

一、学校如何制订具体课程实施计划

（一）水平一：小学 1、2 年级

新的课程方案中，水平一为每周五节体育课，即每天一节体育课，按照体育课每学期18 周计算，每学期体育课时数为 90 节，其中运动专项课 36 课时，安排 1 个区级限学项目和 1 个校级选学项目；体能锻炼课 48 课时；综合拓展课 6 课时，安排 4 课时的健康教育（必修必学）和 2 课时的 1 个运动体验项目（见图 5-1）。水平一的学生年龄小，体育教学的基本规范还没有形成，运动基础比较薄弱，重点放在体能锻炼课上，每学期安排 48 节，希望通过体能锻炼课让学生在玩中练、玩中学，充分激发学生兴趣，多采用情境教学和游戏教学的形式，从而促进学生身心全面发展。在一个学期之内科学合理地安排好 90 节课的教学内容，对于提高课堂教学效果，促进学生身心健康发展有着重要的作用。

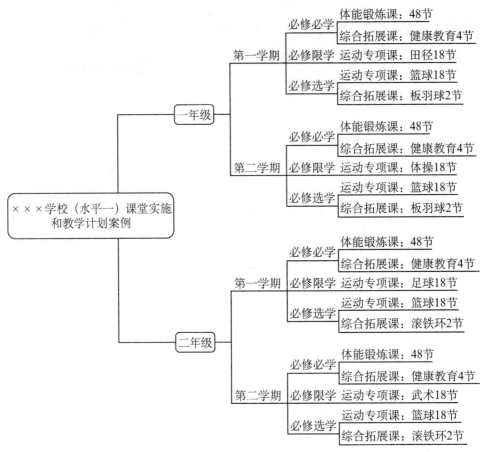

图 5-1　学校课堂实施和教学计划案例（水平一）

（二）水平二：小学 3、4 年级

水平二的学生具备一些体育教学的基本规范，运动基础也比较好，但是这个年龄段还是生长发育的高峰期、多项身体素质发展的窗口期，所以重点依然放在体能锻炼课上，第一学期 30 课时，第二学期 24 课时。同时，逐步渗透一些运动专项课的基础练习，为运动技能的形成做好铺垫。新的课程方案中，水平二为每周 5 节体育课，即每天一节体育课，按照体育课每学期 18 周计算，每学期体育课时数为 90 节（见图 5-2）。在一个学期之内科学合理地安排好 90 节课的教学内容，对于提高课堂教学效果，促进学生身心健康发展有着重要的作用。

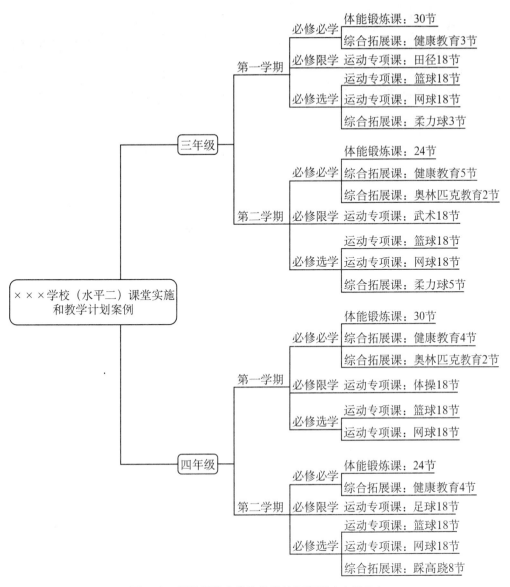

图 5-2　学校课堂实施和教学计划案例（水平二）

（三）水平三：小学 5、6 年级

水平三阶段的学生对体育运动的爱好开始有倾向性，所以这一阶段的体育教学要体现学生的选择性，建议学校尝试走班教学。同时，为了给水平四、五打好基础，还要有更多的运动项目体验，为将来的选项做好准备。新的课程方案中，水平三为每周 5 节体育课，即每天一节体育课，按照体育课每学期 18 周计算，每学期体育课时数为 90 节。在一个学期之内科学合理地安排好 90 节课的教学内容，对于提高课堂教学效果，促进学生身心健康发展有着重要的作用。我们将水平三阶段分为两种情况并给予建议。

I. 走班制教学，建议全市推行

如果采用走班制教学，包括体能锻炼课第一学期 30 课时，第二学期 24 课时，综合拓展课第一学期 6 课时，第二学期 12 课时；必修限学 18 课时，均为运动专项课（区级层面统一确定）；必修选学 36 课时，由学生自选，并提供不少于 3 个项目供学生选择（见图 5-3）。

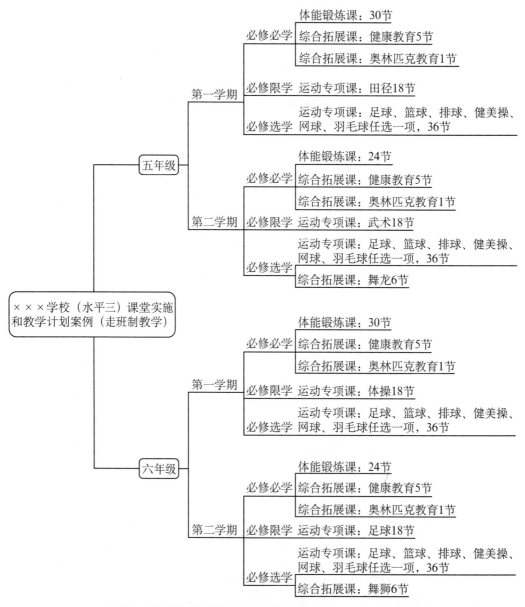

图 5-3　学校课堂实施和教学计划案例（水平三，走班制教学）

2.自然班教学

如果采用自然班授课，考虑到学生缺少选择的空间，教师应该充分听取学生的意见和建议，提供更多的项目让学生去尝试。建议体能锻炼课第一学期30课时，第二学期24课时，综合拓展课第一学期6课时，第二学期12课时；必修限学运动专项课18课时（项目区级层面统一确定）；必修选学36课时，教学内容由教师选择确定，分为两个专项完成，每个专项18节（见图5-4）。

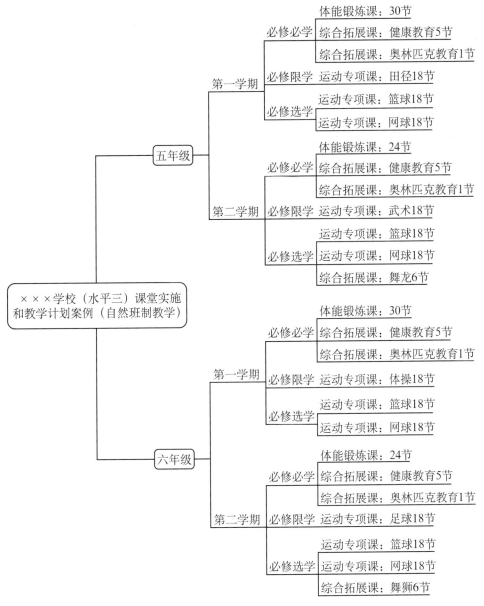

图5-4　学校课堂实施和教学计划案例（水平三，自然班制教学）

（四）水平四：初中学段

水平四阶段是学生生长发育的第二个高峰期，这一学段的体育教学必须整体设计和规划，既要符合学生身体素质发展窗口期的特点，又要关注学生学习的兴趣与愿望。新的课程方案中，水平四为每周 4 节体育课，按照体育课每学期 18 周计算，每学期体育课时数为72 节。如何科学合理地安排这一学期 72 节体育课的内容，对于取得良好的教学效果有非常重要的作用。对于水平四的教学，分两种情况给出建议。

1. 走班制教学，建议全市推行

水平四学段如果采用走班制教学，建议体能锻炼课 18 节，综合拓展课 9 节；必修限学18 课时，均为运动专项课（区级层面统一确定）；必修选学 27 课时，由学生自选，并提供不少于 3 个项目供学生选择（见图 5-5）。

2. 男、女分班授课

如果采用男女生分班授课，考虑到学生缺少选择的空间，应增加项目体验。建议体能锻炼课 18 节和综合拓展课 9 节；必修限学运动专项课 18 课时（项目区级层面统一确定）；必修选学 27 课时，教学内容由教师选择确定，其中一个完整项目 18 节，一个小专项 9 节（见图 5-6）。

（五）水平五：高中学段

高中阶段是运动技能形成的最重要阶段，学生已经有了明确的喜好，对于选择性的要求非常强烈。《普通高中体育与健康课程标准（2017 年版）》的整体设计非常符合北京市的实际情况，最大的问题是课时太少，每周只有 2 节体育课，学生锻炼效果欠佳。北京市增加了 1 节体育课，整体设计基本与国家课程标准保持一致。新的课程方案中，水平五为每周 3 节体育课，按照体育课每学期 18 周计算，每学期体育课时数为 54 节，但特别需要说明，高三第二学期由于 6 月初高考，所以最多只有 15 周教学时间，实际按照 12 周 36 节体育课设计。具体如图 5-7 所示。

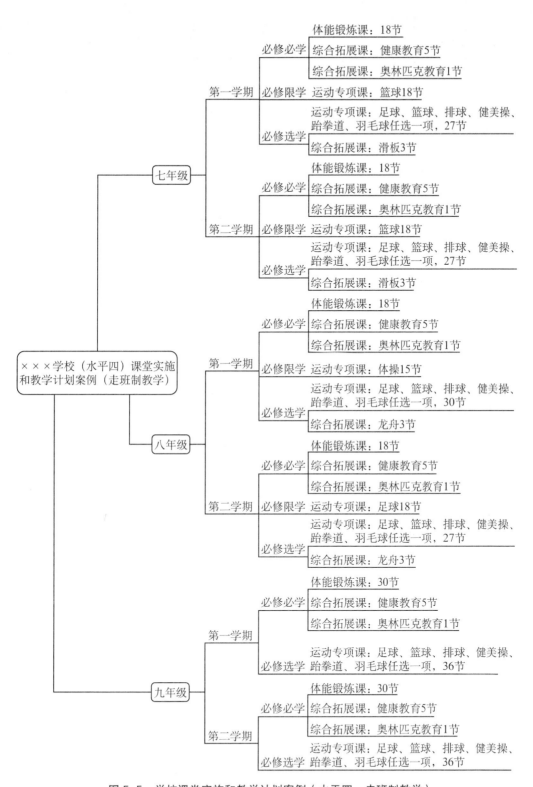

图 5-5 学校课堂实施和教学计划案例（水平四，走班制教学）

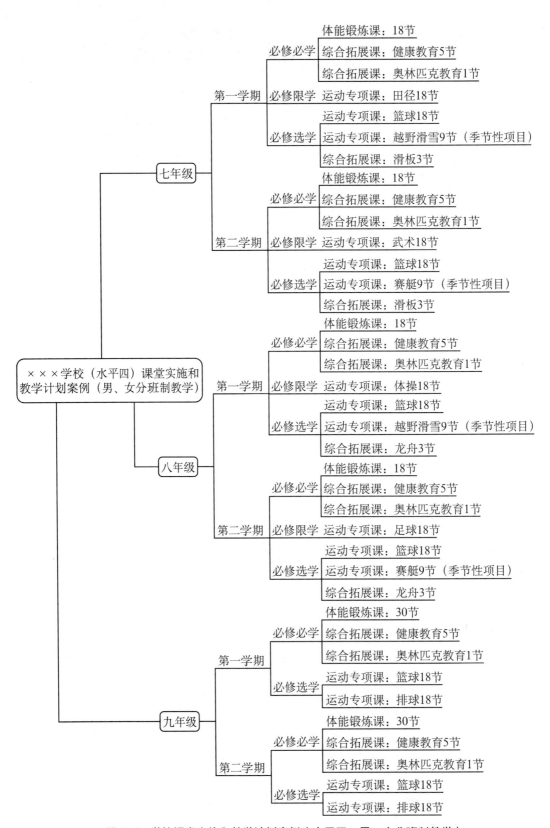

图 5-6 学校课堂实施和教学计划案例（水平四，男、女分班制教学）

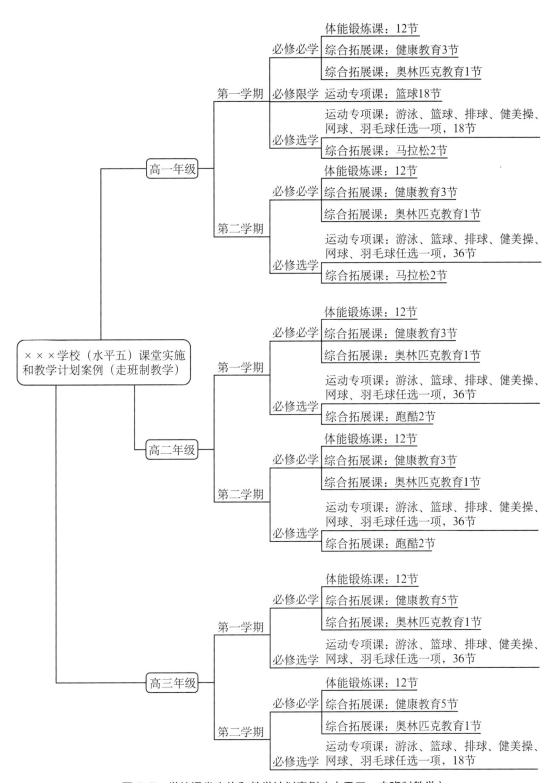

图 5-7　学校课堂实施和教学计划案例（水平五，走班制教学）

二、校级课程实施计划制定样例参考

（一）小学（水平一至水平三）

1.课程目标

在严格落实国家规定的体育与健康教学内容的基础上进行优化、整合，学校体育要致力于培养学生"一身好体魄、一项好运动、一生好习惯"的目标，将身心健康的核心素养落实在学生每一天的学习和生活中，并通过课程建设，促进校园环境、文化建设等方面的发展，使整个体育与健康课程更加具有基础性、教育性、丰富性和选择性。

2.课程思路

学校以促进学生全面发展，落实北京市中小学体育与健康课程改革为目标，结合学校整体课程进行二次开发。体育与健康课程不仅优化整合了国家基础课程和北京市中小学体育与健康课程，而且由基础课程生长出个性化发展的校本特色课程，包括学校个性课程、学生个性课程。课程的实施要满足不同层次学生的不同需要，促进学校对学生完整人格的培养。学校、学生的个性选修课程指个性化发展的拓展性课程，即学校课程和学生个体发展的必修或自选课程，其内容相对灵动。

3.课程内容

第一，纵向构建体育与健康课程梯度，把小学六年分为纵向成长的三进阶结构。水平一强调"基础牢"，尊重其"天资与性情"，发现与激发兴趣；水平二强调"腰杆硬"，针对学生身心处于"U"形底部发展期，磨炼其意志与行动，获得乐趣；水平三强调"起点高"，关注学生身体处于第二发展期、创造与逆反期，培育其理想与抱负，逐步形成自我志趣。三个水平，强调价值观元素，从若干体育与健康课程内容出发，循序渐进、螺旋上升，把握教育的节奏，提高体育教育的品质。

第二，横向搭建体育与健康课程内容。课程是通向学生身心健康的跑道，整体构建身心健康居于首位的体育与健康课程体系。基于课程目标，学校可以根据自身的师资、场地、学校体育特色条件，在课时类型、课程安排、课程选择上进行优化。

例如，清华大学附属小学在此基础上提出了"三个一"的体育与健康课程模式。（1）课时类型——大、小课时全都有。学校体育与健康课时安排为：小课35分钟，大课50分钟，微课15分钟。（2）课程安排——每天1节体育课。每班每天1节体育课，每周5节体育课，其中3节上优化整合的国家基础课程即体能锻炼课和综合拓展课；1节开展足球专项教学课，促进学校品牌特色发展；还有1节50分钟的体育自选课程即运动专项课，突出学生个性。学生在教师的精心组织下，完成体育学科相关学习任务，达到北京市体育与健康课程运动能力测评标准。（3）课程选择——每个学生参加一个体育自主选修项目。每个学生参加一个体育自主选修项目，如足球、篮球、田径、健美操、轮滑、板球、棒球、武术、网球、游泳、旱地滑雪等。在同一时间，打破班级限制，学生根据爱好组成新的班级，体育教师则根据自己的特长执教相应的项目，这样保证了每个清华附小学生至少熟练掌握两个运动项目。

4. 课程评价

体育与健康课程评价的指导思想是突出评价的发展性功能和激励性功能，重视对学生学习潜能的评价，立足于促进学生的学习和充分发展，为"适合学生的教育"创造有利的支撑环境。在评价的主体上，调动学生主动参与评价的积极性，实现评价主体的多元化；其中最为凸显的特色体现在，第一，充分发挥考核的导向功能，基于北京市中小学体育与健康学业评价和运动能力等级评价标准，运用学生健康护照，对学生进行活动评价。一本健康护照记录学生运动过程。学校体育锻炼在执行统一的课程标准下，让学生有扎实的体育基础，力争全员达标下，同时上不封顶，鼓励个性，促进学生体质健康和运动能力水平发展。第二，充分提供给体育教师教评考核和学生自测达标，为学生的运动技能掌握和体能发展提供具体测评项目、内容、方法和指标指导，利用评价的导向性，提倡学校通过鼓励性评价促进学生个性化成长，努力让学生的体育兴趣和爱好得到充分张扬。

5. 课程实施要求

突出"健康第一"的理念：身体是教育，健康即未来。健康的身体是立人之根，体育与健康课程把促进学生的身心健康放在首位，充分尊重儿童的身心发展规律。追求儿童站立在运动场正中央，用脚踩大地的实践促进学生身心健康发展，通过体育与健康课程为学生打下聪慧与高尚的底子。

注重整合，因地制宜，为现有体育与健康课程注入结构性力量：结构决定质量。学校在整合现有体育与健康课程资源、严格落实国家课程的基础上，优化地方和校本课程，重新排序和组合，挖掘现有空间、时间资源。一方面，优化升级面向全体的体育与健康课，形成特色；另一方面将身体作为最好的教育学，大胆在语文、数学等其他学科渗透。将体育文化和体育精神植根在课程中，将健康播种在学生心中，从而在整合课程资源的基础上，提高体育与健康课程在育人方面的贡献力和供给力，夯实体育教育的育人目标。

（二）初中（水平四）

1. 指导思想

坚持"健康第一"的指导思想，以立德树人为根本任务，立足培养学生核心素养。在课程实施过程中，充分考虑学生年龄特点，尊重学生兴趣，关注学生个体差异，帮助学生在生长发育的重要阶段通过丰富的课程内容、完善的课程类型、科学的锻炼手段、学练赛有机结合的方式，提升学生体质健康水平，养成科学的锻炼习惯，培养学生1—3项运动特长，并能够参与到不同群体的运动竞赛中。在三年的学习过程中，80%的学生有一个运动项目的专项运动能力等级达到6级以上，在体育教学与活动中潜移默化地传播体育文化，从而提升学生体育与健康学科核心素养。

2. 组织机构

学校成立以校长为第一责任人的组织与领导机构，确保学校体育活动顺利展开，师、生、家、校联动，形成体育运动氛围。其中，教学处保证课时安排与师资分配；德育处与体育组协同配合完成校内体育活动与竞赛的开展、班级体育活动的评比；家委会、德育处和体育组形成合力，定期举办家校互动体育锻炼活动，形成家校锻炼氛围，帮助学生养成崇尚运动的生活方式；校医要与体育组定期进行体育锻炼突发事件的应急演练，并制定周密的应急事件处理措施；让体育以教学、活动、比赛为载体，将学生个人与班级凝聚在一起，形成一种张扬的文化和崇尚运动的生活方式，并在校园中进行推广与传播。

3. 整体思路

通过必修必学、必修限学、必修选学三部分内容，为学校与区域提供了自主选择与研发具有本校特色课程资源的机会，为尊重学生兴趣与需求提供多种可选择的学习内容，为培养运动爱好，并从运动爱好逐渐过渡为具有一技之长奠定基础。以体能锻炼课、运动专项课、综合拓展课三种课型为途径开展体育文化的传播与运动技能的传授，并以学、练、赛为板块实施教学，帮助学生养成科学的锻炼习惯、具有1—3项体育爱好并能够运用于实战中，促进学生全面发展，形成终身体育意识。

4. 课程内容与课时安排

在课程内容方面，根据学生身心发展规律和运动技能学习发展规律，按照市、区、校三级层面，将课程内容分为必修必学、必修限学、必修选学三个部分，采用学、练、赛的板块式课堂结构，以运动专项课、体能锻炼课、综合拓展课三种课型为载体促使学生积极主动地进行体育学习和锻炼，从而培养学生体育与健康核心素养。运动专项课包括六大类26个运动项目，兼具各类可在校园中开展的项目。除水上与冰雪季节性项目外，要求单个项目学习在水平四总课时达到72课时，在此基础上还可开展校本特色运动项目。体能锻炼课包含基础体能与综合考试体能，并提供了不同年级学生应达到的体能标准。综合拓展课包括健康教育、奥林匹克教育和运动项目拓展三类专题。

在课时分配方面，初中阶段设置每周4节体育课，不同课型每学期课时分配如表5-2所示。九年级处于备战中考阶段，因此体能锻炼课有所增加，而运动专项课与综合拓展课相应减少，体育教师在制订初三体育与健康学年教学计划时应予以关注并合理安排。

表 5-2　水平四三类课型分配案例

年 级	学 期	课 型			总 计	学年总计
		运动专项课	体能锻炼课	综合拓展课		
七年级	第一学期	45	18	9	72	144
	第二学期	45	18	9	72	144
八年级	第一学期	45	18	9	72	144
	第二学期	45	18	9	72	144
九年级	第一学期	36	30	6	72	144
	第二学期	36	30	6	72	144

5. 课程评价

根据学科特点制定了横纵结合的评价体系，其中横向是以学习态度、技能、体能情况为主的学业质量评价，纵向则是检验体能锻炼课、运动专项课、综合拓展课的学练成效，用 9 级专项运动能力等级标准来评价学生的技能掌握水平、技能运用情况，整体评价多元、立体。

建议各校每学期分别对学生进行学业质量评价，并进行专项运动能力等级测试，同时建立学生初中阶段体育发展存折，存折中可记录各学期学生学业质量水平、运动能力等级标准，为学生建立长期的评价档案，供学生了解自己的优势与不足，明确目标，也可为升入高中阶段选择适合自己的项目做参考。

6. 实施要求与建议

实施要求：制定严谨、可行、具有本校特色的课程实施方案；体育组需指定本校课程实施方案与课程计划，明确开设的课程内容与评价标准，切实保证学生每天至少一小时的体育锻炼时间与锻炼质量，开展不同层级的运动竞赛与丰富多彩的体育活动，让学生参与到体育学习、锻炼、竞赛中。保证时间、空间、资源的合理配备，学校教学处必须保证数量开足、开齐体育课，确保课表的科学性，保证走班制教学的顺利开展。学校在实行走班制教学、60 分钟体育课的过程中，当编排课表遇到困难时应采取相应对策，而不能一票否决。尤其面对 60 分钟课与其他 40 分钟课程时长不等带来编排课表的困难时，学校可灵活机动地采用上午第一节课和最后一节课、下午第一节课和最后一节课的时间进行错峰排课与错峰下课，不仅保证 60 分钟体育课的实施，更缓解了学校资源紧张带来的拥挤状况。并且，每学期有固定的财政支出保证体育课场地的修缮、器材的配备、开展选课时聘请有资质的校外教师进行教学，保证课程顺利开展；尊重学生需求，建议聘请校外教师开展必修选学的专项课，在必修选学内容的设置上应根据本校资源状况进行学生需求调查，根据学生实际需求选择选学的内容，重视激发学生的运动兴趣，调动内驱力，以求达到良好效果。

（三）高中（水平五）

1. 指导思想

以习近平新时代中国特色社会主义思想为指导，深入贯彻党的十八大、十九大精神，贯彻落实习近平总书记的系列重要讲话精神，全面贯彻党的教育方针，落实立德树人根本任务，发展素质教育，立足首都城市战略定位，统筹推进北京市中小学体育与健康课程改革，充分发挥课程在学校育人中的重要作用，着力提升课程思想性、科学性、时代性、系统性、指导性，促进课程、教材、教学、考试、评价等有机衔接，全面落实新课程新教材的理念和要求，推动人才培养模式的改革创新，切实提高首都高中生的体质健康水平，培养德智体美劳全面发展的社会主义建设者和接班人。

2. 整体思路

北京市中小学体育与健康课程方案中的高中课程部分，在教育部印发的《普通高中课程方案（2017 年版 2020 年修订）》的学制与课时、课程类别、评价方式等方面，既有传承与延续，也加入了立足首都学生全面健康发展和社会各界对体育与健康课程更加重视的新思考与新举措。课程类型分为运动专项课、体能锻炼课和综合拓展课。

运动专项课秉承结构化、持续化和系统化的原则，在高中体育模块教学中属于必修限学和必修选学内容，共 10 个学分，包括 6 个运动技能系列（田径类、体操类、球类、武术与其他民族民间传统体育类、水上与冰雪类、新兴体育类），凸显项目特性。从理论上讲，学生三年可以只选择某个运动技能系列中的一个运动项目进行学习，即最多可以学习该运动项目的 10 个模块；也可以在学习某个运动项目一年之后选择其他运动技能系列中的运动项目进行学习，高中三年最多可以选择 3 个运动项目。换言之，每个运动项目都有可能被学生选中，如果学生选择了该运动项目，最少学习一年共 3—4 个模块，最多三年学习共10 个模块。

体能锻炼课秉承科学化、组合化、趣味化的原则，作为渗透锻炼原理、掌握锻炼方法、组合循环学习的复合式体能锻炼课程，旨在通过以体能为核心要素的锻炼强化，打好学生的运动能力基础。高中体能锻炼课程设计指向基础体能和项目＋体能锻炼课，提供变化多样的练习动作和方法，提供一定难度的挑战性课程内容，提供小组合作和团队训练的氛围。高中体能锻炼课内容分为基础体能和项目＋体能两部分，在高中体育模块教学中属于必修必学内容，1 个学分。通过专项体能练习，可提升学生的专项运动表现，让技能服务于体能，体能又促进专项技能的提高。

综合拓展课作为运动专项课和体能锻炼课的延伸，秉承主题化、协作化、驱动化的原则，关注生存生活，强调集体合作式的学习，帮助学生形成健全人格。通过有关健康的原理和知识的学习，可让学生懂得用健康知识与技能来指导和规范自己的行为，引导学生去自学、体验和践行。综合拓展课分为健康教育、奥林匹克教育和运动项目体验三部分，而健康教育在高中体育模块教学中属于必修必学内容，有 1 个学分，可促使学生逐步形成良好的健康素养。

3. 课程内容与课时安排（见表 5-3）

表 5-3　水平五三类课型分配案例

学 段	年 级	学 期	运动专项课	体能锻炼课	综合拓展课	总　计	学年总计
高中	10 年级	上学期	36	12	6	54	108
		下学期	36	12	6	54	
	11 年级	上学期	36	12	6	54	108
		下学期	36	12	6	54	
	12 年级	上学期	36	12	6	54	90
		下学期	18	12	6	36	
课时总计			198	72	36	306	306

4. 课程评价

学习评价历来就是基础教育课程改革的重点之一。如何科学合理地评价学生的体育与健康学习，发挥评价的反馈、导向、激励与改进等作用，促进学生更好地进行体育与健康学习和积极参与体育活动，是北京市中小学生体育与健康课程改革中非常值得关注的问题。

北京市中小学体育与健康课程依据《义务教育体育与健康课程标准（2011 年版）》，注重纵向及横向评价两个方面。纵向评价指的是运动等级的评价，横向评价指的是学业质量的评价，包含态度、技能、体能等。学生在系统的体育与健康学习过程中，会在学科核心素养的各个方面都有不同程度的发展。因此，应该紧扣学科核心素养，通过多方面评价内容的选择，对学生做出客观、准确的评价。关注学生运动能力的评价及体能发展状况（比如掌握体能发展的基本原理与方法、测量和评价体能水平的方法、制定体能锻炼的程序与方法、有效控制体重和改善体形的方法等）；运动认知与技战术运用（比如对所学运动项目的知识、规则及技战术的运用等，形式可为反思日志、书面测试、现场展示等）；体育展示与比赛（比如在比赛过程中对学生的比赛意识、角色转化、决策能力、技战术的选择、支持配合、防守能力等进行观察与记录）。

第六章　北京市中小学体育与健康课程的学教研训

美国著名未来学家约翰·奈斯比特（John Naisbitt）曾说："预测未来的最好方法就是了解现在。"当有了北京市中小学体育与健康课程的构建和实施方案，对于落实和推进课程实施的中小学校、体育教研部门、体育培训机构，就有了理解领悟、转化实践的职责和使命；对于落实和推进地方课程的体育教师，就有了落实和执行的主体职责。本章旨在对未来体育教师的专业学习和教研训工作提出一些具体的应对方略和建议，以更好、更快、更精准地落实北京市中小学体育与健康地方课程。

第一节　体育教师理论学习的建议

体育教师既是教学者，也是学习者，既是实践者，又是自身教学行动的研究者。体育教师作为体育教学领域的专业人员，经历一个由不成熟到相对成熟的专业发展历程，是一个不断学习、不断探索、不断完善、不断总结、不断提升的改进过程，而且这个过程可能是漫长的。体育教师对北京市体育与健康地方课程的理解和落实，同样需要课程与专业领域的相关理论学习，以深度理解课程构建的背景、设计意图和推进落实。

一、国内外中小学体育课程的前沿理论学习

综观国内外体育课程的演变和发展历程，可以看出各国都把体育教学促进学生健康发展作为体育课程的基本目标之一，提出并运用了体育课程教学相关模式，将学生的现实需求以及全新的教育理念融入体育课程教学中，体现了体育教学以学生健康发展为中心的根本宗旨。国内外体育课程模式为北京市中小学体育与健康课程改革提供了现实参考和理论支持。

（一）提倡真实、丰富运动经验获得的运动教育模式

运动教育模式是一种以运动为基础，旨在为学生提供获得真实的、富有教育意义的运

动体验机会，使之成为有运动能力、熟悉运动文化、具有运动精神和热情的运动参与者的教学模式。师生之间经过长时间的教学单元，教师有计划地将教学决定的主导权逐渐下放给学生，并以异质分组的形式进行合作学习，在小组练习中穿插举行小规模的教学比赛，活跃教学气氛，调动学生参与学习竞争的积极性。同时，记录学习情况和比赛成绩，考核个人或团体在教学过程中的运动表现，并作为学生学习表现的成绩。

（二）注重学生身体素质练习的体适能教育模式

体适能教育模式指的是以身体锻炼或运动为基本手段并采用相应适宜的理论与技能的教法，增强学生身体健康，使学生能够在应付日常工作之外，身体又不会感到过度疲劳，并有余力去享受休闲生活及应对突发事件的一种体育教学模式。体适能教学模式的理念符合体育与健康课程标准的宗旨，强调通过对身体素质的练习，从而达到掌握运动技能、获得身体健康的目的。该课程模式强调在满足基本技术教学的前提下，更加注重人体各项身体素质的发展，在课堂的开始部分侧重身体柔韧素质、爆发力的练习，并鼓励学生采用设疑、尝试、纠正的模式进行主要部分的技术学习，并在技术学习之后，安排力量素质练习或耐力游戏比赛，帮助学生提高肌肉力量和肌肉耐力，最后在课堂结束部分安排肌肉拉伸练习以及全身的放松活动，进一步巩固课堂准备部分的柔韧素质练习。

（三）强调由动作技能的掌握进而促进身心和谐发展的动作教育模式

动作教育模式是一种通过身体动作活动或创造性运动经验的增进，使个体的身心获得"最适发展"的教育历程。这一教育模式的着眼点不只是动作技能的掌握，同时包括促进个体身心的和谐发展。该模式不仅追求个体对自我身体的认知与灵活运用，更为关注个体的健康与身心和谐发展。动作教育模式包括学习动作技能与通过动作技能学习促进身心其他方面发展两项内容，有利于增进学生的运动技能、身体意识、感知觉能力与意志品质。

（四）强调项目整体特征、注重战术和比赛的领会教学模式

领会教学模式是一种不同于传统的动作技能教学模式，它强调学生的认知能力和学习兴趣，是体育教学指导思想上的一个重大创新。该模式以项目介绍和比赛概述作为球类运动的开始，让学生了解该项目的特点和比赛规则，促使学生在教学单元初期就对该运动项目有一个全面的了解。教师不是从基本动作开始教学，而是从培养学生的战术意识开始着手。在战术介绍后，结合实战为学生演示比赛场景中复杂的情况以及应对的方法，进而培养学生的瞬间判断能力、全面观察能力、把握时机以及应变能力，最终使学生能够根据所学的技术、战术解决教学中所面对的实际问题。这改变了以往传统的分解教学思路，取而代之的是"从整体开始教学再到局部，再回到整体教学"的教学过程，促使学生一开始就领会到项目的特

性，并较快地形成项目意识和战术概念。领会教学模式的应用过程中需要强调以下四点：一是从项目整体特征入手；二是强调从战术意识入手；三是突出主要的而忽略一些枝节性的运动技术；四是注重比赛的形式，强调学生在比赛、实战中深化对运动项目的理解与认知。

（五）倡导尊重学生需求、增加体能练习的健康体育课程模式

健康体育课程模式旨在通过体育与健康课程的教学努力解决学生身心健康的问题。该模式提倡培养学生的健康意识和行为，促进学生的全面发展。通过该模式的实施，可促进学生健康意识的养成，充分体验到体育学习和运动的乐趣，理解体育学习和运动对其的价值与意义，逐渐形成坚持体育锻炼的良好习惯，改善自己的生活方式，增进身心健康。同时，注重学生运动能力的发展，引导学生参与运动，在课堂中安排一定的时间带领学生进行专门的体能练习，不断提高学生的体能水平，并指导学生掌握科学的体能训练方法，找到有助于增进自己健康的最佳方式。此外，充分考虑学生的学习需求，激发学生的运动兴趣。该模式强调无论是教学内容的选择还是教学方法的采用都应重视不同年龄段学生的身心特征与发展规律，关注学生运动过程中的感受与体验，让体育课堂真正回归到"以学生为中心"的本源。

（六）倡导懂运动文化、有运动能力的 KDL 体育与健康课程模式

KDL 体育与健康课程模式是以"健康第一"为指导思想，基于体育与健康课程标准和中国健康体育课程模式，根据儿童青少年身心特点以及动作技能学习与发展的规律，创新了体育与健康课程的内容体系，精心设计了全新的教学内容和教学组织程序，以运动文化和运动能力为教学的核心内容，以帮助学生理解运动文化、提高运动能力。KDL 体育与健康课程模式是一个聚焦有效课堂、明晰学习目标、丰富教学内容、拓展组织形式和方法、提倡多元评价的课程模式。KDL 用英文解释为"Know it，Do it，Love it"，中文含义为"知之、行之、乐之"。KDL 体育与健康课程模式遵循了儿童青少年动作学习规律，具有很强的实际应用价值。此外，KDL 体育与健康课程模式的理念与课程标准中知识与技能、过程与方法、情感态度与价值观的三维课程观十分契合，其以学生懂运动文化、有运动能力作为课程目标，既符合体育与健康课程标准的精神，也最大限度发挥了体育与健康课程的价值。

（七）提倡"技术、体能、运用"三维度的单元构建模式

单元构建是规范教学、提高教学有效性的必要环节，在明确教学内容、教学方法、教学程序、教学目标等的基础上，提出从"技术、体能、运用"三个维度出发进行教学单元构建。从这三个维度认识体育与健康课程，既丰富了教学内容体系，也转变了唯技术论的传统体育教学模式。同时，这种教学模式还解决了传统体育课堂练习方法单一、气氛沉闷的问题，引入了现代体能训练的方法与手段，极大地增强了体育课堂的趣味性。

二、中小学体育与健康课程的专业理论学习

由于体育课程设计影响因素多、时间跨度大，加之体育运动项目种类庞杂、特性各异，因而无法用单一理论来指导。通过对文献资料的阅读和专家访谈，紧密结合一线体育教学实际，从体育与健康学科本质的理论出发，我们将课程设计的理论基础选定为学习理论、课程难度理论、动作发展理论和敏感期理论。需要说明的是：第一，理论基础名称不同，但主要理念是相融相通的，不是相互排斥的；第二，不同的理论基础并非同时指导所有课程设计，而是有所侧重；第三，任何理论都具有时代局限性，随着研究的深入、认识的深化、理论水平的提高，可以对其进行修正或补充。

（一）学习理论

学习理论是探究人类学习本质及其形成机制的心理学理论。动作技能的学习虽有其特殊性，但仍遵循学习的一般性规律。

累积学习理论和学习迁移理论可以为本课程主体框架设计提供理论支撑。美国教育心理学家罗伯特·加涅（Robert Mills Gagné）提出的累积学习理论认为：知识结构在序列上极为严密，如果不掌握前一个结构就不可能进入下一个结构，不懂得前一个技能就难以学习后一个技能。如果能够找到不同体育与健康课程内容之间的这种先决条件关系，就可以使课程内容在教学单位（课时、单元、学年、水平、学段）之间环环相扣、紧密相连，就避免了当前"少上一节课多上一节课无所谓"的现象。迁移指的是一个联结的增强或减弱导致另一个联结产生类似变化的程度。当情境有相同要素并要求做出类似的反应时，迁移就产生了。只要有学习，就会有迁移的发生。通过合理的课程内容设计对学习发生正向迁移作用已经在实践中得到实证，如有学者通过篮球教学实验发现，"控制在相同的时间和作业定额内，教材顺序的构成是促使篮球技能发生正迁移的必备条件"。

学习进阶理论与任务驱动理论为本课程运动专项课的设计提供了理论基础。学习进阶是对学生在各学段学习同一主题概念时所遵循的连贯与典型的学习路径的描述，一般呈现为围绕核心概念展开的一系列由简单到复杂、相互关联的概念序列。运动专项课学习进阶的对象应是能统整与贯通各类内容的大概念，而非知识、技能、方法等概念。在体育学科核心素养中，运动能力是形成健康行为和体育品德的基础。促进学生运动能力的发展是运动专项课教学的主要目标，而学生在实战比赛中的综合素质，即实战能力是专项运动能力的关键。因此，运动专项课学习进阶的核心大概念是实战能力，统整专项知识、体能、技术、战术、比赛等一系列相互关联的概念序列。不同年级学生的专项实战能力需要在实战情境中长时间、连续性的大单元学习中进阶提升，与之相关的概念发展才能从简单到复杂、

从低水平到高水平、从新手到熟手，以其为导向的教学内容体系才能呈现出容量逐步扩大、难度不断递增、关系更加紧密的进阶态势。

任务驱动是建立在建构主义学习理论基础上，以"呈现任务、明确任务、完成任务、评价任务"为主要结构的教学模式，"任务"来源于学生学习和生活的真实世界，能够激发学生强烈的学习与探究欲望。体育学科核心素养要求学生运用所学的运动知识、技能与方法，解决实际生活问题，而实战比赛是激发学生学习内驱力的最佳方法。因此，围绕实战比赛任务组建固定的学习共同体，在真实情境下、在解决问题过程中展开专项进阶学习，形成探究学习与合作学习的新样态，实现从单一维度的技术学习到多维度的任务学习，是一个更综合、更全面、更完整的过程。相比以往过多强调单个专项知识点和技战术的碎片化小单元教学，以12个实战比赛任务群为载体的中小学运动专项课内容体系更强调整体性设计与系统性进阶的大单元教学，更关注项目学习的本质认识、项目特性挖掘、实战思维形成、结构化知识与能力生成，逐步形成体育学科核心素养。

（二）课程难度理论

华南师范大学博士生导师黄甫全教授明确提出，"课程难度是当代课程乃至教育的根本问题之一，没有难度的教育也就失去其存在的价值"。课程难度最终要具体化和详细化为课程内容难度，如何判断不同的体育与健康课程内容难度就成为设计的关键点。美国运动心理学家金泰尔（Gentile）指出，每个技能所涉及的变量数量和特征不同，对操作者的要求也有所区别，一般来讲技能对操作者的要求多少与难易度成正比。金泰尔进一步依据"操作环境背景特征"和"表征技能的动作功能"两个维度将动作技能分为16类，该分类思路为判断体育与健康课程内容难度提供了参照系。

首先，要厘清本课程难度确定的前期条件，即教学目标、教学对象、教学时空、教学方式以及评价标准等关键因素，具体表现为体育学科核心素养目标导向下，面向全体普通学生，以年级为单位，在体育课与运动场较为固定的时空内，班集体中所有学生都能充分参与在本学年体育课时内实施的课程内容，且80%以上的学生能达成学业质量合格标准。

其次，要明确本课程难度的落脚点与起始点。《"健康北京2030"规划纲要》等系列文件中共同的核心目标任务之一是"中小学生每人熟练掌握1项以上体育运动技能"。其中对于"熟练掌握"的可检测行为标准尚未见清晰界定，本课程从大概念视角出发，可将"熟练掌握"定位在运动项目较为复杂的实战比赛情境中，熟练运用多种技战术，尤其是球类项目还要形成固定的角色位置，这是学生经过12年运动专项课学习将要达成的目标，也是课程难度的落脚点。而课程难度的起始点要充分考虑不同运动项目的技术特性，在兼顾学情分析、动作发展规律的基础上，以尝试性项目体验的游戏作为课程学习的起始点，如将隔网尝试性抛接球游戏确定为低年级排球学习的起始点。

（三）动作发展理论

体育教学以身体练习为主要手段，身体练习的基本单位是"动作"。作为体育与健康课程内容主要形式的运动技能属于高级的、复杂的、具有外源性的"动作"。因此，体育教学只有遵循动作发展变化的内在机制和规律才有助于学生学习。动作发展是"研究人类一生中动作行为的变化、构成这些变化的过程以及影响它们的因素"。动作发展研究成果揭示了人类动作的发展顺序，具有相当高的可预见性，依照不同阶段人类最适合发展的动作来安排体育与健康课程内容，既可凸显阶段性特征，也有利于阶段之间的连续性，促进学生系统、高效地学习。

本课程主要依据格雷戈·佩恩（Greg Payne）和耿培新、梁国立编著的《人类动作发展概论》，将动作技能分为4类：本能的反射—反应动作、基本动作技能、过渡性动作技能和专门的竞技运动与舞蹈技能（见图6-1）。其中，小学1—2年级凸显走、跑、跳、投、攀爬、滚翻、钻跃、悬垂、支撑等体能锻炼课内容，在夯实各类基本动作技能的基础上，逐步安排其他过渡性动作技能为主的运动专项课，诸如排球的隔网可持球游戏、棒垒球的传接球与跑动相结合游戏、网球的正反手击反弹球游戏、水中的移动与浮潜游戏、藏族与蒙古族舞蹈的体验等。小学3年级至高中12年级课程内容循序渐进地安排了包含过渡性动作技能、专门竞技运动与舞蹈的各类内容。

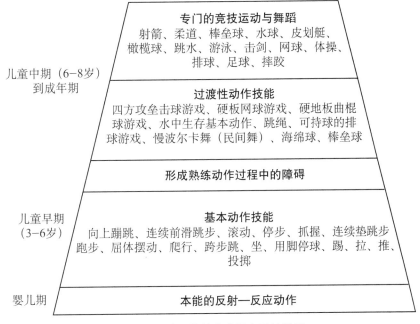

图 6-1　动作熟练度发展序列的模型

（四）敏感期理论

敏感期又称关键期、天窗期，是身体素质发展的重要时期，也就是发展身体素质最好、最有效、最简单的时期，机会窗口打开最大的时期。体能锻炼课如果抓住学生身体素质发展窗口期的规律进行练习，就能最容易、最大限度地发展身体素质，对体能发展起到事半功倍的良好效果，为学生今后的体质健康水平和运动表现提升打下坚实基础，进入青春期和成年期之后通常也会变得更精通。以当前国内外较为公认的运动员长期发展模型 LTAD（Long Term Athlete Development Model）模型来看，身体素质天窗有 12 个，年龄区间在 5—22 周岁，男生普遍比女生晚 1—2 岁（见表 6-1）。有的身体素质敏感期并不只有一个阶段，在不同的年龄阶段出现连续的几个时间段。因此，体能锻炼课要在敏感期进行合适的或足够的发展，并关注个体发育的不同时间，对男生和女生进行有区别的、针对性的体能锻炼。

表 6-1　身体素质敏感期（训练天窗）出现时间

身体素质	出现时间					
性　别	女　生			男　生		
柔韧 （2 个）	第一天窗	第二天窗		第一天窗	第二天窗	
	4—7 岁	11—13 岁		5—8 岁	12—14 岁	
速度 （2 个）	第一天窗	第二天窗		第一天窗	第二天窗	
	5—8 岁	11—14 岁		7—9 岁	13—16 岁	
协调性 （1 个）	天窗			天窗		
	11—13 岁			12—14 岁		
力量 （3 个）	第一天窗	第二天窗	第三天窗	第一天窗	第二天窗	第三天窗
	10—13 岁	13—18 岁	18—21 岁	12—15 岁	15—20 岁	20—25 岁
耐力 （2 个）	第一天窗	第二天窗		第一天窗	第二天窗	
	11—13 岁	16—21 岁	12—14 岁	17—22 岁		
爆发力 （1 个）	天窗			天窗		
	15—21 岁			16—22 岁		

第二节　体育教研工作的实施建议

要使北京市中小学体育与健康课程改革可落地、可实践、可检验，就需要北京市区级体育教研部门和中小学校教研组联动促进体育教师对地方课程改革方案的理解，指导并帮助体育教师去实践和应用，通过教研助力的方式帮助体育教师去落实和执行地方课程改革方案，从而在体育学科教研工作中呈现体育教学和体育教师共同发展的新样态。

一、体育教研部门工作的实施建议

在基础教育发展中，体育教研系统一直是稳定教学秩序、推动教学改革、促进体育师资队伍建设、提高教育教学质量的重要力量。教研员作为一支非常独特的专业队伍，发挥着领导、组织、协调、指导、管理等综合作用。在体育教研部门组织的体育教研活动中，可以围绕北京市体育与健康地方课程进行主题或专题的研讨和教研活动的经验交流，形成一种互相帮助、互相支持、互相分享、互相促进、和谐共进的教研氛围，助力北京市体育与健康地方课程的有效推进。

（一）理解课程精神，做好顶层设计

教研机构要组建体育与健康课程教学指导团队，组织教师认真学习北京市中小学体育与健康课程，理解课程精神和目标，把握课程要点，进一步细化小学体育与健康学业标准，明确实施路径，并指导各中小学制定本校的实施细则。区教研员要基于课程理念和教师需求，整体规划、统筹设计教师研修课程，在全员必修内容的基础上，设计"选修菜单"，满足不同层级教师的专业发展需求。同时，进一步提高教研的精细化程度，严格过程管理，做到教研目标精确化、教研活动责任化、教研方式多样化、教研成果数据化。

（二）研发教学案例，提供样本参考

针对北京市中小学体育与健康课程中出现的体能锻炼课、综合拓展课等新课型，要组织教研员和骨干教师研发教学案例，提炼实施策略和方法，通过专题讲座、现场课观摩、经验分享、微课视频等形式，为一线教师提供可参考、可借鉴、可模仿的体育与健康教学范例。另外，要选取实验校在高年级开展走班制实验，及时总结经验，为推广走班制探寻方法路径。

（三）完善调研机制，提供精准服务

教研员要引领、服务一线教育实践，主动下校开展访谈与调研，准确了解和把握教师教学中出现的问题和困惑，聚焦教学中的关键问题，组织专题教研活动，引导教师更新教学观念，做到基于校情和学情合理安排教学内容。同时，要用好教学指导团队，发挥专家、骨干教师的智慧和力量，为不同类型学校提供跟进式指导，为教师提供有针对性的"私人定制"服务。

（四）用好网络平台，建立智能化教研体系

教研部门要加强信息技术与教研活动的深度融合，推进混合式研修课程的开发，开创融选课、资源、评价、反馈、活动、交流于一体的教研网络空间，促进片区之间、学校之间、教师之间研讨交流，智慧共生。同时，关注教研资源的系统化创生和使用，建立体育教研资源库，不断开发、更新资源，为教师队伍中的"先行者"创设展示机会，调动一线教师的积极性，实现资源的共享与共建。

（五）开展课题研究，促进成果转化

研究是教研部门的立身之本，教研部门要带领学校和教师开展微课题研究，不仅要围绕北京市地方课程教学实施中的小问题、真问题开展研究，更要关注对有价值的成果的研究。借助课题引领，积累教学中的过程资料并及时提炼总结，实现教研与科研的一体化，并要善于将研究成果、教学成果转化为教研资源。

（六）优化评价方式，建立体育教研新标准

教研部门要开发体育教学和研修课程的评估标准，落实下校调研制度，加强常态课教学管理，开展基于证据诊断的精准教学教研与管理，提升体育与健康教育教学质量。同时，开展对区级和校本教研活动的效果评估，采用表现性评价的形式，既关注结果，也关注过程，从教师、学生、学校等多个渠道收集评估信息，不断提升教研工作质量。

二、中小学校体育教研组工作的实施建议

体育教研组是学校体育教学管理的基层组织，在实施体育课程改革、进行校本教研、开展体育教育教学研究、促进体育教师专业发展、提升体育教师教学及科研能力方面起着桥梁和纽带的作用。学校作为具体实施的"主阵地"，体育教师作为具体实施的"主力军"，加强体育教研组建设、提升校级体育教研工作质量，是落实北京市中小学体育与健康地方课程的重要保障。

（一）认真研读学习，领会精神实质

北京市中小学体育与健康地方课程是基于国家《义务教育体育与健康课程标准（2011年版）》和《普通高中体育与健康课程标准（2017年版）》的理念和精神，并根据北京市体育教学实际所构建的一门具有北京特色的课程，其内容涉及多个方面，涵盖面比较广。学校教研组要根据课程实施建议的策略及要求，组织每个教师认真研读课程开发与实施

指南及三类课程的教学方案、学业质量标准等，正确理解和把握其精神实质，为课程的落实到校做好充分的准备。也可组建核心小组，对学习过程中存在的困惑、难题进行深入的探讨，寻找正确答案。

（二）制订翔实课程计划，清晰课程要义

要根据北京市中小学体育与健康课程的精神和要求，在准确理解运动专项课、体能锻炼课、综合拓展课的概念，清楚这三类课内容安排与教学策略、学业质量标准与应用指导等基础上，对地方课程指南中的内容进行梳理和分类，结合本校教师特点、学生、场地、器材等情况，制订符合本校的既有特色又切实可行的课程教学计划。内容主要包括：学校体育与健康课程的总目标，初、高中三年的课程内容设置、学年目标、教学计划，所选教材的模块（单元）目标、评价方法等。同时，根据不同地区和本校体育教学工作安排，教师结合实际细化课程目标、教学内容、教学方法、学习评价等，制订出与本校教学条件、师资配置、学生能力等相符合的教学计划，形成具有本地区、本校特色的运动专项课、体能锻炼课、综合拓展课。

（三）找出课程"真问题"，追求教研实效

不同学校的场地、器材、师资、生源、体育传统等各有不同，如何有效地开展并落实北京市体育课程，这需要教研组教师群策群力。教研活动要从学校、教师、学生的客观实际出发，找出实际工作中的真问题，寻求解决问题的办法。如课堂教学中如何把技术教学和体能发展紧密结合？如何科学地选择运动专项课、体能锻炼课、综合拓展课中提供的学练方法？场地、器材设施无法满足教学需求时如何合理布置？如何调控运动负荷？如何科学地使用评价方式？如何培养学生的体育兴趣和锻炼习惯？面对一系列"真问题"，教师一定要全面反思，通过教研活动，集体讨论，寻找出解决问题的策略并达成共识，然后在教学实践中再内化提高。

（四）关注教学实施，提高教学质量

根据本校教研组人员年龄结构、教学水平等情况，本着"骨干引领、以老带新、以点带面、携手共进"的原则合理分配任务，保证教学的有效实施，不断提高教学质量。课堂教学有的放矢，及时总结不断提高。在课堂教学中，充分考虑不同年龄段学生的运动兴趣和需求，安排学生喜欢且适合的运动项目，激发和培养学生的运动兴趣，高度重视学生之间的个体差异，不断增强学生身体素质，并适时地对学生进行体育与健康知识、心理健康知识的教育，促进每一名学生身心协调发展。对于教学中出现的各种问题要及时总结，留其精华去其糟粕。教师之间要取长补短，寻求最佳方案，共同提高。

（五）采取多元教研活动方式，提升教研质量

学校体育教研活动除了集中研讨，还可充分发挥本组教师的自主研究能力和团队合作能力，不拘泥于形式，随时随地进行。如可在课间与同事进行短暂的交流，可在备课时集中讨论，还可利用课间对上节课存在的困惑向同事请教。教研的内容也是多元的，涉及学校体育的方方面面，如本课程在实施过程中的课程管理、课堂教学、课外体育活动、体育竞赛、阳光大课间等方面。体育教师繁重的教学、课余训练及其他工作占据的时间和精力较多，可利用"互联网＋"等移动平台，利用碎片化的时间进行不定时交流，并汇总于平台。如通过腾讯课堂、企业微信、QQ 群、微信群、教研网站等开展教研活动，有效解决研讨时间不集中的问题。

（六）发挥骨干教师的引领作用，提升教师教科研能力

教研组长、骨干教师要走在课程改革的前沿，根据校情，统筹规划本校落实北京市地方课程的实施方案，积极进行教学实践，发挥骨干教师的专业引领作用，以点带面，带动其他教师参与地方课程的教学实践及相关课题研究，促进全组教师的专业发展，并将研究成果推广到其他省市学校。鼓励本校体育教师充分发挥在教学一线的优势，积极主动地进行教科研活动，形成"发现问题—形成课题—实践研究—解决问题—专业提升"的良性循环模式。通过组建体育教科研团队，充分发挥教研组内市、区、校级骨干教师的作用，以点带面形成良好的科研氛围。同时，立足本职，从体育教学的实际需求做起进行研究，逐步提高教师的理论水平和实践能力。

三、开展区级专题研讨的实施建议

进一步解读和实践体育核心素养在课程中的具体体现与操作，加强三种课型的体育课堂实效性，各区可积极开展专题研究。针对三种不同的课型进行专题研讨，可从教学内容选择、课堂教学模式、教学方法入手开展研讨活动。

（一）体能锻炼课专题研讨

体能锻炼课的教学内容分为基本运动能力、基础体能、综合考试类等，可针对不同类型、不同水平设置专题研讨的内容，包括如何确定锻炼内容、如何选择练习方法、学练评价手段如何应用、线上线下相结合的锻炼模式等，注重教学内容选择编排的科学化、组合化以及趣味化，注重循环为主的练习，注重可操作性的课堂评价来检验课堂教学效果，注重线上线下相结合教学模式的构建。

（二）运动专项课专题研讨

运动专项课分为田径类、体操类、球类、武术及其他民族民间类、水上及冰雪类、新兴体育类，可针对以上教学类别设置专题研讨的内容，包括常规教材如何进行大单元教学设计、新兴体育类项目和武术及其他民族民间类项目校本课程的开发、水上及冰雪项目在学校的开展等，以让学生掌握运动技能，确保教学过程结构化、持续化、系统化。

（三）综合拓展课专题研讨

综合拓展课分为健康教育、奥林匹克教育、运动项目体验三大类。针对此三大类，专题研讨内容可以设置为"如何善于利用信息技术进行教育教学"。在信息技术时代，我们可以充分利用好多媒体、互联网，多渠道地获取体育与健康的有关信息，丰富学生的体育文化知识、体育健康知识和素养、奥林匹克文化知识等；可以通过设置"体育文化节"，做好校园体育文化的传播，帮助学生学会体育学习和锻炼；针对运动项目体验课，可以利用多元化的课件创设逼真的教学情境，激发学生学习的积极性，改善教学效果。

（四）新课程实验的相关评选工作

在新课程不断改革变化下，教师的角色也在从课程的执行者转变为课程的设计者、实施者、评价者。为更好地落实北京市中小学体育与健康课程改革方案，提升教师的专业技能，夯实教师的基本功，促进教学实效性，各区可以借机开展系列新课程评选工作，如体现教师信息技术水平的微课展示活动、体现教师专业基本功的教学设计评优、体现教师运动专项技能的基本功展示、体现教师专业素质的教学基本功比赛等。

（五）开展课程实施现场会的工作

为了进一步落实北京市中小学体育与健康课程改革方案，推出一批具有典型示范作用的课程，起到学校彼此借鉴的作用，促进教师之间的教学经验交流，各区积极创设条件进行课程实施现场会的开展。可以针对不同类型的体育与健康课程进行现场会的交流，如体能课的现场会交流、校本课程的现场会交流、常规教学内容的现场会交流；进行"同课异构"的现场会交流，通过教授同一教学内容按照不同的设计进行授课等，达到彼此借鉴、彼此学习的目的；开展跨区的交流，促进各区教师间的交流和专业发展。

第三节 体育教师培训工作的实施建议

为了更好地落实北京市中小学体育与健康地方课程，更好地服务于中小学校和体育教师，北京市体育教师培训机构需要理解课程理念，转变服务方式，围绕地方课程目标和要解决的实际问题，基于问题解决的需要开展体育教师培训工作，通过培训促进落地、转化和实践，解决体育教师培训与地方课程落实、教学质量提升的关联度问题，提高培训对地方课程实施的贡献。

一、市三级人才培养的实施建议

北京教育学院作为北京市中小学干部教师继续教育的重要基地，在推进北京市中小学体育与健康地方课程实施中，培训工作可按照"总体规划、重点突破、分步实施、有序推进"原则，在学员为本、问题导向、效果导向、资源整合的指导下，形成以新任校长教师、优秀青年教师、卓越校长教师、农村校长教师等为主体，各类专题培训为重要补充的人才培养机制，有效融入北京市中小学体育与健康地方课程理念、核心内容，完善与新时代课程相适应的体育教师培训体系，让培训保障和助力北京市中小学体育与健康地方课程的有效实施。

（一）启航计划实施建议

"启航计划"是北京市新教师培养计划，以新任教师为培训对象，以提升新任教师岗位胜任能力为目标，满足新任体育教师多样化发展的需求，引导新任体育教师树立良好的科学精神、职业道德修养和创新精神，培养具有现代体育教育理念和健康理念、基础宽厚的体育与健康教育教学技能的复合应用型人才。

1. 分析新教师在课程实施中的问题

高校毕业生进入中小学任教后，要经历一个由学生向教师角色转换的过程。这一角色转化会对新教师的教师生涯产生巨大的影响。前期可通过问卷与访谈，了解新教师进入岗位后普遍存在的问题，如新教师不重视课堂常规的形成，不善于进行有效的课堂组织管理；不明确教材内容，不会系统地梳理教材体系；不清楚教材的重难点，不能把握教材内容的重点部分；不会取舍教学法，不能选择有效的教学方法；不知道如何开始教育教学研究，不善于积累教育教学过程的研究资源等。针对新教师存在的问题，帮助新任体育教师尽快适应学校教育教学工作，培训可从认识教师、认识学校、认识学生、认识课标、认识教材、认识教学法、认识教师职业、认识课堂教学、认识教研活动、认识教学反思等多个方面展开，特别是将这些专题聚焦运动专项课、体能锻炼课、综合拓展课教学，使新教师们能尽快适应学校、适应教学、适应学生，胜任北京市中小学体育与健康课程教学工作。

2.围绕课程方案设计培训模块与内容

新任体育教师的培训，旨在培养具有较高职业理想，具备良好的教师职业道德修养和教师礼仪，具有较强的教育沟通能力和团队合作精神，掌握体育与健康教育理论与实践、教育心理学知识，能够研究学生、理解教材，具备教学设计、教学实施、教学评价和教学反思等能力，满足中小学体育教学一线需要，引导新任体育教师树立良好的科学精神、职业道德修养和创新精神，具有现代体育教育理念和健康理念、基础宽厚的体育与健康教育教学技能的复合应用型人才。培训可设体育教师职业认知模块、体育学科知识梳理模块、体育教学技能提高模块、体育教科研能力提升模块和三类课程理解教学模块，有效将运动专项课、体能锻炼课、综合拓展课的设计理念、方法和内容融入各类培训模块中，通过与其他模块结合和专题强化模块，帮助新教师理解和落实北京市体育与健康地方课程教学要求。

（二）青蓝计划实施建议

"青蓝计划"是北京市优秀青年干部教师培养计划，它是针对教龄在10年左右，具有中高级以上职称，有较高发展潜质的优秀体育骨干教师进行的为期2年的培训，其目的就是旨在对接未来社会、未来教育、未来体育的发展要求，提升和强化中小学体育教师的专业发展，凸显一专多能的体育教学特色；引领和带动青年教师的成长，强化体育骨干教师的责任意识，让这一阶段的教师能够有更高的发展，超越自我，成为适应新时代发展要求的优秀体育教育人才，为北京市中小学体育教学的提升注入新的动力。

1.采用主题引领下的培训课程

根据"青蓝计划"中小学体育教师培训项目的培训目标，在培训实施中可采用主题引领下的培训课程设计。如"青蓝计划"小学体育教师培训设置"基于项目特性创设真实情境的小学体育教学"培训主题，引导培训学员针对小学基础化的课程教学，抓项目特性、学生心理，创真实情境，对小学体育教学内容进行系统的培训和学习。"青蓝计划"中，对于初中体育教师培训，在北京市中小学体育与健康课程改革方案中提出，在采用多样化课程内容体系的指导下，设置"体育学科专项能力提升与拓展的初中体育教学"主题，解决培训学员针对初中多样化课程教学中的抓专项技能、抓专项教学、抓项目拓展，凸显一专多能的体育教学特色，以提升中小学体育教师的专业发展和体育教学能力。

2.采用专项强化下的分层培训

"青蓝计划"结合运动专项课、体能锻炼课和综合拓展课三大课程体系，在运动专项课教学中根据体育教师的专业特长来提升体育教师的专项运动能力，在体能锻炼课和综合拓展课的选用中凸显体育教师一专多能的分层式体育教学特色培训。在"青蓝计划"小学体育教师培训中，2年期间一直围绕学员的篮球、足球和体操的专项教学，从梳理三个运动项目的特性，到进行真实情境教学实践，再到整体规划小学阶段教学内容安排，最后落实到大单元计划的创设，以提高培训学员的专项教学能力，同时具有较高的其他多项目教学的能力。在"青蓝计划"初中体育教师培训中，有关体育学科专项能力提升与拓展的初中体育教学在第1学年的培训中，根据培训学员的专业特长，设置田径、球类（篮球、排球和足球）、体操、民传四大类的专项提升强化的分层式培训；在第2学年的培训中，以课程改革方案中的体能锻炼课和综合拓展课为课程培训内容，结合学校的现有条件，选择性地进行培训，以凸显一专多能的体育教学特色。

（三）卓越计划实施建议

"卓越计划"是北京市骨干教师的培养计划，有"名师工程""卓越教师工作室""体育特级教师工作室"等培训项目。卓越计划的培养对象是市级体育骨干教师和市级学科带头人，目的是根据新时代教育改革发展的要求，进一步提升体育骨干教师的教育教学和科研能力，提高理论素养和理论水平，为他们成为"四有"好老师、"四个引路人"的卓越教师提供支持。基于"卓越计划"的培养对象和培养目标，结合北京市中小学体育与健康地方课程，在今后"卓越计划"项目的设计和实施中，可以将二者有效结合和融合。

1."卓越计划"项目主题或核心概念与地方课程理念相融合

"卓越计划"项目要紧扣"新时代、新课程、高质量"的理念，围绕北京市基础教育学校体育教学改革"学练赛"一体化、核心素养落地和三类课程改革等任务，聚焦中小学体育教学科学性、有效性、创新性和学生体质健康促进等重难点问题。可将项目确定的体育专业人才培养主题确定为指向卓越课堂、卓越教师、卓越教学、卓越教研等主题词，也可以有针对性地指向三类课程的专项能力、锻炼能力和拓展教学能力，体现解决北京市体育与健康地方课程热点难点问题和实践急需、符合教学质量提升的紧迫命题，从而帮助体育骨干教师提升德行素养、教育科研能力和改进创新能力，形成自身的体育教学风格特色，创建卓越体育课堂，培养一批在区域能引领、在全市有影响的"高素质、专业化、创新型"卓越体育教师，打造"高质量、高效率、有活力"的卓越体育课堂。

2.设立专项—锻炼—拓展三类课程的教改模块

为了更好地服务于中小学校体育发展的需要，更好地服务于体育教师专业发展的需要，更好地提高体育教师的综合素养，"卓越计划"项目需要创新发展理念，转变服务方式，聚焦问题解决，促进有效发展，围绕北京市中小学体育与健康课程目标和要解决的实际问题，基于问题解决的需要开展项目学习，通过问题解决促进共同发展，真正促进学生发展、体育教师发展和培训者发展，实现学校体育工作的持续改进。"卓越计划"项目一般包括理论课程、综合拓展课程、教改课程、研究课程四类模块课程，在教改课程设计中，可将北京市中小学体育与健康课程改革方案的核心内容运动专项课、体能锻炼课和综合拓展课融入其中，可以专题讲授、现场观摩、专题研讨、实践体验等方式，进行面授或自主学习，加强学员学科素养和落实地方课程实施能力，体现研修学习的深度和实效。

二、协同创新整校推进的实施建议

本着"把培训课堂建到学校，让教师研修真正发生"的理念，项目从培养学生核心素养的要求出发，围绕学校办学与体育教育教学目标和要解决的实际问题，与中小学合作开展为期 3 年的行动研究，真正促进学生发展、体育教师发展和培训者发展，实现学校的持续改进。协同创新项目的设计要创新发展理念，转变服务方式，聚焦问题解决，针对性聚焦三类课程，促进有效发展。

（一）协同创新项目整校推进运动专项课的实施建议

协同创新项目校在设计和推进中可将专项内容结合学生身心发展的需求，用运动技能促进学生增强身体健康，针对不同的学校，选取不同的运动专项内容，融入多种教育元素的运动专项课模式，让学生在运动专项课学练中，避免仅习得片段动作，无法真正达成项目技能的学习预期。首先，在项目校的运动专项课教学内容与单元构建中实现较强的联系性，如何丰富本校全学段运动专项课的连贯性，要求教师更多地养成以学生为出发点的思考方式，不要拘泥于简单的课标与教材描述，要着力解决学生存在的共性、个性问题，并针对学校开展的教学、训练进行改进，建立运动专项课教学体系。其次，利用运动专项课教学搭建学校课程体系，思考如何与全员体育活动、具体项目活动、比赛、文化氛围构建进行联动，促进以运动专项课带动校园体育文化氛围的提升。最后，在运动专项课实施中避免教学方法与实施存在形式大于内容、课堂内外比赛氛围构建形式化、忽略学生以赛代练的成长体验等，杜绝教师教不会、学生不积极、形式化严重的矛盾。

（二）协同创新项目整校推进体能锻炼课的实施建议

体能锻炼课以体能练习为基础，通过以体能为核心要素的锻炼强化，培训内容设计中可涉及健康体能、运动体能及中高考类体能的综合考试类体能。首先，课程可聚焦健康体能与运动体能主题，从课程的形式上可分为热身活动、锻炼内容、放松活动等，课程内容围绕锻炼方法、练习方式、评价反馈等，全面提升学生体质健康。其次，以"体能锻炼方法"的储备为出发点，先普及体育教师对于体能的认识，全面梳理出不同形式的锻炼方法、组织形式，强化锻炼原理。结合锻炼的主题、学习目标，构建出锻炼的方式、组织形式、运动强度等，在不同锻炼主题下撰写具体、可测评的学习目标，进行不同锻炼方式的合理搭配，如循环训练法、重复训练法、高强度间歇训练等，以小组合作、个人挑战、集体练习等组织形式，科学监测运动负荷的大小。最后，聚焦"体能测评"的课程评价体系，让体育教师清晰掌握体能测评的指标、方法、数据分析，精准分析全校、每个年级、每个班级、每个学生的体能状况，从而调整体能锻炼课程的内容，提高学生体能水平。

（三）协同创新项目整校推进综合拓展课的实施建议

在课程实施过程中，要使学生从掌握并接受体育知识转化到改变行为，可以开展课程所倡导、构建的体育与健康知识体系，树立科学的健康信念，养成健康的生活方式。首先，从教师—学生—学校三方面落实；其次，做好知识储备、创造性思维、教学技能与技法的拓展，如教师知识储备拓展，不仅要掌握教师自身专业知识，还需具备相应的健康、安全等能力，加强健康教育和安全保护、多学科知识融合、翻转体育课堂等，以新技能、新方法推进整校学生和教师活力。

三、不同教学改革专题的实施建议

聚焦新政策、新问题进行课程改革和学科教育改进等专题培训，是以能适应教育改革发展的急需以及个人、团队研究优势为基础和前提的教育改革相关专题特色类项目。专题培训具有目标性、任务性、针对性、问题性、灵活性等特点，以精简短期培训为主，即集中优质资源在短时间或一定时间内解决问题的培训或学习方式，符合教学质量优先事项的急需，也符合北京市体育与健康地方课程改革优先的急需。

（一）专题培训主题可聚焦课程实施急需的三类课程

专题培训是为达到某一目的、解决某一专门问题或某些急需解决的、突出的问题，而对体育教师进行的有针对性、专门性的培训，即以体育教师在教育教学中的特定困惑或某个难点问题为主线，并以此为出发点对培训内容和培训方式进行系统设计，进而通过培训者与被培训者构成的研修共同体，从理论到实践对主题进行结构性的学习与研究，最终澄清问题、形成策略、解决实践问题。专题培训可根据当前北京市体育与健康课程教学改革急需解决的问题而设计培训主题，如指向某一项目的运动专项课大单元教学设计与实施、体能锻炼课的设计与实施、综合拓展课的设计与实施，或是再下位涉及内容、方法、评价等的小主题或专题，或是涉及其中要解决的"真问题"。

（二）注重专题培训实效的检验和评价

专题培训主题是当前北京市体育与健康课程改革的"急需"和"真问题"，也是体育教学改革中的热点、难点和重点问题。以三类课程都涉及的"小学生课堂体育学习表现性评价研究专题项目""综合拓展课程视域下的小学生近视预防和健康管理专题项目""运动专项课视域下韵律舞蹈促进学生身体认知开发培训专题项目"等，其设计与实施要关注以下培训项目的评价要点：一看专题培训的目标是否具体明确、表述规范、可操作、可检测、可达成；二看专题项目课程结构与内容结构的设计是否合理、与专题主题和目标是否一致；三看专题项目的培训方式是否符合项目特点；四看专题培训的过程监控与反馈效果如何；五看专题项目成果呈现与项目目标的一致性如何。通过评价的导向和过程监控，可达成专题培训的目标和绩效。

四、区级体育教师培训工作的实施建议

北京市各区的教研部门、教师研修中心和教师进修学校作为体育教师教研训的主体机构，是发挥体育教学研究、指导和服务的专业机构，也是促进体育教师专业发展最便捷、最持久、最现实的一种方式。在各区组织的体育教师培训中，要深度理解和对接北京市中小学体育与健康地方课程，并与各区体育教师实际需求和市级体育教师培训有效结合，同样需要在学员为本、问题导向、效果导向、资源整合的指导下，让区级培训保障和助力北京市中小学体育与健康地方课程的有效实施。

（一）区四层级体育教师培训中要融入地方课程

从各区指向体育教师教学能力、专业发展和地方课程落实的培训构建与设计中，在面向新教师、青年教师、骨干教师和全员岗位培训的设计中，要结合北京市中小学体育与健康地方课程的设计理念和指导思想，在主题确定、方案构建和培训推进中有效融入与结合，帮助各层级体育教师通过新教师集中训练、新教师三年追踪计划、"扬帆杯"新教师教学技能展示、青年教师拔尖人才选拔与培训、骨干教师培训和全员培训等项目，不仅提高其学科教学胜任力，促进优秀青年教师脱颖而出，促进体育教师教学基本能力在原有基础上有所提升，促进骨干教师专业可持续发展，更是在培训中直接将地方课程的三类课程理念和课程内容有效对接到培训课程和实践工作中，帮助他们快速理解、认知、转化和实践。

（二）专题项目要强化运动专项课程

在各区开展阳光体育校园足球项目培训、冰雪项目、校园网球、校园篮球等项目的专题培训中，可以结合北京市中小学体育与健康地方课程中的运动专项课大单元设计理念和一体化内容构建，进行基于知识、技战术、比赛、项目体能等领域的培训，全面提高体育教师在中小学校开展运动专项课教学的自身专业能力和教学能力，提高体育教师的专业素养和运动素养，以帮助中小学生掌握2—3项运动技能，推动中小学校各运动项目的普及与发展。

参考文献

［1］ 中华人民共和国教育部.义务教育体育与健康课程标准（2011年版）［S］.北京：北京师范大学出版社，2012.

［2］ 中华人民共和国教育部.普通高中体育与健康课程标准（2017年版）［S］.北京：人民教育出版社，2018.

［3］ 人民教育出版社课程教材研究所，体育课程教材研究开发中心.系列中小学健康教育教师教学指导用书［M］.北京：人民教育出版社，2012.

［4］ ［美］琳达·克里斯，菲利普·海特，兰迪·佩奇.健康与幸福［M］.雷雳，等，译.杭州：浙江教育出版社，2014.

［5］ 高航，高嵘.论运动教育模式的时代价值与发展［J］.体育文化导刊，2020（01）：106.

［6］ 李捷，余好，王水泉.领会教学法内涵及特征的研究［J］.体育与科学，2017（07）：45—47.

［7］ 季浏.中国健康体育课程模式的思考与构建［J］.北京体育大学学报，2015（09）：72—76.

［8］ 汪晓赞.KDL体育与健康课程开发与实践［C］.第十一届全国体育科学大会专题主报告，2019（11）：160—161.

［9］ 余立峰."技术·体能·运用"视角下的单元构建研究［J］.体育教学，2014（06）：18—20.

［10］ 季浏，钟秉枢.普通高中体育与健康课程标准（2017年版）解读［M］.北京：高等教育出版社，2018.

［11］ 谭华.体育课程功能的历史演变［J］.体育学刊，2005（01）：19—21.

［12］ 王登峰.深入学习习近平总书记在全国教育大会上的讲话精神，推动学校体育革命性变革［J］.天津体育学院学报，2019（03）：185—187.

［13］ 林崇德.构建中国化的学生发展核心素养［J］.北京师范大学学报（社会科学版），2017（01）：66—73.

［14］ ［美］加涅，韦杰，戈勒斯，等.教学设计原理［M］.王小明，庞维国，陈保华，等，译.上海：华东师范大学出版社，2007：139.

［15］ 贾洪洲.体育教材内容排列原理探索［J］.西安体育学院学报，2019（05）：637—640.

［16］ ［美］申克.学习理论：教育的视角［M］.韦小满，等，译.南京：江苏教育出版社，2003：35.

［17］ 柴建设，邵丽君.对技能迁移规律的对比研究［J］.北京体育大学学报，2002（03）：428—429.

［18］ 刘晟，刘恩山.学习进阶：关注学生认知发展和生活经验［J］.教育学报，2012（02）：81—87.

［19］ 尹志华.论运动能力、健康行为和体育品德三个方面学科核心素养的关系［J］.体育教学，2019（01）：13—16.

［20］ 刘建强.任务驱动：科学探究教学的重要策略［J］.教育研究与实验，2015（01）：81—85.

［21］ 季浏.我国《普通高中体育与健康课程标准（2017年版）》解读［J］.体育科学，2018（02）：3—20.

［22］ 黄甫全.阶梯型课程引论——关于中小学课程难度的研究［M］.贵阳：贵州人民出版社，1996.

［23］ ［美］玛吉尔.运动技能学习与控制（第七版）［M］.张忠秋，等，译.北京：中国轻工业出版社，2006.

［24］Greg Payne，耿培新，梁国立．人类动作发展概论［M］．北京：人民教育出版社，2008．

［25］陈雁飞．做好体育教研工作的十个关键问题［M］．北京：高等教育出版社，2013．

［26］北京教育学院卓越计划、青蓝项目、启航计划、协同创新整校推进项目和不同专题培训项目内部资料，2017—2020．

［27］教育部基础教育课程教材专家工作委员会．义务教育体育与健康课程标准（2011年版）解读［M］．北京：高等教育出版社．2012．

［28］顾明远．教育大辞典［M］．上海：上海教育出版社．1986．

［29］重磅！北京发布学校体育工作行动方案要求保障学生每天1小时体育活动［EB/OL］．https：//item.btime.com/44m9cu3gltq9rmr2tt92ol5sgli?page=1．

［30］陈雁飞，等．新时代体育与健康课程的逻辑起点与体系再建［J］．中小学管理，2020（12）：48—50．

［31］张庆新，等．"以学习为中心"体育与健康课程模式：价值取向、框架建构与实践路径［J］．中国教育学刊，2021（02）：30．

［32］孙科，等．中国特色体教融合发展思考——对《关于深化体教融合促进青少年健康发展意见》的诠释［J］．成都体育学院学报，2021（01）：13—20．

［33］李焕玉，等．美国实战情境课程模式的借鉴与启示［J］．体育学研究，2018（03）：28—36．

［34］杨东亚，罗帅呈，毛振明．论体育课程在大中小学的断裂与衔接（下）［J］．成都体育学院学报，2019（04）：91—97．

［35］潘建芬．大单元教学设计初探——以体育课程为例［J］．基础教育课程，2018（19）：40—44．

［36］《北京市中小学体育与健康教学质量基本标准（试行）》京教体艺〔2017〕28号．

［37］新华网．以立德树人铸就教育之魂——学习贯彻习近平总书记在全国教育大会重要讲话［EB/OL］．［2018-09-10］．http://fms.news.cn/swf/2018qmtt/9_10_2018_qm/index.html．

［38］高鹏飞．具身道德：学校体育何以"立德树人"的困境与治理［J］．体育与科学，2020（02）：80—86．

［39］肖甦，刘晓璇．身心健康永远是教育的第一要务——苏霍姆林斯基儿童健康教育观的历史前瞻性［J］．比较教育研究，2018（11）：12—18．

［40］郑先常．"健康第一"的内涵流变及其在学校体育中的现实意义［J］．教学与管理，2016（30）：98—100．

［41］熊文．辨误与厘正：学校体育"健康第一"理论立足点检视［J］．体育科学，2019（06）：89—96．

［42］顾明远．以健康第一的教育理念筑牢学校体育在青少年成长成才中的基础［J］．首都体育学院学报，2019（01）：9—11．

［43］教育部．全面深化课程改革，落实立德树人根本任务的意见［EB/OL］．［2014-04-24］．http://www.moe.gov.cn/jyb_xwfb/xw_fbh/moe_2069/s7861/s8010/s8011/201404/t20140424_167612.html．

［44］人民网．《中国学生发展核心素养》发布［EB/OL］．［2016-09-13］．http://edu.people.com.cn/n1/2016/0914/c1053-28714231.html．

［45］柯勇，左乐，黄博，等．核心素养视域下体育课程目标与内容设计的关键策略分析［J］．天津体育学院学报，2020（02）：163—168．

［46］季浏，马德浩．新时代我国学校体育改革与发展［J］．体育科学，2019（03）：3—12．

［47］辛涛，姜宇，王烨辉．基于学生核心素养的课程体系构建［J］．北京师范大学学报（社会科学版），2014（01）：5—11．

［48］中国教育新闻网．中国学生发展核心素养研究课题组负责人答记者问［EB/OL］．［2016-09-14］．http://www.jyb.cn/china/gnxw/201609/t20160914_673092.html．

［49］［美］罗宾·S.维莱，梅利莎·A.蔡斯．青少年体育运动指导与实践［M］．徐建芳，王雄，译．北京：人民邮电出版社，2017．

［50］［美］斯蒂芬·J.维尔吉利奥．儿童身体素质提升指导与实践（第2版）［M］．王雄，译．北京：人民邮电出版社，2017．

图书在版编目（CIP）数据

北京市中小学体育与健康课程：开发与实施／陈雁飞，张庆新主编 .—上海：华东师范大学出版社，2022

ISBN 978-7-5760-2763-1

Ⅰ.①北 … Ⅱ.①陈 … ②张 … Ⅲ.①体育课—教学研究—中小学②健康教育—教学研究—中小学 Ⅳ.① G633.962

中国版本图书馆 CIP 数据核字（2022）第 053341 号

大夏书系·课程建设

北京市中小学体育与健康课程：开发与实施

主　　编	陈雁飞　张庆新
策划编辑	任红瑚
责任编辑	韩贝多
责任校对	杨　坤
封面设计	柏丰艺术

出版发行	华东师范大学出版社
社　　址	上海市中山北路 3663 号　邮编　200062
网　　址	www.ecnupress.com.cn
电　　话	021-60821666　行政传真　021-62572105
客服电话	021-62865537
邮购电话	021-62869887　地址　上海市中山北路 3663 号华东师范大学校内先锋路口
网　　店	http://hdsdcbs.tmall.com/

印 刷 者	北京密兴印刷有限公司
开　　本	787×1092　16 开
插　　页	1
印　　张	16.5
字　　数	340 千字
版　　次	2022 年 7 月第一版
印　　次	2022 年 7 月第一次
印　　数	3 000
书　　号	ISBN 978-7-5760-2763-1
定　　价	65.00 元

出 版 人	王　焰

（如发现本版图书有印订质量问题，请寄回本社市场部调换或电话 021-62865537 联系）